文明的历程

THE COURSE OF CIVILIZATION

夏朝

李学勤 主编

詹子庆 著

上海科学技术文献出版社

Ｓ

Shanghai Scientific and Technological Literature Press

图书在版编目（CIP）数据

夏朝 / 詹子庆著. —上海：上海科学技术文献出版社，
2020（2023.11重印）
（文明的历程丛书 / 李学勤主编）
ISBN 978-7-5439-8133-1

Ⅰ.①夏⋯ Ⅱ.①詹⋯ Ⅲ.①文化史—中国—夏
代 Ⅳ.① K222.03

中国版本图书馆 CIP 数据核字 (2020) 第 061332 号

策划编辑：张　树
责任编辑：王　珺　黄婉清
封面设计：留白文化

夏　朝
XIA CHAO
李学勤　主编　詹子庆　著
出版发行：上海科学技术文献出版社
地　　址：上海市长乐路 746 号
邮政编码：200040
经　　销：全国新华书店
印　　刷：常熟市人民印刷有限公司
开　　本：650×900　1/16
印　　张：18
字　　数：200 000
版　　次：2020 年 6 月第 1 版　2023 年 11 月第 4 次印刷
书　　号：ISBN 978-7-5439-8133-1
定　　价：58.00 元
http://www.sstlp.com

序

这套书的诞生，有着时代的背景和特定的机缘。

近年间，随着中国国势走向振兴，中国传统的历史文化越来越受到世人关注。这对于中国这样历史悠久、文化基础深厚的国家来说，是必然的。绵延连续，从未断绝，乃是中国传统的特性，因此要深入理解中国，不能不求诸历史，而且必须向上追溯其源头，以追寻其形成奠基的根本，也便是上古的先秦时期。自从二十几年前的"文化热"，直到最近盛兴的"国学热"，贯穿着对中国传统的反思和探究，也总离不开先秦时期种种问题的讨论。

1996年，作为国家"九五"重点科技攻关计划项目的"夏商周断代工程"启动。这一自然科学与人文社会科学交叉结合的大型科研项目，总目标是使作为先秦时期重要部分的夏、商、西周的年代学进一步量化，为更好地研究古代历史文化、探索中国文明的起源及早期发展打下良好基础。2000年新世纪降临之际，"夏商周断代工程"阶段性成果通过验收，公布了"夏商周年表"。中国先秦史学会不少同仁参加了有关工作，获有启发，一些出版界友人也受到激励。经过再三酝酿，于是拟定编写这套书的计划。这个计划幸能得到先秦史各分段多位专家的支持，终能将这系列之作呈献给读者。

中国久远的历史究竟怎么分期，是学术界长期探讨的问题，学者们见仁见智，各持己见，但是无论如何，先秦时期和秦汉以下之间总是有一条明显的分界线，在历史的研究方法上也有着较大的差异。先秦史研究有其本身的特殊性，由于传世文献的有限，不能如秦汉以下那样以载籍为主体，而是年代越古，越需要依靠考古学等学科的成就。

具体来说，先秦史又可大致划分两大阶段：从远古至唐、虞，是所谓传说时期，与后来的夏、商、周三代有所不同。这只是根据现有研究情况来讲的，两阶段间并没有很清楚的界限。比如唐、虞有没有可能划下来，和三代合为"四代"，像《大戴礼记》说的，便很值得斟酌。

不管是传说时期，还是后来的夏、商、周三代，在研究途径上都需要多学科的交叉，主要是历史学与考古学（还有与考古学密切关联的古文字学）的结合。夏鼐先生曾在《什么是考古学》一文中讲道："考古学研究的对象只是物质的遗存，这包括遗物和遗迹。所以它和利用文献记载进行历史研究的狭义历史学不同。虽然二者同是以恢复人类历史的本来面目为目标，是历史科学（广义历史学）的两个主要的组成部分，犹如车子的两轮、飞鸟的两翼，不可偏废，但是二者是历史科学中两个关系密切而各自独立的部门。"我个人体会，夏鼐先生不仅讲了考古学作为学科的独立性，也非常生动地说明了它和历史学（狭义）相辅相成的关系。多年来先秦史研究的前进，正是靠着这"两轮""两翼"。

即使是传说时期，情形也是如此。应该特别强调的是，古史传说也是古史的一部分，而且是相当重要的一部分。去年我有机会去河北省作一次演讲，谈及炎帝、黄帝传说和文明起源研究，曾引述王国维、徐炳昶、尹达等先生的观点。大家熟悉，王国维先生 1925 年在清华国学研究院讲授《古史新证》，针对当时关于古史的讨论，他指出世界各民族的古史总是史实和神话交综在一起，其间固然不免有后人增加的成分，但一定有史实的"素地"，即历史的背景。他在《古史新证》中，还专门提出文献与地下材料互相印证的"二重证据法"。到 1936 年，出版了两种有关这一问题的书，即徐炳昶先生的《中国古史的传说时代》和尹达先生的《中国原始社会》，两者都接续和发展了《古史新证》的观点，主张将古史传说的研究与考古学成果互相结合融会。

撰著的各位先生，对于各卷涉及的学术问题都能抒发多年心得，立足最新前沿，视野弘阔，精义纷呈。如果说有什么共同点的话，我想就在于把历史学和考古学紧密结合起来，努力为先秦史的进展开拓一个新境界。在这里，我谨代表中国先秦史学会，向各位作者表示衷心的感激，同时也要感谢策划和出版这套系列图书的出版社的各位先生给予的大力帮助。

李学勤

2007 年 3 月 12 日于北京

目　录

第一章　在历史和传说之间跋涉

一　代代相传的接力棒

　　一部夏史，始终纠缠在传说和信史的困惑之中，研究者们常常摇摆在历史和传说之间，时而打开了时空的隧道，时而又掩闭其门、另辟蹊径，但从总的趋势来看，大家为了弄清夏史的真相，都艰难地向前跋涉着，逐步看到了夏史的曙光，尤其是近四十多年来的考古成就，带给研究者们的则是更大的希望和信心。

　　夏史研究的历程大致可分为三个阶段：

（一）夏史文献资料整理和研究的先期阶段

　　清以前的资料整理阶段。每个民族都重视本民族的世系，先秦时代关于五帝的传说和夏商周三代的世系应有不少传本。现存《世本》和《五帝德》《帝系》可能就是这些传本的遗篇。西晋咸宁五年（公元 279 年）发现的魏国编年史《古本竹书纪年》记载了夏史世系、纪年和重要事件，这是战国时代魏国学者整理夏史资料的重要成果。司马迁撰写的《史记·夏本纪》是系统整理夏史资料和研究夏史的开山之作，功不可没。篇中记录夏世系和夏史大事、禹贡九州等内容，必有所本，不能轻易怀疑。

此后西晋皇甫谧撰《帝王世纪·夏纪》、宋人罗泌撰《路史·后纪·夏后氏》，都是在《史记·夏本纪》基础上"博采经传杂书"，使夏史资料进一步系统化，但所取资料多来自古文《尚书》和其他再生资料，且加以神化，故其资料学术价值未必像《史记·夏本纪》那么珍贵。

清学者马骕（1621—1673）撰《绎史·夏史》四卷，内容有：禹平水土、夏禹受禅、少康中兴、商汤灭夏。该书将唐以前典籍搜罗殆尽，系统整理夏史资料，便于研究者览阅查验。然所收资料真伪不分，谶纬附会之文夹杂其中，且把岣嵝碑误认为夏碑更是大错，每段后所附作者评述，因受其史观所限，参考价值不大。

崔述（1740—1816），是近代以来疑古派的鼻祖，他著《考信录·夏考信录》两卷。这是一部挑战传统文献、在辨伪考信基础上试图建立可信的夏史系统的论著。书中表述他对夏史的总体看法是"唐虞之政即夏政也，禹之继治然也"，"启又贤，能承继禹之道"，然太康后中衰，"仲康微弱，后相失国，夏政不行于天下也"。其说大致不误。他对夏史资料中来源于"伪书"和汉儒的一些谬说做了用心辨正，试图揭开蒙在夏史上的面纱，给后来研究者以启示。不过，由于受时代和辨伪方法的某些局限，他不可能真正做到求真，其主观臆断之辞常溢于言表。

（二）"二重证据法"的提出和"古史辨"派的影响

在 20 世纪 20—30 年代，出现了几位史学大师举起几面大旗，现分述如下：第一位就是国学大师王国维先生（1877—1927），他在 1925 年为清华国学研究院讲课而撰写了《古史新证》①。书中所提出的"二重证据法"是中国近代史学史上的一座里程碑,影响至为深远。其中有关夏史的论述,更被研究者奉为圭臬。现摘录如下几段以供品味:

"研究中国古史为最纠纷之问题,上古之事传说与史实混而不分,史实之中固不免有所缘饰与传说无异,而传说之中亦往往有史实为之素地,二者不易区别,此世界各国之所同也。"

王国维一面主张要纠正"信古之过";另一方面批评当时学术界存在着的"疑古之过",他论述道:"乃拼尧舜禹之人物而亦疑之,其于怀疑之态度及批评之精神不无可取,然惜于古史材料未尝为充分之处理也。吾辈生于今日幸于纸上之材料外更得地下之新材料,由此种材料我辈固得据以补正纸上之材料,亦得证明古书之某部分全为实录,即百家不雅驯之言,亦不无表示一面之事实,此二重证据法惟在今日始得为之,虽古书之未得证明者,不能加以否定,而其已得证明者不能加以肯定可断言也。"(《古史新证》,第1—2页)

《古史新证》第二章——禹,以春秋时代秦公敦(簋)和齐侯镈、钟铭文为证,肯定文献记录的禹其人其事并非虚妄之言。书中述道:"自《尧典》《皋陶谟》《禹贡》皆记禹事,下至《周书》《吕刑》亦以禹为三后之一,《诗》言禹者尤不可胜数,固不待藉他证据。然近人乃复疑之,故举此二器知春秋之世,东西二大国无不信禹为古之帝王且先汤而有天下也。"(《古史新证》,第4—6页)王

---

① 王国维:《古史新证——王国维最后的讲义》,北京:清华大学出版社,1994 年。

国维对当时学术界怀疑禹的说法持排斥态度。

王国维先生首先用甲骨文论证商史，发现于甲骨文上的商先公先王世系与《史记·殷本记》上的世系，"虽不免小有舛驳而大致不误，可知《史记》所据之《世本》全是实录。而由殷周世系之确实因之，推想夏后氏世系之确实，此又当然之事也。"最后，他提出对古书的一些看法："又虽谬悠缘饰之书，如《山海经》《楚辞·天问》，成于后世之书如《晏子春秋》《墨子》《吕氏春秋》，晚出之书如《竹书纪年》，其所言古事亦有一部分之确实性，然则经典所记上古之事，今日虽未得二重证明者，固未可以完全抹杀也。"（《古史新证》，第52—53页）

显然，这些话都是针对当时学术界出现的疑古思潮而有所发的，反映先生真乃独具慧眼，开了当时学术风气之先。

顾颉刚先生（1893—1980）是国学大师，他创立"古史辨"派，于1923年提出"层累地造成的中国古史观"，在五四运动推动下，他在清理传统史学，批判封建道统，重新构建古史体系，培养出一批史学大师等方面功不可没。然顾先生受崔东壁等学者疑古思潮影响，后来证实他的某些观点有"疑古"过头之失。随着学术的发展，而先生本人在60余年的学术生涯中，也不断修正自己的一些看法。

他对夏史研究，主要观点有：

1. 他依据《说文》"禹"字解释，假设禹是九鼎上铸的一种动物，后又假定禹是南方民族神话中的人物。再后又认为禹的传说产生于西方戎族，原为戎的宗神，随着九州、四岳的扩大演化为全土共戴的神禹，更演化为三代之首君。对于禹为动物说，他晚年仍坚持不变①。

2. 他与童书业合写的《鲧禹的传说》和自撰的《息壤考》，对鲧禹治水传说的演变，认为最早文献记载，禹是禹，夏是夏，两者毫无关系。把鲧禹说成父子，鲧与夏发生关系，始于战国时代成书的《国语》与《左传》，鲧禹治水用不同方法，也是出自战国文献的记载②。

3. 他与童书业合写的《夏史三论》，论述启和三康五观和羿浇的故事是后人编造的，是传说，不是夏代的史实③。

4. 顾先生不怀疑夏朝的存在，他依据文献，对夏的都城和疆域做了探索，并试图用仰韶文化和龙山文化的考古资料来印证夏的存在。

李民认为顾先生的学术观点后来有变化，"他到了六七十年代不但承认有夏史，而且非常赞成古史与考古发掘相互结合"。并列举1974年顾先生写给他的信为证，信中说："偃师一地之新发掘，据北大友人言，龙山文化之下层为仰韶文化，有规模颇伟之建筑遗址，说不定是夏代物。按此地在洛阳东，洛阳是夏桀所都，见于《逸周书·度邑》及《史记·吴起列传》。洛阳之西，即秦岭，《左传》所云：'崤有二陵焉，其南陵，夏侯皋之墓也。'则河、洛之间为夏代政治中心自无疑义。所恨者，夏代史迹无文字可证明耳④。"

---

① 《顾颉刚古史论文集》第二册，第130—202页，北京：中华书局，1988年。又参阅王煦华：《顾颉刚关于夏史的论述》，《夏文化研究文集》，第124—127页，北京：中华书局，1996年。
② 同上书，第88—138、199—201页。
③ 同上书，第139—198页。
④ 李民：《尚书与古史研究》，第99页，郑州：河南人民出版社，1981年。

1979 年顾颉刚、刘起釪合写的《〈尚书·甘誓〉校释译论》(《中国史研究》,1979 年第 1 期),明确表示了中国古代不但有夏,而且对夏的地理方位与周围诸小国的关系给予了深入研讨。

实际上,顾先生已接受了王国维的"二重证据法",这大概由于学术的发展,时势使然也。

郭沫若先生(1892—1978)对中国古代社会研究做出的杰出贡献更是有目共睹的。为纪念郭老诞辰百周年,李学勤先生曾撰文《郭沫若同志对夏代的研究》(《中国史研究》,1992 年第 3 期)论述到郭沫若的史学研究贡献:"郭沫若在甲骨文和殷商历史文化研究方面的卓越贡献,早已为人所共知。实际上,郭沫若对于夏代历史文化的研究,也起过很重要的先驱作用。"这里主要指的是《中国古代社会研究·附录:夏禹的问题》①一文的发表(1930 年)。本文为呼应顾颉刚的夏史观所做出的反响,文中对顾说有赞同之处,但也提出不同的见解,他表述如下:"照我的考察是:(一)殷周之前中国当得有先住民族存在,(二)此先住民族当得是夏民族,(三)禹当得是夏民族传说中的神人,(四)此夏民族与古匈奴族有密切的关系。"(《中国古代社会研究》,第 337 页)。显然他肯定夏代的存在,但在研究态度上,他引用胡适的话:"以山西为中心的夏民族,我们此时所有的史料实在不够用,只好置于神话与传说之间,以俟将来史料的发现。"他赞同胡适这种"比较矜慎"的态度。

在研究方法上,郭沫若和王国维一样,用金文资料参证,他列举春秋时期的两篇金文,即齐侯镈、钟及钟铭和秦公簋铭。

---

① 郭沫若:《中国古代社会研究》,北京:科学出版社,1960 年。

齐侯镈、钟金文："虢虢成唐（汤），有严在帝所，敷受天命，翦伐夏后，则厥灵师，伊小臣惟辅，咸有九州，处禹之堵。"先生的贡献在于纠正了从宋以来把"夏"字释为"履"的错误，经过先生的解释把"翦伐夏后"与"处禹之堵"连贯起来，"则历来以禹为夏民族祖先之说，于金文上已得一证"。又举秦公簋金文："秦公曰丕显朕皇祖受天命，鼏宅禹绩，十有二公，在帝之坏，严恭寅天命，保业厥秦，使蛮夏。"据此，郭老认为"上言'禹绩'，下言'夏'，则夏与禹确有关系。"郭沫若用金文物证来研究夏史，是对王国维"二重证据法"的应用。

另外，郭沫若还提出夏民族向北迁徙和夏与甲骨文土方的关系的看法，推测夏民族"有一部分系逃往南方"。以后，徐中舒、胡厚宣等诸位学者亦赞同此说，发表了相似的看法。

郭文结尾提出："要之禹与夏就文献中所见者确有关系，此必为夏民族之传说人物，可无疑。又夏民族与匈奴族有近亲之关系，当为中原之先住民族。此事于将来大规模的地下发掘，时可望得到实物上的证据。"后来在他撰写的《奴隶制时代》[①]一书中，认为夏代"顶多只能达到奴隶制的初期阶段"。在夏文化探索还没有开展的情况下，他始终认为"关于夏代的情形，我们今天还不能够多说，且等待日后从地底下能有丰富的资料出现"。可见，先生对待夏史始终带着"比较矜慎"的态度。即使到了1979年，二里头文化是夏文化问题已经提出，史学大师徐中舒先生仍然认为这是"夏史初曙"。如今夏文化探索已取得丰硕成果，有些问题逐渐露出水

① 郭沫若：《奴隶制时代》，北京：科学出版社，1956年。

面，前辈们对夏代那种谨慎、科学的实事求是态度仍然是当今学者学习的榜样。

（三）夏文化的探索推动了夏史研究的蓬勃开展

徐旭生先生（1888—1976）是夏文化探索的开拓者。他的传世之作《中国古史的传说时代》影响深远（1943年初版，1960年增订本，文物出版社），书中第三章《洪水解》，列《大禹的治水》专节，对大禹治水的范围和方法进行了研究，肯定夏王国的存在，并为夏文化的探索指明了方向。先生逝世后，由助手黄石林先生整理其遗著《尧舜禹》发表（刊载于《文史》三十九辑和四十辑），该文对禹其人其事做了进一步论述。徐旭生先生不仅著书立说，而且在七旬高龄之年亲往洛阳、登封、偃师等豫西和晋南"夏墟"之地进行考古调查。尔后，二里头遗址、登封告成遗址及晋南夏县东下冯遗址就是在徐老踏察的启发下开始发掘的。

1978年以后，随着夏文化探索热潮的兴起，夏史研究持续不断地深入开展。作为夏史研究的主力军，考古学家们探索夏文化、研究夏史的硕果累累，本书将有专章论及，而本节则主要介绍历史学家们参与研究夏史的情况。

徐中舒先生（1898—1991）较早把视线转向夏史研究，发表了《夏史初曙》一文（《中国史研究》，1979年第3期），他认为"夏文化的中心地带现已查明，……夏史已见曙光"。为此，他提出应把重点放在夏史研究方面。徐老为拓展夏史研究思路，启发研究者去考虑，"至于夏王朝疆理所及，声教所及，到达些什么地方呢，这在旧文献中还有一些记录可供参考"。他还根据文献线索，认为成汤灭夏，促使夏民族大迁徙。他提出"夏商之际夏民族一部分北迁为匈奴，一部分南迁于江南为越"。"韦顾既伐"后，也都北迁，"韦即豕韦省称"，"豕韦北迁后又称室韦或失韦"。这些看法，在他后来撰著的《先秦史论稿》（巴蜀书社，1992 年）中继续得到阐发和丰富。

李学勤先生较早注意到夏文化问题。他在《新建设》1958 年第 8 期上发表了《近年考古发现与中国古代社会》（原题《近年考古发现与中国早期奴隶制》），文中提出："在郑州商族文化层与龙山文化层重叠时，其间每每夹有无文化遗物的土层，表明两者不相衔接。在洛达庙、南关外、旭旮王等地果然发现了介于两者之间的文化层，我们称之为'南关外期'或'洛达庙期'。它们更接近龙山文化，而有其特异点，如南关外期的棕色陶器、洛达庙期无鬲类空足器等。这两期都早于二里岗下期，最可能是夏代的。"这里讲的"洛达庙期"文化，就是后来大家通称的二里头文化。

后来，随着考古和古文字资料的不断发现，针对国内外古史研究的现状，他提出："咱们今天的学术界有些地方还没有从'疑古'的阶段脱离出来，不能摆脱一些旧的观点的束缚。在现在的条件下，我看走出'疑古'的时代，不但是必要的，而且也是可能的了。①"先生的这一看法，随着时间的推移，将愈益表明他对中国早期文明史研究的先导意义。

关于夏史研究，李学勤先生还发表了《〈古本竹书纪年〉与夏代史》② 和《郭沫若先生对夏代的研究》③ 等。前文肯定了《古本

---

① 李学勤：《走出疑古时代》，第 19 页，沈阳：辽宁大学出版社，1994 年。

② 《〈古本竹书纪年〉与夏代史》，《华夏文明》第一辑，北京：北京大学出版社，1987 年。

③ 《郭沫若先生对夏代的研究》，《中国史研究》，1992 年第 3 期。

竹书纪年》从世系、事迹、都邑、年代等四方面证实夏史的史料价值，有"珍贵的内涵"，但同时也提出它受时代色彩和思想倾向的局限，我们对它也不能全信。而后文则肯定了郭老对夏史研究的先启作用。

刘起釪先生是顾颉刚先生的弟子之一，他协助顾先生晚年做《尚书》整理工作，并自撰《古史续辨》一书（中国社会科学出版社，1991 年）。书中有专篇研究《尚书·禹贡》和《甘誓》中的疑难问题，且提出自己的独到见解。他还对夏族原居地进行了缜密考证，提出夏文化始于晋南说。刘先生的作品继承了"古史辨"学派的文脉。

李民先生是当代研究夏史的史学专家之一，他著《尚书与古史研究》（河南人民出版社，1981 年）和《夏商史探索》（河南人民出版社，1985 年）。两书中运用《尚书·虞夏书》文献来研究夏史，取得了令人瞩目的成果。

郑杰祥先生是研究夏史和夏文化成果颇丰的专家之一，他因亲自参加过夏文化考古发掘，又熟悉夏史有关文献资料，已有多部论著发表。他的《夏史初探》（中州古籍出版社，1988 年）是我国第一部有分量的系统研究夏史和夏文化的专著。该书分夏代历史简论和夏代文化探索两部分。内容翔实，其中不乏许多独到见解，对夏史研究作出了贡献。另外，郑先生的著作《新石器文化与夏代文明》（江苏教育出版社，2005 年）也是将新石器文化与夏代文明联系起来考察的成果。

最后不能不提孟世凯先生的《夏商史话》（中国青年出版社，1986 年）和孙淼先生的《夏商史稿》（文物出版社，1987 年）。前书通俗生动、雅俗共赏，又不失其学术性，在面向大众、普及历史知识方面起到不可忽视的作用；而后书的上篇夏代史，占 236 页，分量不轻。该书用历史文献和考古资料相结合的研究方法，就夏史和夏文化的若干问题提出一些见解，是一部有分量的学术专著，同时可作为历史考古专业大学生、研究生的自学教材。

另外，与夏史有关的研究专著还有：谢维扬《中国早期国家》（浙江人民出版社，1995 年），李学勤主编《中国古代文明与国家形成研究》（云南人民出版社，1997 年），梁颖、李庭华《中国早期国家形成的道路与形态研究》（广西师范大学出版社，1998 年），高光晶《中国国家起源》（河南大学出版社，1989 年）、《中国国家起源及形成》（湖南人民出版社，1998 年），张广志、李学功《三代社会形态》（陕西师范大学出版社，2001 年），周书灿《中国早期国家结构研究》（人民出版社，2002 年），晁福林《先秦社会形态研究》（北京师范大学出版社，2003 年），白钢主编、王宇信、杨升南著《中国政治制度通史》第二卷《先秦》（人民出版社，1996 年），宋镇豪《夏商社会生活史》（中国社会科学出版社，1994 年），姚政《先秦文化研究》（巴蜀书社，2004 年）等。上述专著中夏史内容占相当部分。他们都为推动夏史研究做出了贡献。

目前，夏史研究仍是史学研究的热点问题之一，不过，由于夏文化探索尚未有突破性进展，因此，学术界对夏史的迷茫状态恐一时难以驱散。不过，有目共睹，商史研究经过 100 多年考古学界、古文字学界和历史学界的齐心协力，执着追求，取得了可喜可贺的百年辉煌成就，为夏史研究提供了成功的范例和借鉴。大家期盼着夏史和夏文化研究也能有这样一个转机的到来。

二　不同角度的聚焦

（一）夏代历史是信史，还是传说、神话

对于夏代，本来没有人怀疑它的存在。众所周知，古文献上的"三代"，从来是夏商周连称的。但是，近代疑古思潮的兴起，以顾颉刚先生为代表的"古史辨"派曾一度怀疑过它的存在。但后来他修正了自己的看法，承认夏朝的存在，不过他还是坚持禹是动物、禹是夏人宗神、禹夏关系是后人硬加上的等说法。

顾先生的观点影响很大，尤其对国外影响更大。国外部分学者认为夏文字尚未发现，因此对夏只能作为传说，不能作为信史看待。艾兰（英）认为："那些从黄帝到夏代的历史记载，都可以看作是从商代神话体系中演变发展而来的。"基于这一认识，进而推导认为："如果'夏'原来是一个神话，后来被变成了'历史'，那么考古学上的'夏文化'也就难于成立①。"

1999 年 5 月 22—26 日，在美国加州大学洛杉矶分校召开了"夏文化国际研讨会"。与会者无论是来自中国大陆或来自中国台湾，以及外籍华裔学者都肯定夏代的存在，仅有少数几位外国汉学家怀疑夏的存在，一位是艾兰（英），提交了论文：《有无夏？历史方法论问题》，坚持认为没有夏代；另一位是刘克甫（俄罗斯），他提交了论文：《夏国家：现实或神话》，认为有关夏代的记载都是后

---

① 　艾兰：《关于"夏"的神话》，洛阳市第二文物工作队编：《夏商文明研究》，第137 页，中州古籍出版社，1995 年。

人伪托的神话，夏代不是现实，主要理由是没有发现夏文字①。

夏代的存在与否本来是不成其问题的问题，而是近代疑古思潮引来的风波。后来"古史辨"派纠正了自己的观点，而其影响余波至今没有完全平息。现已有足够证据表明夏代的存在不容置疑。

上面提到古代文献从来是"三代"夏商周连称。由于《史记·殷本纪》商先公先王世系得到甲骨文的证实，大大增加了《史记·夏本纪》夏王世系的可信度。

50多年夏文化探索基本确认二里头文化是夏文化。"夏"字在金文中早被学者识读，甲骨文中是否有"夏"字，也有学者提供了文字线索。至于夏代是否有文字，可能只是个时机问题。我们不能因为暂时没有发现夏文字而否定夏代的存在。

（二）夏代纪年

文献所见夏代纪年大致有两说：一说471年。来自《太平御览》卷八二引《竹书纪年》："自禹至桀十七世，有王与无王，用岁四百七十一年。"另一说431年（或432年）。来自《易纬·稽览图》《世经》（《汉书·律历志》引）《帝王世纪》。或有"夏年多殷"（出自《晋书·束晳传》）说，此说不足为凭。

现在中国历史教材和专著中的夏纪年一般采用前21世纪—前16世纪。

1996年国家科技部组织专家启动"夏商周断代工程"，关于夏代年代的预期目标，要求提出基本的年代框架。"夏代年代学研究

---

① 王宇信：《美国"夏文化国际研讨会"侧记》，《中国史研究动态》，1990年第8期。

主要遵循两条途径，一是文献中对于夏年的记载，二是对夏文化探讨的主要对象河南龙山文化晚期以及二里头文化进行^{14}C测年，同时参照文献中有关天象记录的推算①。"

"断代工程"专家组的工作步骤，首先确定武王克商年，即周始年为前1046年。然后参考和综合诸家有关商积年的几种说法，从已知周始年向前推算，再参考^{14}C测年数据，暂估定商始年为前1600年，也即夏亡之年。参考文献所见夏积年，向前推471年，则夏始年为前2071年，基本落在河南龙山文化晚期第二段（^{14}C测定的前2132—前2030年）范围内，现暂以前2070年作为夏的始年。因此，"断代工程"阶段性成果夏年表框架确定为前2070年—前1600年。此年表比过去用的前21世纪—前16世纪略前进一步。近年来有学者认为夏纪年当以《世经》提出的432年为正确的②。

（三）夏族的起源③

主要有豫西说、晋南说、山东说、东南地区说和四川说。

豫西说是主流，本书赞同此说。文献依据是：《逸周书·度邑》（《史记·周本纪》同）中载："自洛汭延于伊汭，居阳无固，其有夏之居。"就是指伊水、洛水之间。另外，依据文献"禹居阳城""禹居阳翟"说，前者考证为今河南登封告成镇（这里发现王城岗

---

① 夏商周断代工程专家组：《夏商周断代工程1996—2000年阶段成果报告（简本）》，第74页，世界图书出版公司，2000年。

② 程平山：《夏代纪年考》，《中原文物》，2004年第3期。本文认为《古本竹书纪年》记载的夏年（471说）是自大禹任夏伯之年始，而《世经》记载的夏年（432说）是自大禹即帝位之年算起，再依据文献资料对夏王在位年代做了推算，相加的结果得出结论，认为《世经》的432年说是正确的。

③ 参考张国硕：《夏商周三族起源研究述评》，《中国史研究动态》，1996年第10期。

遗址，出土印上"阳城仓器"戳记的陶器），而后者考证为今河南禹州市。考古学家认为：豫西一带分布着河南龙山文化和二里头文化遗址，它们都是属于夏文化性质。

晋南说呼声也很高。他们认为禹居阳城的地望在晋南，不在豫西。

宋罗泌《路史》卷十二认为，禹居阳城"乃泽之阳城"，即泽州（今晋城）阳城。丁山认为"阳城故名曰唐城"，又曰："谓唐城在冀城西者较确。"《世本》记载禹又都平阳、安邑、晋阳等地，皆山西境内。

今人刘起釪认为"夏"是冀州之人，冀州的原始地境在晋南，故称之为"夏墟"。龙山文化陶寺遗址与此正吻合①。王克林考证：《国语·周语上》记载"昔夏之兴也，融降于崇山"的"崇山"不是嵩山，而是襄汾东南的塔儿山②。

山东说和古河济之间说。前说认为夏朝建立前的中心活动区域不在中原，而是在山东的黄河下游和海岱之间，他们考证与夏族关系密切的斟寻地望在今潍坊一带，另一支斟灌的地望在今山东寿光一带。古河济之间说，是指以今河南濮阳为中心的豫东、鲁西之间。此意见排斥夏族起源豫西、晋南说，对"阳城""崇山""夏墟"等传统看法提出质疑，认为夏族兴起和中心活动地区应"转向'东土'为好"，他们提出"探讨夏文化的重点不应当放到豫西或晋南

---

① 刘起釪：《由夏族原居地纵论夏文化始于晋南》，收入《古史续辨》，第132—166页，北京：中国社会科学出版社，1991年。

② 王克林：《中国古代文明与龙山文化》，收入《华夏文明》第一集，北京：北京大学出版社，1987年。

地区而应当放到以濮阳为中心的古河济地区"①。因为他们的文章对夏文化探索的已有成果持之他论，故难以被多数学者认同②。

东南地区说。一说安徽。文献依据是有关禹娶涂山氏女为妻、会诸侯于涂山、桀奔南巢等记事（见载于《左传·襄公七年》《史记·夏本纪》等文献）。另有胡悦谦撰文《试谈夏文化的起源》（《华夏文明》第1集，北京大学出版社，1987年）认为："夏后氏原居江淮之间的涂山至南巢地区，屡遭洪水之灾，禹治洪水有功，舜帝推荐为部落联盟的大酋长（天子）。禹避舜子商均的势力，溯淮水经颍水至中州地区的阳城，定都平阳。"

二说浙江。文献依据有：禹会诸侯于会稽之山、禹禅于会稽、禹葬于会稽及司马迁"探禹穴"等传说（载于《国语·鲁语》《史记·封禅书》《夏本纪》及《太史公自序》等）。顾颉刚认为："禹是南方民族的神话中的人物"（《古史辨》第1册）。另有以下论著阐发同一观点：李晓洛的《夏文化地望在东南地区说》（《江汉论坛》，1987年11期）、陈剩勇的《东南地区：夏文化的萌生与崛起》（《东南文化》，1991年第1期）《夏文化东南说》（《寻根》，1995年第1期）《中国第一王朝的崛起——中华文明和国家起源之谜破译》（湖南出版社，1994年）。

四川说。此说依据最早见之于陆贾《新语·术事》的"大禹出于西羌"。本书作于汉高祖时，《挟书令》尚未解除，故这一传说应始于先秦。后来《史记·六国年表》记录了"禹兴于西羌"这一传

---

① 沈长云：《夏后氏居于古河济之间考》，《中国史研究》，1993年第3期。

② 方酉生：《夏王朝中心在伊洛和汾水流域考析——兼与〈夏后氏居于古河济之间考〉一文商榷》，《武汉大学学报》，哲社版，1996年3月。

说，《集解》引皇甫谧云："孟子称禹生石纽，西夷人也。传曰禹生自西羌是也。"《正义》："禹生于茂州汶川县，本冉駹国，皆西羌。"今《孟子》无"禹生自西羌"之文。大概是皇甫谧误将陆贾《新语·术事》之文记成《孟子》云。

又：《史记·夏本纪》《正义》引扬雄《蜀王本纪》云："禹本汶山郡广柔县人也，生于石纽。"《括地志》云："茂州汶川县石纽山，在县西七十三里。"《华阳国志》云："今夷人共营其地，方百里，不敢居牧，至今犹不敢放六畜。按：广柔，隋改曰汶川。"

禹生石纽之说，实出于蜀人著作《蜀王本纪》《华阳国志》，可见这一传说在蜀地流传深远。

这一传说的由来相当复杂。李学勤先生著文《禹生石纽说的历史背景》，假设有三种可能，兹录如下：

"第一，禹生石纽是羌人到来以前蜀人的传说。如前所述，蜀人自称源出黄帝，其始封居为颛顼支庶，因而同禹有血缘关系。（作者举证蜀文化与夏文化有一定关联——作者注）

"第二，禹生石纽是羌人带来的传说。'夏人与戎关系密切''作为西戎一部分的羌人移入四川，于是将禹的传说也带了过来。'

"第三，禹生石纽是夏人自己的传说。作为颛顼后裔的夏人本在四川境内，这有昌意到颛顼与蜀山氏通婚之说作为旁证。夏禹生在石纽，随后北上，遂都于中原，而有关传说仍存在原地，为蜀人及后来的羌人所流传。

"这三种可能的说法，究竟哪一种更符合实际，目前还没有足够的理由去判断。无论如何，禹生石纽的传说是很重要的，它反映着古代的历史实际，相信考古学和文献学、民族学的发展，会使这一传说得到进一步阐明①。"

1992 年 7 月在四川北川县召开大禹及夏文化研讨会，会上不少学者提交的论文阐释夏族起源于西羌、禹生于石纽（今四川北川县境内）的观点，这对深入发掘研究资料、了解夏文化同蜀文化的关系、推动夏史和夏文化研究都起到了促进的作用。

（四）夏朝都邑和活动范围

历来对夏朝都邑地望的考证主要有：

1. 禹都阳城的地望：

前已述及，主要有豫西、晋南两地。豫西指河南登封告成镇。晋南有晋城或翼城说。《世本》又云禹又都平阳、安邑和晋阳等地。前几年还有学者提出豫东开封一带新说。

2. 禹居阳翟的地望，一般认为即今河南禹州一带。

3. 斟寻、斟灌的地望：

据《古本竹书纪年》云："太康居斟寻，羿亦居之，桀又居之。""相居斟灌。"两地地望一说在洛河北岸广大地区迁徙。巩义市一带，古代有寻中、寻口、寻谷水、寻城、寻溪、上寻、下寻地名水名，可能与斟寻有关。还有人推论偃师二里头城址可能是桀都斟寻。但同时古书又有证据认为，斟灌在今山东寿光一带，斟寻在今潍坊一带。

因此有的学者推论：斟灌和斟寻的早期居地在豫西一带，与夏后氏为邻，后来向东方迁徙，定新居于胶东，因而在那里留下了活动的足迹②。试图用此说来解决文献中的矛盾。

关于夏族的活动范围，研究者依据历代文献，指出疑点很多，

---

① 《大禹及夏文化研究》，第 203—204 页，巴蜀书社，1993 年。
② 周苏平：《夏代族邦考》，《中国史研究》，1993 年第 4 期。

大致可分为中心地区、活动范围和夏文化影响所及。

综合各时代不同的文献，认为夏族、夏朝的活动范围东方到山东，南方到安徽、浙江，西边到川北。而中心地区应在豫西、晋南，是在伊、洛、汾、浍之间，也有学者提出以濮阳为中心在古河济之间。当然有些学者认为夏朝是早期国家，不是统一王朝，没有那么大的活动范围。后来，考古学家邵望平先生撰《〈禹贡〉"九州"的考古学研究》（《考古学文化论集》，文物出版社，1989 年），从一个全新角度审视《禹贡》的"九州"之说。文中说："不管《禹贡》最终成书于哪朝哪代，'九州'部分是有三代史实为依据的。""'九州'为龙山时代已自然形成，经三代变迁仍继续存在的人文地理区系。""'夏有万邦'虽未能得到考古学的证明，但已发现的一些公元前 2000 年前的遗迹，却说明当时已进入了'城邦时期'，……诸如此类的内容都使笔者不敢断然否定'九州'概念源出夏代之可能。'九州'基本内容之古老、真实，绝不是后人单凭想像所能杜撰出来的，……（九州）即公元前 2000 年间中华两河流域人文地理的实录。"本文从龙山时代的文化分布，探索"九州"概念产生的源头，很有启示价值。

（五）大禹治水问题

根据先秦文献和新近发现遂公盨铭文记载，越来越多的学者相信大禹治水的历史功绩是毋庸置疑的。

但近代疑古派学者曾怀疑禹是否为历史人物，当然更不信大禹治水的传说，后来丁山先生在《禹平水土本事考》（《文史》第三十四辑）中更详证禹的神格性，不把"大禹治水"作为信史。

王国维、郭沫若先生先后对疑古派的观点提出质疑。后来徐旭生先生著《中国古史传说时代》（1943 年初版，1960 年增订本），书中第三章《洪水解》，列《大禹的治水》专节，对大禹治水的范围和方法进行了研究。先生辞世后，在其发表的遗著《尧舜禹》（上）（下）（《文史》三十九辑和四十辑），对大禹治水问题做了更翔实的考证。

在肯定大禹治水史实的基础上，学者们对治水范围进行推测。有的学者认为治水范围主要指河、济之间的兖州及其附近地区①。也有学者提出"导淮"的可能性②。也有些学者提出"山东禹城一带是大禹治水完成导河入海的最后地域"，并列举"在徒骇河沿岸有禹息城（在今禹城）、鲧堤、具丘山、夏津、夏口等遗迹为证"③。当然也有些学者对传说中大禹治水进行的巨大工程表示怀疑。

（六）夏代的经济形态和国家形态

这是更为复杂的问题，一是因为大家的理论标准不一，缺乏对话基础；二是资料缺乏、零散，不仅文献资料如此，而且考古资料也不够明朗、充实。

最早提出夏代经济形态问题的，恐怕是郭沫若先生，他这样论述："夏民族的统治是存在过的，但它的文明程度不会太高，当时的生产情形，顶多只能达到奴隶制的初期阶段④。"这大概就是后来出版的许多历史教科书提出夏王朝是奴隶社会的依据。

---

① 沈长云：《论禹治洪水真相兼论夏史研究诸问题》，《学术月刊》，1994 年第 6 期。
② 徐大立：《2001 年涂山·淮河流域历史文明研讨会暨中国先秦史学会第七届年会学术综述》，《中国史研究动态》，2002 年第 2 期。
③ 程兆民：《"全国首届禹城大禹文化学术研讨会"综述》，《先秦史研究动态》，2002 年第 1 期（总 35 期）。
④ 郭沫若：《奴隶制时代》，第 4 页，北京：科学出版社，1952 年。

以后，主张夏商周为奴隶社会的部分学者又进一步深入分析，得出夏代经济形态为家长奴隶制的看法①。在经过一段时间沉寂之后，晁福林先生试图对先秦社会形态做规律性描述，他认为："夏商两代应当称之为氏族封建制社会，而西周则是宗法封建制的社会，到了东周时期，宗法封建制社会逐渐解体，而趋于向地主封建制社会迈进②。"而晁氏所讲的"封建制"，与过去习惯理解的封建经济形态含义不一样，而更多带有"封邦建卫"的意思。

日知先生是最早提出中国古代"城邦"说的学者之一，他认为夏代进入"原始君主制城邦"阶段③。而林沄先生则提出"方国联盟"说。他认为长期以来人们"虚构中国自夏代以来就有什么东方式的中央集权大国"，其实"国与国的联合体是客观存在的实体"才是中国早期国家形式。虽然他讲的是商代方国联盟，没有讲夏代，但按此推论，夏代也不会超过这个阶段④。

以后类似的看法有谢维扬引进西方流行的"早期国家"理论，提出夏朝是"中国早期国家的发生"说⑤。

张光直则提出"王国阶段"说，他是这样具体表述的："夏商周似乎都具有一个基本的共同特点，即城邑式的宗族统治机构。……姓各不同，而以姓族治天下则是一样的。""三代……是属于同一发

① 唐嘉弘：《夏代经济形态新探——兼论三代的家长奴隶制》，《先秦史新探》，第211—229页，郑州：河南大学出版社，1988年。
② 晁福林：《我国文明时代初期社会发展道路及夏代社会性质研究》《史学理论研究》，1996年第3期。
③ 日知主编：《古代城邦史研究》，第66页，北京：人民出版社，1989年。
④ 林沄：《关于中国早期国家形式的几个问题》，《吉林大学社会科学学报》，1986年第6期；《甲骨文中所见的商代方国联盟》，《古文字研究》，第六辑，1982年。
⑤ 谢维扬：《中国早期国家》，第314页，杭州：浙江人民出版社，1995年。

展阶段的，即是介于部落（史前时代）与帝国（秦汉）之间的王国阶段①。"很明显，他是把"城邑式的宗族统治机构""姓族治天下"作为"王国阶段"的基本特征。

唐嘉弘先生则从夏商周三代帝王称号而论及其国家政体，他认为夏是"从部落联盟向国家过渡"，"国家内部确有不少前一阶段联盟的遗存"。但他不同意"城邦"说，而认为夏"属于早期国家的'共主'政体"，是"属于专制主义国家"，但与秦汉以来大一统的中央集权制国家又有区别②。先生的表述逻辑似乎有些矛盾，因为"早期国家的'共主'政体"与"专制主义国家"是难以共融的。

以上只介绍夏史研究的几个主要方面，不涉及夏文化研究，但它们之间确实是分不开的混合体，当读者阅读到《夏文化探索》这一章时，我们就能将两者融会贯通。夏史研究虽然有历史文献的清理和辨析工作，但更寄希望于地下出土更多的物证，揭开夏史神秘面纱的这一天终会到来。

① 张光直：《中国青铜时代》，第 73、74 页，北京：生活·读书·新知三联书店，1999 年。
② 唐嘉弘：《试论夏商周三代帝王的称号及其国家政体》，《历史研究》，1985 年第 4 期。

第二章　史籍中的吉光片羽

　　古书中有"惟殷先人有册有典"的说法（《尚书·多士》），近代商朝甲骨文的发现，使这一说法更得到了证实。令人遗憾的是，夏代文字至今尚未确认（有些学者认为已发现了若干字），当然就更谈不上夏代达到"有册有典"水平了。至今为止，我们不能肯定留传下的任何一篇文献是属于夏代的，只能通过古书中记载的所谓《夏书》《夏训》《夏礼》《夏时》《禹之总德》《禹誓》《禹刑》等名称或里面摘引的片言只语，得到一点信息，即夏人可能已创造了某种符号（或文字）来承载和传递文明。在中华文明历尽沧桑的发展变化进程中，有关夏族、夏史、夏文化的许多故事积淀下来、流传开来，经过知识精英们的记录和整理成文字，形成不同的传授系统和版本，保存于留传至今的先秦文献甚至汉代文献中。它们既有历史的真实性一面，也有一些虚构成分，如何检验辨别文献的真伪和价值是学习研究夏史应具备的条件。下面我们就把有关夏史的主要文献资料一一展示出来，供大家分析。

一 《诗》《书》传诵

《诗》《书》是保存夏代史迹的最古老的文献。

《诗经》是我国古代第一部诗歌总集，它的创作年代大概是从周初到春秋时期，它既在贵族上层间传播，又在民间广为流布，那些反复吟诵的诗句，道出了众人的心声，并从中透露出某些历史信息。

如大禹治水的功绩，《诗经》中反复吟唱，有："信彼南山，维禹甸之。"（《小雅·信南山》）"丰水东注，维禹之绩。"（《大雅·文王有声》）"奕奕梁山，维禹甸之。"（《大雅·韩奕》）"奄有下土，缵禹之绪。"（《鲁颂·閟宫》）"洪水芒芒，禹敷下土方。"（《商颂·长发》）"天命多辟，设都于禹之绩。"（《商颂·殷武》）

通过这些诗句反映出关于大禹治水的传说，从商人、周人一直传唱到春秋时代的关中、宋国、鲁国等地区，其流传时间之长和地域范围之广，必然让人联想到这一传说不会是虚构的，而是有它的历史依据。

再如汤武灭夏桀的事迹，也有诗句为证："韦顾既伐，昆吾夏桀。"（《商颂·长发》）它记录了成汤先瓦解夏的同盟、最终歼灭夏桀的过程，无疑这是珍贵的历史记录。

《尚书·虞夏书》是记载夏代史迹最集中最古老的文献。《尧典》完整地记录了尧舜禹的禅让传说以及尧令鲧治水失败而"殛鲧于羽山"，以后舜令"伯禹作司空""汝平水土"，取得了治水的成功。《皋陶谟》则主要记载皋陶、禹在帝舜面前相互谋议治理族群、协和万邦的思想和办法，也谈到大禹治水的规模和疏导方法以及记叙禹娶涂山女而生启的故事。《尧典》《皋陶谟》的写作年代，当然不是尧舜时代的作品，而是后人追记的传说，很可能出于西周时代，最晚不迟于春秋时代，由儒家整理而成。但书中的内容自有它的古老性和真实性，与尧舜禹时代处于文明"初曙"阶段的情况相吻合。

《禹贡》是记叙禹疏九河、划别九州、任土作贡传说的我国第一部历史地理重要文献。它的撰作年代不是夏代，已成为众多学者的共识。但它究竟作于何时，至今仍众说纷纭。按时间顺序排列，主张西周说的学者有王国维，他认为："《禹贡》文字稍平易简洁，或系后世重编，然至少亦必为周初人所作①。"辛树帜的观点与王说相似，他认为是西周中期以前的作品②。也有学者认为写成于西周晚期。另有学者主张春秋说。王成组先生认为《禹贡》是《尚书》一篇，《尚书》是春秋孔子编纂的，因此《禹贡》也不能晚到战国时代③。金景芳、吕绍纲先生认为："《禹贡》固然不可能是夏代人所作，也不会是周初的作品，因为《禹贡》的文风与《周书》之《大诰》《康诰》有很大的不同，倒是与《周礼》极相似，很可能是周室东迁后不久某一位大家所作④。"显然他们也是春秋说的力倡者。更有些学者主张战国说。顾颉刚先生经缜密考证后认为："我们可以猜测，《禹贡》是公元前第三世纪前期的作品，较秦始皇

① 王国维：《古史新证》，第3页，北京：清华大学出版社，1994年。
② 辛树帜：《禹贡新解》，北京：农业出版社，1964年。
③ 王成组：《中国地理学史》上册，北京：商务印书馆，1982年。
④ 金景芳、吕绍纲：《〈尚书·虞夏书〉新解》，第290页，沈阳：辽宁古籍出版社，1996年。

统一的时代约早六十年①。"李民先生的意见大致与顾先生的意见相仿,认为《禹贡》的写作"应在春秋至战国前期的时间范围内"②。本书倾向于西周说,很可能是西周晚期写作完成的,后来在流传过程中,夹杂了一些春秋战国时代的内容。肯定《禹贡》是先秦典籍已成为学者们的共识,分歧点主要是《禹贡》的基本内容是否符合夏禹时代的历史背景?我们是否能从《禹贡》中找到夏代的"史影"?

研究者们为此进行执着的探讨。首先,关于大禹治水的功绩,几乎先秦所有典籍都表达出一致赞扬的态度,而且文字语句多有相似之处,拿《禹贡》与《诗经》《左传》《国语》以及《尚书》其他篇章相对照,不难发现,有关大禹治水的描述都那么雷同,如"禹平水土""随山刊木""画为九州""任土作贡"等已成为当时的流行用语③,可见在经学思想禁锢尚未形成前,人们并没有怀疑这些记载的真实性。在近代疑古思潮怀疑大禹其人其事后,今天我们重新审视它的价值应是十分必要的。

其次,从《禹贡》"九州"的划分来看,不能认为这是夏的行政区划,那种用"大一统"的观念来看待《禹贡》"九州"的做法,

---

① 顾颉刚:《禹贡注释·序言》,收入中国科学院地理研究所编辑《中国古代地理名著选读》第一辑,北京:科学出版社,1959 年。

② 李民:《尚书与古史研究》,第 46 页,郑州:河南人民出版社,1981 年。

③ 如:《诗经·商颂·长发》:"禹敷下土方。"《禹贡》:"禹敷土,随山刊木,奠高山大川。""九州攸同,四隩既宅,九山刊旅,九川涤原,九泽既陂,四海会同。""禹锡玄圭,告厥成功。"《书序》:"禹别九州,随山浚川,任土作贡。"《尚书·吕刑》:"禹平水土,主名山川。"《左传·襄公四年》:"芒芒禹迹,画为九州,经启九道。"《国语·周语下》:伯禹"高高下下,疏川导滞,钟水丰物,封崇九山,决汩九川,陂障九泽,丰殖九薮,汩越九原,宅居九隩,合通四海。""帅象禹之功……皇天嘉之,祚以天下……"。

是受汉代以来儒家"春秋大一统"思想的影响，我们当然不能重蹈这个误区。而前一段时期考古学家邵望平先生从考古学视角来分析《禹贡》"九州"概念的形成，发现《禹贡》"九州"与公元前2000年前后龙山文化——二里头文化时代的考古文化区系有着对应关系，认为"总的看来，说《禹贡》'九州'是黄河、长江流域公元前3000年间已自然形成的人文地理区系当不致十分谬误"。最后，作者的结论是："'九州篇'是公元前2000年间的作品，而含有三个部分的《禹贡》倒可能是春秋战国时期学者修订、补缀、拼凑，又经后世几番折腾才成为现今这个样子的。'九州'基本内容之古老、真实，绝不是后人单凭想像所能杜撰出来的[①]。"作者的这一解释倒叫人有耳目一新的感觉。

最后，再从《禹贡》"九州"之首为冀州，以及后面所排列的豫州而言，对其所含的地名进行考证，多系今晋南、豫西地区，正处于夏王朝统治中心地带，可作为研究夏代地理及活动范围的参考。

《尚书·甘誓》是《虞夏书》中一篇文字少（88字）、语言古朴、内容可信的重要的夏史研究文献。在流传中形成三个版本，一是《尚书·虞夏书》的原版本，二是《墨子·明鬼下》所引的《禹誓》版本，第三个版本就是《史记·夏本纪》依据《尚书》版本而做出的汉代译本。研究者一般认为《尚书·甘誓》产生的时代是非常古老的，应是从夏代流传下来、不晚于周初而撰定的作品。

---

① 邵望平：《〈禹贡〉"九州"的考古学研究》，收入《考古学文化论集》，北京：文物出版社，1987年。

　　研究先秦文献的任何一篇几乎都有歧义点，对《尚书·甘誓》也不例外，其分歧点大概有如下三个方面：

　　第一，讨伐有扈氏的是启，还是禹？

　　《尚书》原文未明确谁是讨伐者，《史记·夏本纪》确实写道："有扈氏不服，启伐之。"《尚书序》亦曰："启与有扈氏战于甘之野，作《甘誓》。"他们都认为伐有扈氏者是启。而墨子《明鬼下》引《禹誓》则认为是禹伐有扈氏。孰是孰非，莫衷一是。为解决这一矛盾，孙诒让在《墨子闲诂》中提出折中意见，他认为"或禹启皆有伐有扈之事"。这一意见没有旁证，仅是一种推测而已。我们认为《甘誓》在流传中出现儒、墨两个版本，当以早传者为准，墨子可能误将"禹伐三苗"当成伐有扈氏之战。

　　第二，有扈氏和甘之战的地域问题。

　　有扈氏，按《史记·夏本纪》记载为姒姓，与夏后氏同姓。《正义》引《括地志》云："雍州南鄠县，本夏之扈国也。《地理志》云：鄠县古扈国，有户亭。《训纂》云：户、扈、鄠三字一也，古今字不同耳。"如然，则有扈氏故地在今西安西南的户县。与此解释相对应，甘的地望，《史记·夏本纪》《集解》引：马融曰："甘，有扈氏南郊地名。"《索隐》曰："夏启所伐鄠南有甘亭。"又，《经典释文》引马融云："甘，水名，今在鄠县。"可见东汉人认为甘地在今陕西户县附近①。而后顾颉刚、刘起钎先生则考证认为：夏代有扈氏故地就是殷代的"雇"，在今郑州北黄河北岸的原武一带。同时考证甘在春秋时为甘昭公的封邑，那儿有甘水和甘城，其地在

---

　　① 参阅：金景芳、吕绍纲：《〈尚书·虞夏书〉新解》，沈阳：辽宁古籍出版社，1996年；《〈甘誓〉浅说》（《社会科学战线》，1993年第2期）。

今洛阳西南①。又有郑杰祥先生考证认为甘地应在今郑州市以西古荥甘之泽或甘水沿岸②。此亦可备一说。

我们同意有扈氏中心在陕西户县一带，其势力强大时到达陕西东部，客省庄二期文化可能与有扈氏有关。夏后氏建国后向西发展势力与有扈氏发生冲突。现代学者设想夏人势力不会达到陕西东部，因而把有扈氏和甘的地望锁定在夏的活动中心地区，才提出以上与汉代古注不同的意见，是否正确，可重新反思。

第三，关于"威侮五行，怠弃三正"的讨论。按郑玄注："五行，四时盛德所行之政也""三正，天地人之正道"。用今天的话讲，前者为自然运行法则，而后者为处理天、地、人之间关系的政事。开战前，夏启责诉有扈氏的罪状，为大张挞伐有扈氏做舆论准备。而今有学者摈弃古注，别作解释，把"五行"说成是"五星"，把"三正"说成是"三长"，是否符合古意，难做定论。

二　珍贵的记闻

《左传》和《国语》大概是从春秋后期开始撰写、战国初年最后定稿的史书。书中记载的内容非常丰富，除了春秋当时的史事外，对三代历史、包括夏代历史多有涉及。其内容的古老性和真实性已被绝大多数学者所认可，而且多被各种史书所引用。

据已故学者李启谦先生统计，《左传》中所引《夏书》《夏训》

---

① 顾颉刚、刘起釪：《〈尚书·甘誓〉校释译论》，《中国史研究》，1979 年第 1 期。李民：《〈甘誓〉"三正"考辨》，收入本人著作《尚书与古史研究》，郑州：河南人民出版社，1981 年。
② 郑杰祥：《"甘"地辨》，《中国史研究》，1982 年第 2 期。

的材料共 15 条，所记夏代事迹者共 18 则。《国语》中所引《夏书》《夏令》的材料 4 条，所记夏代事迹者共 16 则[①]。

综观《左传》《国语》两书所记夏代事迹，大概有如下内容：

鲧治水失败及其命运、大禹治水的功绩（《国语·周语下》《国语·鲁语上》等）；

太康失国、后羿代夏、寒浞杀羿、少康中兴（《左传·襄公四年》《左传·哀公元年》）；

孔甲乱夏、夏桀而亡（《左传·昭公四年》《左传·昭公十一年》等）；

桀奔南巢（《国语·鲁语上》）；

夏族的活动地域范围（如：《国语·周语上》云"昔伊洛竭而夏亡""昔夏之兴也，融降于崇山，其亡也，回禄信于聆隧"；《左传·哀公七年》载"禹合诸侯于涂山，执玉帛者万国"；《国语·鲁语下》载"仲尼曰：丘闻之：昔禹致群神于会稽之山，防风氏后至，禹杀而戮之"等）；

以及夏人祭祀祖先神的记载（《国语·鲁语上》）。

以上列举的不是两书中的全部，这些史料虽很零散，但十分珍贵，而且有些资料独一无二，我们把这批资料串起来，再用其他文献来佐证，就成为一部时隐时闪的夏史。

三 夏世谱的流传

我国古代有编写世谱的传统，但存留下来的传本却十分罕见。

---

① 李启谦：《〈左传〉、〈国语〉中所见夏代社会》，收入中国先秦史学会编：《夏史论丛》，济南：齐鲁书社，1985 年。

大概是晋武帝太康二年（公元前281年）①，在河南汲县古墓中发现了竹简一种。其中《纪年》占十二卷（或说十三篇），为魏国史书，而涵盖内容则上溯黄帝、下讫魏襄王二十年（公元前299年）。据此可认定《纪年》原简为战国中叶写本。自西晋发现以来，至晚到北宋末这本《纪年》就失传了。《今本竹书纪年》经研究定为伪书。清代学者开始从各种古籍中广辑《纪年》佚文，在一定程度上恢复了《纪年》原貌，称《古本竹书纪年》。《古本竹书纪年》有多种版本：最早的版本是朱右曾的《汲冢纪年存真》二卷。继而，1917年王国维依据朱书，加以补充和订正，成《古本竹书纪年辑校》一卷。后来，范祥雍编《古本竹书纪年辑校订补》（上海人民出版社，1957年），比王本又前进一步。目前最完备的本子是方诗铭、王修龄的《古本竹书纪年辑证》（修订本）（上海古籍出版社，2005年）。

《纪年》所记内容，包括战国时期乃至战国前春秋、西周、商、夏以及远古传说时代的各段历史。这里仅就书中所记夏代史事，参照《史记·夏本纪》《世本》等文献，从世系、年代、都邑和夏夷关系等四个方面来分析它的史料价值。

1.《纪年》中的夏世系

基本上与《史记·夏本纪》所记的夏世系相同，惟《纪年》缺中康和孔甲两代，另外它提供了夏王的别名，如帝廑即胤甲，帝发又名后敬，还有帝槐作帝芬。另据《世本》记帝发和桀均为帝皋之子。

---

① 还有认为发现于太康元年（公元前280年），或说晋武帝咸宁五年（公元前279年）。

2.《纪年》中的夏王和夏朝年代

《纪年》提供了残缺不全的夏王在位年数，如禹 45 年、启 39 年（或 29 年）、芬 44 年、后芒 58 年、不降 59 年（或 69 年）、后昊 3 年。是否可信，容当以后证实。重要之处是《纪年》还提供了夏代的总年数，曰："自禹至桀十七世，有王与无王，用岁四百七十一年。"（出自《太平御览》八十二所引。另《路史·后纪十三》注："纪年并穷、寒四百七十二年。"）另一说法采自《易纬稽览图》的 431 年和《帝王世纪》的 432 年。《断代工程》采用 471 年说。

又：《晋书·束皙传》引《纪年》："夏年多殷。"但研究者认为实际情况却是殷年多夏。李学勤先生推论："所谓'夏年多殷'有可能是在整理《纪年》过程中产生的一种看法，随着释文的写定，后来得到了改正。"（引自前注参阅论文）

3.《纪年》中的夏代都邑

《纪年》首见"禹居阳城"说，《世本》亦有"禹都阳城"之说。下有"太康居斟寻""羿居斟寻""后相居商丘""相居斟灌""帝宁（杼）居原，自原迁于老邱""胤甲居西河""桀居斟寻"等记载，与《世本·居篇》大致相同。以上地名今属何处已有种种考证，本书列专章论及，故在此省略。

4.《纪年》频繁地记录了夏夷关系，既有战事，又有宾见，其详尽程度为其他文献所不及，故尤为珍贵。如：

"后相元年，征淮夷、畎夷。"

"二年，征风夷及黄夷。"

"七年，于夷来宾。"

少康，"方夷来宾"。

杼，"柏杼子征于东海及王寿"。

后芬三年，"九夷来御"。

后泄，"命畎夷、白夷、赤夷、玄夷、风夷、阳夷"。

后发，"诸夷宾于王门"。

夏代一朝为控制东方，长期与东夷做斗争。直至夏亡，"桀逃南巢氏"，仍以淮夷之地为其流亡方向。

《纪年》所记夏代事迹方面还有一个重大事件，即"益干启位，启杀之"。这一传说在战国时代广为流布，《上海博物馆藏战国楚竹书·容成氏》也记有此事。此事件是否属实，无可考。不过从禅让到世袭传子，不会一帆风顺，难免发生冲突，甚至发生极端行为，也是理所当然的推论。

当然，《纪年》中也掺杂一些神话色彩和受战国时代某种思潮的影响。如，启"舞九韶"的传说，与《山海经》云"开（启）上三嫔于天"，同属一种神话。再如记录灾异也是战国时代的一种思潮。《纪年》记胤甲时"天有妖孽，十日并出"，从一个侧面反映当时旱情严重。

《纪年》还编造了一段关于"末喜氏以与伊尹交"的故事。《纪年》曰："后桀伐岷山，进女于桀二人，曰琬、曰琰。桀受二女，无子，刻其名于苕华之玉，苕是琬，华是琰，而弃其元妃于洛，曰末喜氏。末喜氏以与伊尹交，遂以间夏。"故事编造得离奇，当是受战国时代宣扬禅让、反对篡夺思潮的影响而虚构的故事。

四　先秦诸子的夏史观

《韩非子·显学》曰："孔子、墨子俱道尧舜，而取舍不同，皆自谓真尧舜。"其实他们何尝仅言尧舜，而且都赞禹论夏，不仅儒、墨两家如此，而且先秦道、法等家不也都俱道尧舜禹事迹？

孔子熟习古代文化，他对夏文化也是了解够多的，这主要反映在《论语》一书中。书中谈到"夏礼""殷礼"和"周礼"之间的"损益"关系（《为政》）。此外，他还很有分寸地谈到"夏礼吾能言之，杞不足征也"（《八佾》）。正是因为文献证据不足，所以他对"夏礼"的内容不能详细论述。孔子在回答颜渊问为邦之道时，首先提到"行夏之时"（《卫灵公》），可见孔子对当时比较先进的"夏历"也是熟习的。此外，他也了解"夏后氏以松"为社神的知识（《八佾》）。

孔子赞誉大禹，把禹与舜并称之为巍巍者（《泰伯》），他用最美好的词句赞美大禹道："禹，吾无间然矣。菲饮食而致孝乎鬼神，恶衣服而致美乎黻冕，卑宫室而尽力乎沟洫。禹，吾无间然矣。"（《泰伯》）可见孔子赞美大禹是具有高尚道德、艰苦朴素而又专心治理水利工程的完美无缺的人。这大概正是后来《汉书·古今人表》把夏后氏禹列为上上圣人的依据之一。

孔子向往古代的禅让，对"舜亦以命禹"的做法表示肯定，而且认为这一制度能达到"允执其中""天下之民归心焉"的效果（《论语·尧曰》）。

以上从一个侧面反映孔子的夏史观，他论述夏代人物和夏代文化，其目的是为了表达他的仁学思想，憧憬恢复周礼社会。

《墨子》对夏史更有诸多论述。墨子为阐发他的尚贤思想，举出"尧举舜""禹举益"的事迹（《尚贤中》）。他认为正因为实行禅让制，所以古代社会才达到"九州成""天下平"的境界。

《墨子》对大禹治水的过程和具体步骤有很详细的描述，文中从西方、北方、东方、南方四个地区的治理讲起，涉及一些河流和山名、地名，与《禹贡》等文献相对照，显然有不实之词，但其中也包含着珍贵的传说资料①。

《墨子·非攻下》和《墨子·兼爱下》引《禹誓》记录了禹伐三苗的战争，从描述的过程来看，南方的三苗大乱，势头猛烈，大禹借助神的力量，"用天之罚"，平叛了三苗之乱。这场战争非常惨烈，最后大禹征服了三苗地区。

另外，《墨子·明鬼下》引《禹誓》记录了禹伐有扈氏于甘的战役。其文字与《甘誓》基本相同，惟甘之战的主战方由启变成禹，成为研究者难以释惑的问题之一。墨子引述这些古代战争为例证，为区别义战和非义战的不同性质，借以阐发他的非攻思想。

有些学者认为墨子思想产生的土壤在南方楚地，他谈夏史内容较多，是否因为夏人在南方（后来的楚地）留传下活动事迹较多的缘故？再联系"禹致群神于会稽之山""桀奔南巢"等史迹的记载，为推测夏人的活动范围可能达到长江下游提出一

① 《墨子·兼爱中》："古者禹治天下，西为西河渔窦，以泄渠、孙、皇之水，北为防、原、泒，注后之邸，嘑池之窦，洒为底柱，凿为龙门，以利燕、代、胡、貉与西河之民。东方漏之陆，防孟诸之泽，洒为九浍，以楗东土之水，以利冀州之民。南为江、汉、淮、汝，东流之，注五湖之处，以利荆楚、于越与南夷之民。"

些依据。

孟子继承和发展了孔子思想，对夏史亦多有论述，其内容集中在禅让和世袭传子以及大禹治水功绩等方面。《孟子·万章上》完整地论述"舜荐禹"和"禹荐益"的举措，但其结果不一样，禹让舜子而民不从，于是禹继了舜位。到了禹荐益，但民不从益而从禹子启，于是启继了禹位。对从禅让到传子转变原因的分析，孟子不同意"禹而德衰"的说法。他引用孔子的话作为根据，子曰："唐虞禅，夏后殷周继，其义一也。"在孟子看来，这种转变与"德衰"无关，都是"天与之，人与之"，而归根结底是"天与之"，是"天授"的旨意。

《孟子·滕文公上、下》对尧舜时期的洪水期做了描述，记录了大禹治水的工程，概括为："禹疏九河，瀹济漯而注诸海，决汝、汉，排淮、泗而注之江，然后中国可得而食也。"同时赞扬大禹的公而忘私精神，"禹八年在外，三过其门而不入"，这句名言在中国几乎达到家喻户晓的程度。孟子引用夏史传说，都为其发挥"仁政"思想而寻找历史依据，也是对战国时代"仁政不施"的社会现实而发出的慨叹。

荀子在儒家中别立一派，有许多见解与孔孟相左。他对儒家的"禅让"说有着矛盾的看法。他一方面认为："世俗之说者曰：'尧舜擅（禅）让，是不然。天子者，势位至尊，无敌于天下，夫有谁与让矣？……夫曰'尧舜擅让'，是虚言也。"（《荀子·正论》）另一方面又认为："请成相，道圣王，尧舜尚贤身辞让……舜授禹，以天下，尚得（德）推贤不失序。"（《荀子·成相》）他既认为禅让之事"是虚言"，又承认有此"尚德推贤"的事迹。前后矛盾，故有学者认为《成相》非荀子所作。

《庄子·天下》引用墨子的话，称道："禹亲自操橐耜而九杂天下之川，腓无胈，胫无毛，沐甚雨，栉疾风，置万国。禹大圣也，而形劳天下也如此①。"庄子认为"使后世之墨者，多以裘褐为衣，以跂𫏋为服，日夜不休，以自苦为极，曰：'不能如此，非禹之道也，不足谓墨。'"这就是庄子心目中的墨者形象。

韩非是战国后期法家集大成者，他以法家思想眼光对待古代的"禅让"，认为儒家、墨家宣扬的"禅让"是不存在的，在历史上只有"逼上弑君"而篡夺其位。这在《韩非子·说疑》中有明确的表述："则奸臣愈反而说之曰：'古之所谓圣君明王者，非长幼弱也，及以次序也，以其构党与、聚巷族，逼上弑君而求其利也。'彼曰：'何知其然也？'因曰：'舜逼尧，禹逼舜，汤放桀，武王伐纣。此四王者，人臣弑其君者也，而天下誉之。'"（又：《忠孝》也有类似观点）显然他混淆了尧舜禹和商汤、周武王所处的不同时代。

近几年公布的《郭店楚墓竹简·唐虞之道》和《上海博物馆藏战国楚竹书·子羔》《容成氏》等都记载了"禅让"说，两种简书应属于同一时代，大概是战国中期的作品，它反映了当时的禅让学说思潮。

这里就《容成氏》中有关夏史内容阐释如下：

第十七简："禹乃五让以天下贤。"

第二十四—二十六简："决九河"，其河名异乎《禹贡》之名。

① 《韩非子·五蠹》有类似记载："禹之王天下也，身执耒臿以为民先，股无胈，胫不生毛，虽臣虏之劳不苦于此矣。"

第三十三—三十四简："禹有子五人，不以其子为后，见皋陶之贤也，而欲以为后。皋陶乃五让以天下之贤者，遂称疾不出而死。禹于是乎让益，启于是乎攻益自取。"

简文前面讲"禹于是乎让益"，与《孟子·万章下》的"禹荐益于天"，《史记·夏本纪》的"以天下授益"，其意相同，讲的都是完成了让贤的程序，而后面关于"启于是乎攻益自取"的记载，与《孟子》《史记》大不相同，而与《古本竹书纪年》所记载的"益干启位，启杀之"内容相仿。孰是孰非？哪是历史的真实，哪是受战国思潮的影响而掩盖了真相？尚需学者认真辨析。

又《容成氏》第三十九—四十一简记载了"汤攻桀"的具体过程："汤闻之，于是乎慎戒登贤，德惠而不爰，祇三十仁而能之，如是而不可，然后从而攻之，升自戎遂，入自北门，立于中□。桀乃逃之鬲山氏。汤又从而攻之，降自鸣条之遂，以伐高神之门。桀乃逃之南巢氏。汤又从而攻之，遂逃，去之苍梧之野。汤于是乎征九州之师，从覀四海之内，于是乎天下之兵大起，于是乎亡宗戮族残群焉服。"简文与文献多有相同之处，如：汤败桀于鸣条之野。鸣条在今山西运城东北，此事同时见载于《尚书·汤誓序》《史记·殷本纪》《今本竹书纪年》。又桀奔南巢。南巢在今安徽巢县东北，原见载于《古本竹书纪年》和《逸周书·殷祝》等。运用简帛佚籍来证史为夏史研究开辟了一条新门径。

战国时代学者为阐发自己的学术思想，不仅具体地诠释过去发生的历史事件，而且总结历史的经验教训。同时从宏观上提出对上古史的理性思考和对上古历史规律性的认识。如《礼记·礼运》谈到了"大同""小康"说，把"禅让"和"世袭传子"作为"大同"

社会与"小康"社会的分界线。后来韩非提出了四世说①，即上古之世、中古之世、近古之世和当今之世，他把夏朝列入中古之世和近古之世中间。总之，他们按自己规定的标准总结出历史进化的规律，当时能有这些认识是十分先进的。

总之，先秦诸子为我们留下了不少有关夏史方面的资料，当然这些资料毫无例外受他们学术思想的支配和影响而可能使其部分史实失真，但我们只要通过辨析，并与其他相关资料参证，它们亦不失为有价值的夏史研究资料。

五 《夏小正》与夏历的瓜葛

《夏小正》是《大戴礼记》中的一篇。《大戴礼记》由西汉礼学家戴德编撰，但《汉书·艺文志》中没有列这部书，人们猜测它可能附在《艺文志》的礼"经"中，也可能编在"记百三十一篇"内，至晚在西汉时期还没有独立成书。一般认为《大戴礼记》最后独立成书应在东汉时期，但它搜集的多数文章是战国时期的作品。其中《夏小正》相传是夏代遗书，至少里面有部分内容是属于夏代的。

《夏小正》作为单行本书目首先出现于《隋书·经籍志》中。《隋志》云，《大戴礼记》十三卷，另有《夏小正》一卷，并注明戴德撰。戴德最后编订《夏小正》，极可能要依据夏代留传下来的历法（这中间主要是留传于民间的口述"夏时"）。《夏小正》的古老

---

① 《韩非子·五蠹》。

性和真实性可以从以下几点得到证明：

在古代农业发达的社会，一定要依赖比较先进的历法，古人认为夏历正是当时比较先进的历法，所以孔子在回答为邦之道时，首先提出要"行夏之时"（《卫灵公》）。《礼记·礼运》记："孔子曰：'我欲观夏道，是故之杞，而不足征也，吾得夏时焉。'"郑玄注曰："得夏四时之书也，其存者有《夏小正》。"《史记·夏本纪》说："孔子正夏时，学者多传《夏小正》云。"虽然难以确证《夏小正》就是夏代遗书，但是留传下来的"夏时"资料成为编撰《夏小正》的底本，确是可能的。清《四库全书总目提要》中指出：《大戴礼记》"书中《夏小正》篇最古"，"《小正》文句简奥，尤不易读"。这也是后人相信《夏小正》比较古老、真实的理由所在。

再从《夏小正》内容来分析，把它与《尧典》《豳风·七月》《礼记·月令》相比较，不难看出《夏小正》时代正处于从"观象授时"到历法草创阶段，世掌天地四时之官的羲、和氏用肉眼观测容易见到的参、大火、北斗、织布等星象于日出日落后的这一段时间内在天空中的方位，来确定月份和季节，再参照气象、自然景物和物象来制定历法。《夏小正》是我国第一部历书，是我国现存的一部最古老的月令。它是按十二月顺序，详细地记载了大自然包括天上星宿、大地生物和与之相应发生的变化，形象地反映了上古先民对时令气候的认识。因此，《夏小正》对研究夏代的天文历法有重要的参考价值。

李学勤先生撰《〈夏小正〉新证》一文，对《夏小正》的价值提出很好意见。文中他摘引《夏小正》的某些经文，用来与卜辞、金文和《尚书》等文献对照，发现"《夏小正》确实有古老的渊源，其经文不会像一些学者所说晚到战国时期"①。所论至确。

六 "奇书"也有不奇处

向来认为《山海经》是我国古代的一部奇书,甚至被称为"海阔天空奇谈怪论之代号"。书中内容充斥"奇言怪物",难以卒读,连司马迁都说:"至《禹本纪》《山海经》所有怪物,余不敢言之也②。"《禹本纪》早亡佚,而《山海经》却传世下来,受到一些研究者注目,他们认识到书中"包含着关于我国古代地理、历史、神话、民族、动物、植物、矿产、医药、宗教等多方面的内容,保存着丰富的资料,是研究上古社会的重要文献"③。其中有关夏人的神话传说和历史资料也是不容忽视的,在夏史文献匮乏的情况下,治史者若能从中披沙拣金,撩开其神秘的面纱,再现历史的斑驳影点,这是很有价值的。

在利用《山海经》资料来研究夏史的工作中,应对《山海经》的作者、成书年代有一个比较确切的判断。关于《山海经》的作者和成书年代,最早提出禹、伯益作说的是刘歆。他在上本书表中称"《山海经》者,出于唐虞之际","禹别九州,任土作贡;而益等类物善恶,著《山海经》"。继持此说者有《列子·汤问》④《论衡·别通》⑤《吴

① 李学勤:《古文献丛论》,第212—224页,上海:上海远东出版社,1996年。
② 《史记·大宛列传》,第3179页,北京:中华书局,1959年。
③ 《山海经校注》,袁珂校注,出版说明第1页,上海:上海古籍出版社,1980年。
④ 《列子·汤问》:"大禹行而见之,伯益知而名之,夷坚闻而志之。"这里暗示《山海经》的著作过程。
⑤ 《论衡·别通》:"禹、益并治洪水,禹主治水,益主记异物,海外山表,无远不至,以所闻见,作《山海经》。"

越春秋·越王无余外传第六》①等。以上所说均托古之言，不足为信。

而多数研究者则认为是战国时期、最晚不过西汉初年所作。见于此说的有《四库全书总目》为其代表，曰《山海经》"断不作于三代以上，殆周秦间人所述，而后来好异者又附益之欤"。

神话研究专家袁珂具体地考证了《山海经》的成书年代，他认为《山海经》"不是一时期一人所作。内中《五藏山经》可信为东周时代的作品；《海外》《海内》经八卷可能作成于春秋战国时代；《荒经》四卷及《海内经》一卷当系汉初人作"。后又明确指出："以今考之，实非出一时一人之手，当为战国至汉初时楚人所作②。"他认为系南方楚人所作，当有所据，如《五藏山经》《海外》《海内》三部分都以南西北东为叙述，与历来中土习惯以东西南北序次先后不同，是以南方为先，突出南方的位置。而且书中多提及巫山和十巫称谓，南方楚地流行巫术，楚人想象力丰富，是产生神话故事的沃土，故称《山海经》出之于楚人之手，不无道理。此外，还有出之于齐地、巴蜀以及中原洛阳等说，不一而足。

本人认为《山海经》基本上是一部先秦文献，成书于春秋战国时代，内中掺有汉初成分，但不能改变其春秋战国时代的属性，且出于南方楚人之手，恐此推断不误。

---

① 《吴越春秋·越王无余外传第六》："（禹）行到名山大泽，召其神而问之山川脉理，金玉所有，鸟兽昆虫之类，及八方之民俗，殊国异域土地里数，使益疏而记之，故名之曰《山海经》。"

② 袁珂：《中国古代神话》，第 21 页，中华书局，1960 年新 1 版。又主编《中国神话传说辞典》，第 32 页，上海：上海辞书出版社，1985 年。

现先从总体上分析《山海经》的价值如下：

1. 它保存着我国上古山水方面的资料。《山海经》中所记山川并非都是虚构。据考知，郦道元的《水经注》引用《山海经》资料就有 80 多条，并经郦道元下功夫考察。清学者毕沅在其所注的《山海经新校正序》里也说，书中山水，多数都能考知。谭其骧著文对黄河下游古道做出考实，并能把它描绘在地图上①。

2. 保存了古代矿藏和动植物等物产资料。据统计，《山海经》中记载有 226 处金、银、铜、铁、锡和玉石等矿藏，现大都可以证实，还记载了 260 多种动物和 130 多种植物以及物产等，对研究生态史、资源史、经济史提供了资料。

3. 保存了古代医药、原始宗教、原始思维等资料，反映了巫术盛行、巫医不分的历史背景。

4. 记述了将近 100 个神话故事，是我国古籍中保存神话最多的作品，故可称《山海经》是我国古代神话的集成。如：夸父逐日、精卫填海、西王母的故事等等。

5. 保存了古代部族活动的传说，如炎黄之争，蚩尤之乱，颛顼、祝融、三苗、共工、犬戎、少昊、大昊、骦头、肃慎、尧、舜、帝喾、帝俊等人物或部落的传说，关于帝俊的传说，更是独一无二，仅在《山海经》中有记载。

6. 关于夏商周三族早期历史的传说，如：王亥仆牛、有易杀王亥的故事、后稷播百谷的故事等。有关夏族、夏史的内容，兹分述如下：

---

① 谭其骧：《〈山海经〉河水下流及其支流考》，《中华文史论丛》，第七辑。

（1）关于夏族的始祖。

《海内经》记："黄帝生骆明，骆明生白马，白马是为鲧[①]。"

骆明、白马，不见其他文献记载，而白马说，显然是把鲧神化，将动物拟人化是各民族神话之普遍手法。

将夏鲧始祖推至黄帝，见载于其他文献的则有《古本竹书纪年》《世本》《史记·夏本纪》和晋皇甫谧《帝王世纪》等，其排列谱系雷同，即：黄帝—昌意—颛顼—鲧—禹。《山海经》亦认为黄帝是夏鲧始祖，从族属上他们是否属于一个谱系，我们不得而知，但不能排除同居中原的部族在文化渊源上有联系，它启示我们去寻找先夏文化的始源地。

（2）关于鲧禹的父子关系。

《大荒南经》记："鲧妻士敬，士敬子曰炎融，生驩头。"（第378页）据考证：驩头即驩兜、丹朱，本书所示鲧的另一支后裔，不见其他文献，此说不知有何依据？

鲧禹为父子，也有一段神话，故引起一些学者对其父子关系的怀疑。《海内经》记："鲧复生禹。"（第472页）即《楚辞·天问》所谓"伯鲧腹禹"的故事。而《大戴礼记·帝系》则云："颛顼产鲧，鲧产文命，是为禹。"为印证禹的神性，又衍生出感生说神话，大意是："鲧纳有莘氏女，曰志，是为修己，上山行，见流星贯昴，梦接意感，又吞神珠薏苡，胸坼而生禹于石纽[②]。"这是对"鲧复生

---

① 袁珂：《山海经校注》，第465页，上海：上海古籍出版社，1980年。（以下引《山海经》，都出自本书，不另作注。）

② 徐宗元：《帝王世纪辑存》，摘自《三国志·蜀书·秦宓传注引》，第48页，北京：中华书局，1964年。

禹"的演绎，是远古时代的生育观，至于鲧禹之间的父子关系，已被更多文献证实而不容置疑。

（3）关于鲧禹治水。

关于鲧禹治水的地点、方法和效果，古代文献多有记载。《山海经》中的有关记载，我们同样应予重视。

《海内经》记："禹鲧是始布土，均定九州。"（第469页）把禹鲧治水功绩连提，是认为大禹治水成功是继承了鲧的事业。

《山海经》（也是该书结尾）记："洪水滔天。鲧窃帝之息壤以湮洪水，不待帝命。帝令祝融杀鲧于羽郊。鲧复生禹。帝乃命禹卒布土以定九州。"（第472页）

我们认为这一段记载是对真实历史的演绎。尧舜时期出现了洪水期，尧令鲧治水，鲧采用湮塞的办法，没有成功，后来尧又令禹治水，他用疏导法而"定九州"。但故事中间加上神话色彩，说鲧盗窃了"帝之息壤"（生生不息之土壤）用来阻塞河道，违背了"帝命"，于是帝尧命令祝融杀鲧于羽郊（关于鲧的下落，后有专段论述）。这在鲧禹治水中又加上了"天帝"的旨意。

《山海经》还反映鲧禹治水和治山是并举施行的。如《大荒北经》记"有鲧攻程州之山"（第422页），《大荒南经》记"禹攻云雨"（第376页），《大荒西经》记"有禹攻共工国山"（第387页）。对其治水治山之壮举，《禹贡》篇中均有反映。

在治水过程中，大禹与共工氏发生了冲突，《山海经》对此也有反映。如：《大荒北经》记："共工之臣名曰相繇（相柳），九首蛇身，自环，食于九土。其所歍所尼，即为源泽，不辛乃苦，百兽莫能处。禹湮洪水，杀相繇，其血腥臭，不可生谷。其地多水，不可居也。禹湮之，三仞三沮，乃以为池，群帝因是以为台。在昆仑之北。"（第428页。注家认为此台又见于《海外北经》）又《海外北经》记："共工之臣曰相柳氏……，禹杀相柳，其血腥，不可以树五谷种。禹厥之，三仞三沮，乃以为众帝之台。"（第233页）斗争十分激烈，同时反映了大禹治水也有"湮"塞方法，并不是单一的疏导，而是疏导与湮塞并用，这才是治水成功的秘诀。

《山海经》作者很看重大禹"导积石山"在治水中所起的作用，故书中多次提及这一工程。如：《大荒北经》记："大荒之中，有山名曰先槛大逢之山，河济所入，海北注焉。其西有山，名曰禹所积石。"（注家认为"积"上缺"导"字，第423—424页）《海内西经》记："河水出东北隅，以行其北，西南又入渤海，又出海外，即西而北，入禹所导积石山。"（第297页）《西山经》记："又西三百里，曰积石之山，其下有石门，河水冒以西流。是山也，万物无不有焉。"（第51页）《海外北经》记："禹所积石之山，在其东，河水所入。"（第240页。注家以为"积"字前缺"导"字）除此之外，《禹贡》中也多有"导河积石""浮于积石"之说。

历来注家认为：积石山有二。一在汉金城郡河关县（今甘肃临夏）西北，在今临夏西北至青海循化县间，唐宋时设有积石军（军相当于县）。这里有个积石山，羌人称唐述山。县城西北又有积石关，下临黄河，两山如削，兼河与关，形势险要。另一在今青海东南部，距西宁西南500余里，黄河北岸，《元史·地理志》称作大雪山，今名阿尼玛卿山。《括地志》称前一个叫小积石山，后一个叫大积石山，如按此说，大禹治水从黄河源头开始导起，实在难以叫人信服。徐旭生先生撰文《尧舜禹》（上）提出新说，大意是：

积石山恐怕不是什么大山或有名的山。禹及助手探查河道留一些记号，积成石堆，蒙古人做记号时就堆一堆石头，叫作"鄂博"。这个地方是在山西、陕西、内蒙古、宁夏或甘肃的哪一处，现在全无法知道。所能知道的，在龙门上游①。徐先生的看法比较符合实际，如从黄河源头去寻找大禹治水的踪迹恐难解决问题。

（4）关于鲧的下落。

《海内经》记："帝令祝融杀鲧于羽郊。"（第 472 页）又《中山经》记："南望墠渚，禹父之所化，是多仆累、蒲卢。"（第 125 页）

关于鲧下落的说法，见于其他文献的则有：《左传·昭公七年》："昔尧殛鲧于羽山，其神化为黄熊，以入于羽渊。"《尚书·尧典》称鲧是"四罪"之一，数其罪行是"方命圮族"，最后遭至"殛鲧于羽山"的处罚。《尚书·洪范》："鲧则殛死，禹乃嗣兴。"《国语·鲁语上》："鲧障洪水而殛死。"注释家释"殛"一为流放，或为诛死。羽山即今山东临沂境内、郯城东北接江苏赣榆县西北境。此外有关神化说，除《左传》《国语·晋语八》称"化为黄能（熊）"说外，还有《归藏》启筮云："化为黄龙。"《拾遗记》卷二云："化为玄鱼。"这些神化为兽的故事，在古代神话中屡见不鲜，是远古人类的一种思维方式。

（5）关于禹的又一支系。

《大荒北经》记："有毛民之国，依姓，食黍，使四鸟。禹生均国，均国生役采，役采生修鞈，修鞈杀绰人。帝念之，潜为之国，是此毛民。"（第 424 页）绰人是毛民之国的先祖，依姓，是黄帝之

---

① 《文史》，第三十九辑，第 17 页，北京：中华书局，1995 年。

后裔。据上文载，绰人被禹之后裔消灭而逃亡，"潜为"后复建毛民之国（因身上汗毛浓密特征而得其称号）。文中所提均国、役采、修轹，不见他书记载，这一谱系可能是禹的另一支系，存疑。

（6）关于启的传说。

首先是神化启出生的传说。《中山经·中次七经》记："又东三十里，曰泰室之山。其上有木焉，叶状如梨而赤理，其名栯木，服者不妒。有草焉，其状如术，白华黑实，泽如蘡薁，其名曰䓖草，服之不昧。上多美石。"（第147页）

泰室山即今河南登封嵩山，相传是启的出生地。郭璞注："次玉者也；启母化为石而生启，在此山，见《淮南子》。"袁珂案：启母化石生启事，今本《淮南子》无，惟见《汉书·武帝纪》颜师古注引《淮南子》："禹治鸿水，通轘辕山，化为熊。谓涂山氏曰：'欲饷，闻鼓声乃来。'禹跳石，误中鼓。涂山氏往，见禹方熊，惭而去。至嵩高山下，化为石，方生启。禹曰：'归我子！'石破北方而启生。"这段启母化石生启的神话透露出启是禹娶涂山女而生，其出生地在今河南嵩山附近，我们可以认为这是神话提供的历史信息。

夏立国后启初创礼乐的措施也见之于《山海经》，如：《海外西经》记："大乐之野，夏后启于此儛《九代》（疑即《九韶》）；乘两龙，云盖三层。左手操翳，右手操环，佩玉璜。在大运山北。一曰大遗之野。"（第209页）又《大荒西经》："西南海之外，赤水之南，流沙之西，有人珥两青蛇，乘两龙，名曰夏后开（开即启，避汉景帝讳）。开（启）上三嫔于天，得《九辩》与《九歌》以下。此天穆之野，高二千仞，开（启）焉得始歌《九招（韶）》。"（第

414 页）春秋战国时批评启不恤国事，惟以酒食声色自娱，这是与大禹"菲饮食""恶衣服""卑宫室"的品德相对照，其实这是启即位后，为取信于邦盟而应采取的必要措施。

启的统治范围，文献上没有明载。但《海内南经》记："夏后启之臣曰孟涂，是司神于巴，人请讼于孟涂之所，其衣有血者乃执之，是请生。居山上，在丹山西。丹山在丹阳南，丹阳居属也。"（注家云丹山即巫山。第 277 页）本文称夏后启之臣曰孟涂主司神于巴，没有其他文献支持，难以置信。不过现巴蜀考古证实，那里农业文明早就兴起，夏与巴蜀文明如何联系，尚须进一步探寻。

（7）关于夏桀之亡。

《大荒西经》记："有人无首，操戈盾立，名曰夏耕之尸。故成汤伐夏桀于章山，克之，斩耕厥前。耕既立，无首，走，厥咎，乃降于巫山。"（第 411 页）本文描写成汤伐桀之史实，与刑天之神话联系在一起，以显示成汤之威力，是受天命所支持。

以上列举《山海经》中有关夏族、夏朝的神话、传说资料。从具体内容来看，它不是信史，但也不是完全虚构的神话，即使有些神话稀奇古怪，但也自有它的渊源。神话与远古人们的生活和历史有着密切关系，它表现出的是神话传说形式，却透露出历史的闪光点，我们研究上古史，特别像夏朝这样充满神秘性的王朝，更不要舍弃其神话资料。正如茅盾先生所说："一切神话无非是原始的哲学、科学与历史的遗形"①，对《山海经》中含有的"历史的遗形"，我们也要进行"发掘利用"和科学阐释。

---

① 茅盾：《神话研究》，天津：百花文艺出版社，1981 年。

七 司马迁的首功

司马迁作《夏本纪》主要依据《尚书·尧典》《皋陶谟》《禹贡》《甘誓》《汤誓》以及《左传》《国语》等先秦文献，而其中夏族源流和夏世系则主要参考各种谱牒和《帝系》等档案资料①。司马迁著史还重视去实地调查，"网罗天下放矢旧闻"。他真是做到了笔笔有宗，言之有据，表现出一代史家严谨治史的风范。

《夏本纪》记载的夏史内容包括：夏禹的族源，鲧治水失败的结局，大禹治水的功绩，《禹贡》"九州"，禹、皋陶与帝舜探讨谋政安民之道，伯益让贤于启，启即位，启伐有扈氏作《甘誓》，太康失国，"五子"之乱，胤征羲、和，孔甲乱夏，夏桀灭亡，夏世系以及夏亡之余族邦分封情况等等。司马迁勾勒出我国第一部夏史系统。

《夏本纪》与《殷本纪》同样，是一部可信的历史文献。首先，将《夏本纪》的夏世系与《古本竹书纪年》的夏世系对照来看，基本相符，司马迁著《夏本纪》"稽其历谱牒"，是否见到过类似《古本竹书纪年》这种版本不得而知，但两者惊人相似，使我们相信今存《夏本纪》中的夏世系，自有它的传本依据。加上《殷本纪》的

① 《史记·三代世表》太史公曰："五帝三代之记尚矣，自殷以前，诸侯不可得而谱，周以来乃颇可著。孔子因史文次《春秋》，纪元年，正时日月，盖其详哉。……余读谍记，黄帝以来皆有年数，稽其历谱谍终始五德之传，古文咸不同，乖异。夫子之弗论次其年月，岂虚哉！于是以《五帝系谍》《尚书》，集世、纪黄帝以来讫共和为《世表》。"又：《史记·太史公自序》："维三代尚矣，年纪不可考，盖取之谱牒旧闻，本于兹，于是略推，作《三代世表》第一。"

商先公先王世系已得到了甲骨文的证实，更使人们联想到对《夏本纪》中的夏世系不要轻易怀疑。

其次，关于《夏本纪》来源于《尚书·虞夏书》的内容，我们在分析那些篇章时已论及它们的史料价值，司马迁是把它们作为可信的原始资料来加以引用的。

司马迁著《史记·夏本纪》引用了孔安国传《古文尚书·书序》，云："太康失国（邦），昆弟五人（兄）须于洛汭，作《五子之歌》。"此句出自孔安国传《五子之歌·书序》。另："羲、和湎淫，废时乱日，胤往征之，作《胤征》。"此句出自孔安国传《胤征·书序》。从引文看与现存《书序》相同，这似乎表明司马迁著《史记》时，可能看到了孔安国献的《古文尚书》本；但近人崔适的《史记探源》指出这两段都是"据《书序》窜入"①。崔适专治今文经学，他认为《史记》本属今文经学，由于刘歆窜乱，乃杂有古文说。此说不确。司马迁比孔安国年辈稍晚，据说他曾向孔安国学过《古文尚书》，在他任太史令职务时有机会在国家档案库见到孔安国所献的《古文尚书》45个篇目。据陈梦家计算，《史记》共引45个《书序》，其中就有古文9个篇目、亡逸21个篇目。陈先生还推测大部分《书序》作成时代当在公元前第二世纪内，距今已2 000余年②。还有学者认为《书序》是司马迁著《史记》时采用的《今文尚书》家和《古文尚书》家的说法而写成的提要。后来这些说法经过发展成为定型的《书序》，并把它正式附在《尚书》后面③。

---

① 崔适：《史记探源》，第35—36页，北京：中华书店，1986年。
② 陈梦家：《尚书通论》，第264、282页，北京：中华书局，1985年第1版。
③ 马雍：《尚书史话》，第16页，北京：中华书局，1982年。

2002 年春天由北京保利艺术博物馆专家在海外文物市场上偶然发现的遂公盨铭文："天命禹敷土，随山浚川，迺差地设征"，与《禹贡》的"禹敷土，随山刊木，奠高山大川"和《尚书序》的"禹别九州，随山浚川，任土作贡"的文句有相似和相同之处。遂公盨大概是西周中期后段的青铜礼器，器内底有铭文。它的发现对《禹贡》以及《书序》的写作年代当有重新判定的必要。

另外，《夏本纪》有选择地使用《左传》和《国语》中的资料，如引用了《左传·昭公二十九年》关于孔甲时期豢龙氏、御龙氏的神话，但对《左传·襄公四年》记载的后羿代夏政、寒浞擅权，《左传·哀公元年》记载的少康中兴等内容都只字未提，而把《左传·哀公元年》少康中兴这段记事移入《吴太伯世家》中。后来评论家认为这是"失作史之体"的疏漏①。

最后，《夏本纪》为我们保存了夏亡后姒姓族邦的支系资料："太史公曰：禹为姒姓，其后分封，用国为姓，故有夏后氏、有扈氏、有男氏、斟寻氏、彤城氏、褒氏、费氏、杞氏、缯氏、辛氏、冥氏、斟氏、戈氏。"可见，司马迁非常重视族谱源流的研究，同时，他对夏后氏后裔进行追踪探寻。杞国是夏禹后裔所建，具有特殊的地位，司马迁专列《陈杞世家》一卷，可见杞在太史公心目中的地位非同一般。但因"杞小微，其事不足称述"，故《陈杞世家》中载杞史不足 300 字，不过，它还是大致勾勒出杞国的历史脉络，保存了杞国君十九代世系资料，这些资料为探寻夏亡后夏禹后裔的踪迹提供了线索。

---

① 《史记会注考证·夏本纪考证》，第 46 页，上海：上海古籍出版社，1986 年。

第三章　手铲释天书

这是一条漫长的探索之路，现作以下回顾。

一　打开尘封的历史

早在先秦时期，人们对夏朝历史已感到茫然。正如孔子所云："夏礼吾能言之，杞不足征也。殷礼吾能言之，宋不足征也。文献不足故也，足，则吾能征之矣。"（《论语·八佾》）可见到了孔子生活的时代，夏代遗留下来的"文献不足"，因此，孔子对夏礼的详情也说不清楚了。不过，孔子作为一代文化传承宗师，他为夏文化的传播还是做出过重要贡献的。正如《史记·夏本纪》所记："孔子正夏时，学者多传《夏小正》。"

司马迁著《史记》，以《夏本纪》为第二篇，为我们留下了夏王世系和夏代史书。他以不肯定的语气客观地把传言记录下来，史云："或言禹会诸侯江南，计功而崩，因葬焉，命曰会稽，会稽者会计也。"这仅仅是一种推测而已。为探索夏史之谜，司马迁"二十而南游江淮，上会稽，探禹穴"①，走上了寻访夏史踪迹的道路。

在探索夏文化的道路上，清以前一些学者，特别是金石家们都曾把目光投向所谓"夏物""夏器"上，不过由于时代和历史条件的限制，他们的努力都没有成功，而且出现了误认误读现象。唐人所传南岳衡山有块《大禹岣嵝碑》为禹所刻，韩愈的《岣嵝山诗》曰："岣嵝山尖神禹碑，字青石赤形摹奇。"即指此碑，惟原石已失，仅有篆书摹刻存世，研究者认为此碑系后世好事者伪刻。后来宋金石学者薛尚功，清学者阮元、吴荣光等编辑铜器款识，有许多题为夏器的夏珂戈、夏带钩等，都是误识，本应是属于战国时代的器物。因此，在近世考古学未诞生之前，还谈不上科学地认识夏文化问题。

20世纪20年代中国近代考古学兴起，是从新石器时代考古开始的。1921年瑞典人安特生来河南渑池县仰韶村发掘新石器时代遗址，他把这里发现的石器和彩陶遗存命名为仰韶文化。1926年秋，李济与袁复礼用了1个多月时间发掘了夏县西阴村仰韶文化遗址，这是中国学者独自主持发掘的第一处史前遗址。

此后，从认识和发掘殷墟、甲骨文开始，探索夏文化就逐渐被提到日程上来。下面简要叙述这一历程：

1928年10月，中央研究院历史语言研究所派董作宾到安阳殷墟进行了第一次考古发掘。

1930年11月，由李济率队发掘了山东章丘城子崖龙山文化遗址（参加者有董作宾、吴金鼎、郭宝钧等）。1931年10月，由梁思

① 《史记·太史公自序》。

永带队对城子崖进行了第二次发掘。两次发掘的成果，于1934年辑成《城子崖——山东历城龙山镇之黑陶文化遗址》一书出版（《中国考古报告集之一》，南京，1934年）。

1931年4月，梁思永、吴金鼎与刘曜（尹达）发掘了安阳高楼庄后岗遗址，发现了龙山文化与小屯殷墟文化的叠压关系；同年12月的第二次发掘又揭示了上为小屯文化，中为龙山文化，下为仰韶文化的三叠层，为认识中国史前文化提供了关键依据。

此后，依据当时已知的考古资料，历史学家们对夏文化做出过种种推测：

徐中舒推测仰韶文化为夏文化说。他在所撰的《再论小屯与仰韶》一文中认为："现在从许多传说较可靠的方面推测，仰韶似为虞夏民族遗址"，"仰韶为夏民族曾经居住之地"，"推测夏人曾居仰韶，亦为可能的事"。并在《余论》中说道："至于仰韶的问题，因为遗物上没有文字发现，其年代的推定，就不能像殷墟这样容易而确定了。""薛尚功、阮元、吴荣光等编集铜器款识，有许多题为夏器的都属于晚周之物。此等遗物既无可据，所以在本文中仅得依据中国史上虞、夏民族分布的区域，断定仰韶为虞、夏民族的遗迹。这本不是健全的方法，但我们也不妨认为一种有理解的新的提议[1]。"

丁山认为夏县西阴村仰韶文化遗址是夏文化。他在《由三代都邑论其民族文化》一文中论道："顾在今日考古学上，足以证夏后氏文化者，唯李济之博士《西阴村史前的遗存》而已。西阴村属今

---

[1] 本文原载《安阳发掘报告》，（第3期），后收入《徐中舒历史论文选辑》，第148、155、159、180页，上海：中华书局，1998年。

山西省夏县，由地名沿革论，正为有夏之虚"，"是西阴村出土器物，不妨假定为夏后氏遗存"①。

翦伯赞也把夏文化与仰韶文化联系在一起。他认为："诸夏之族，在传说中之夏代的中叶，即带着仰韶文化沿黄河而东下，分布于河南中部及山东半岛一带，成为中国新石器时代中原文化的主人②。"

范文澜著《中国通史简编》修订本第一编，书中列《假设的夏朝遗迹》专节，提出龙山黑陶文化可能是夏朝文化遗址的假设③。

赵光贤著《论黑陶文化非夏代文化》，提出"以绳纹鬲为主的灰陶"可能是夏文化的假设。进而认为："商代文化的主要来源，据我的推测，是这个灰陶文化，而不是黑陶文化。至于这个灰陶文化是不是夏代文化，我们目前还不能断言，但是可能性是有的，更可能它是夏文化的前身。我说它可能是，因为根据古史记载，夏族活动的主要地区在山西、河南间，和这文化遗址的分布地区是符合的④。"总之，前辈学者受当时考古发掘资料条件所限，产生出以上种种推测，他们这种探索精神是值得后辈学习的。

二 古都郑州遗址的惊世发现

1950 年在郑州二里冈发现商代遗存，从地层关系分析它要比

① 该文载于《国立中央研究院历史语言研究所集刊》，1935 年第 5 期第 1 分册。
② 翦伯赞：《诸夏的分布与鼎鬲文化》，收入《中国史论集》，文风书局，1947 年。
③ 范文澜：《中国通史简编》，修订本第一编，第 104—106 页，人民出版社，1955 年第 3 版。
④ 载于《光明日报》，1957 年 1 月 17 日第 3 版，后收入赵光贤：《古史考辨》，第 9 页，北京：北京师范大学出版社，1987 年。

殷墟遗址早 100 多年。考古学家又把它分为"二里冈下层"和"二里冈上层",此外在郑州旧城的南关外,还发现了一层跟二里冈上下层有差异的、较二里冈下层略早的文化层,称之为南关外期[①]。安金槐先生于 1953 年主持郑州商代二里冈遗址考古发掘,首次提出区分前后两大期问题。1954 年在郑州人民公园内发现商代后期遗址叠压着郑州商代二里冈期上层的地层关系,证明二里冈遗址应属于商代中期。1956 年春,在郑州西部的洛达庙村东地又发现了一处略早于郑州商代二里冈期的遗址,即定名为"郑州洛达庙期遗址"(分为早、中、晚期),当时把晚期暂定为"稍早于郑州商代二里冈下层的商代早期"。

1955 年发现了郑州商城遗址,分布面积约 25 万平方千米,经过数十年工作发现城垣遗址。城垣周长 6 960 米,有宫殿区、民居、排水系统、铸铜作坊、制陶作坊、制骨作坊、墓葬群和祭祀场地等,出土了大量青铜器、陶器、原始瓷器、玉器、石器、骨器和象牙器、金器和刻字骨片等。关于郑州商城的性质,目前学术界主要有两种意见:一种意见认为是成汤所居之亳,另一种意见则认为是仲丁的隞都,总之,认为是商代前期的一处都城遗址。

1958 年以来,学者们开始将探索夏文化的目光投向介于河南龙山文化与郑州二里冈商文化之间的"洛达庙类型"(当时对二里头文化的一种称呼)。李学勤先生撰文《近年考古发现与中国古代社会》(《新建设》,1958 年第 8 期),提出:"洛达庙期"文化遗存

---

① 《郑州二里冈》,北京:科学出版社,1959 年。

"最可能是夏代的"。有些学者或认为"洛达庙层"是探索夏文化值得注意的线索或对象①。他们都发出了探索夏文化的信号。

三　豫西调查记

《考古》1959 年第 11 期发表了徐旭生先生的《1959 年夏豫西调查'夏墟'的初步报告》，文中大致记载如下内容：

1959 年 4—5 月，徐旭生先生带着几名助手到豫西调查"夏墟"，去了河南登封、禹县、巩县、偃师等处。在调查前及调查中，徐旭生先生坚信以下几点想法：

首先，他认为夏代的存在是毋庸置疑的。其次，他提出夏文化考古问题，其含义是指夏代文化，即从夏禹兴起到夏桀亡国，具体是指夏氏族或夏部落的文化。最后，确定夏文化的方向，找出夏氏族或部落所活动的区域，其具体方法是从文献所保留的资料中去寻觅夏人活动线索。据徐旭生先生粗略统计，在先秦书中关于夏代及其含有地名的史料大约有 80 条左右，除去重复，剩下的约在 70 条以内。此外在西汉人著的书中还保存有 30 条左右，可是大多数重述先秦人所说，地名超出先秦人所述范围的不多（其中最有用的仅不到 30 条关于夏后氏都邑的记载）。据此，徐旭生认为探索夏文化特别应注意两个地区：第一是河南中部的洛阳平原及其附近，尤其是颍水谷地的上游登封、禹县地带；第二是山西西南部汾水下游（大约自霍山以南）一带。通过对文献的考察，特别对文献上的有

①　安志敏：《试论黄河流域新石器时代文化》，《考古》，1959 年第 10 期。石兴邦：《黄河流域原始社会考古研究上的若干问题》，《考古》，1959 年第 10 期。

关地名，如崇、禹居阳城，夏启有钧台之享、"昔伊洛竭而夏亡"
斟寻（河南巩县）、帝杼居原（河南济源）等地的考证，确定夏文
化探索的重点、地区范围。

这次调查行动，从 1959 年 4 月 14 日开始到 5 月 26 日结束，路
线是从洛阳开始，到登封、禹县、巩县、偃师，然后折回洛阳、陕
县而进入山西西南，进行了短暂调查。

当时，调查遗址有登封告成八方遗址、登封石羊关遗址、禹县
阎砦遗址、禹县谷水河遗址和偃师二里头遗址。

偃师二里头遗址，有丰富的文化内涵，它的被发现使其声名大
振。这一遗址出土的遗物，与郑州洛达庙、洛阳东干沟遗物性质相
似。据《汉书·地理志·河南郡·偃师县》班固自注："尸乡，殷
汤所都。"《尚书正义·立政》引皇甫谧说亳有三："蒙（今河南商
丘县西北或已入山东曹县境）为北亳，穀熟（今商丘县东南 40 里）

偃师二头里遗址

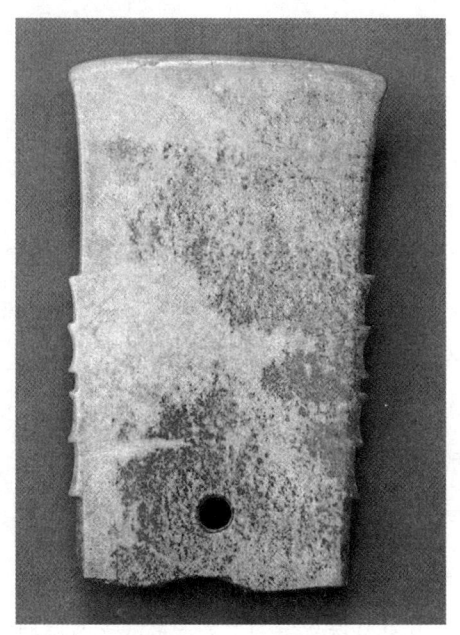

玉钺（偃师二里头遗址出土）

为南亳，偃师为西亳。"故当时研究者认为这一遗址"大约属于商代早期"。

接着于 1959 年秋，原河南省文物队"刘胡兰小队"即派人对偃师二里头遗址进行试掘。随后中国科学院考古所洛阳工作站赵芝荃、殷玮璋等考古学家组织到二里头遗址进行考古发掘，发现了 1 号宫殿、2 号宫殿，且认识了二里头四期文化（认为一、二期为夏文化，三、四期为早商文化）。接着，夏鼐将它定名为"二里头类型"文化①。1977 年直接称为"二里头文化"②。

在 20 世纪 70 年代，面积达 1 万平方米的 1 号宫殿的全面揭露和 2 号宫殿（宗庙）基址的发掘，使人们得以了解当时宫殿（宗庙）建筑的形制，并为判断二里头遗址为一代王都提供了重要依据。

20 世纪 70 年代中期在山西夏县东下冯，发现了与豫西地区二里头文化面貌相似但又有自身特点的东下冯文化遗存，为研究二里头文化的分布范围以及与周边文化遗存的关系提供了线索。这项工

---

① 夏鼐：《新中国的考古学》，载于《红旗》，1962 年第 17 期。
② 夏鼐：《¹⁴C 测定年代与中国史前考古学》，载于《考古》，1977 年第 4 期。

作是由中国科学院考古研究所、中国历史博物馆、山西省文管会联合发掘，由张彦煌等考古学家领衔组织发掘，取得了丰硕成果。

四 热潮滚滚来

一些学者认为登封会议是夏文化探索史上的里程碑。这次会议的发起是因为以安金槐为首的河南省考古专家在登封王城岗发现有相当于龙山文化中、晚期的夯土城垣遗址和告成镇北地东周阳城遗址①。以此为契机，在国家文物局和中国社会科学院考古所夏鼐所长的指导下，于1977年11月18日至22日，在登封县召开"河南登封告成遗址现场会"（简称"登封会议"），与会人员达32个单位的110人。夏鼐所长到会并做了精辟发言。会议讨论的主要问题有：

1. 夏文化在考古分期上的相对年代问题。

一种意见认为河南龙山文化晚期和二里头文化一、二期是属于夏文化，而二里头三、四期是属于商代早期文化，其中二里头三、四期的宫殿基址，可能是属于商灭夏后的商早期"西亳"遗址。

另一种意见，认为偃师二里头一、二、三、四期都是属于夏文化遗存，也有认为河南龙山文化晚期和二里头四期都是夏文化，或认为二里头三、四期是夏商分界等。

2. 告成镇王城岗城址的性质问题。主要意见有：（1）可能属夏初城址；（2）城堡太小，又没有发现兵器、礼器，应属原始社会后

① 河南省文物研究所、中国历史博物馆考古部：《登封王城岗与阳城》，北京：文物出版社，1992年。

期的城堡。

3. 夏鼐所长做了总结发言，后经过文字整理以《谈谈探讨夏文化的几个问题——在登封告成遗址发掘现场会闭幕式上的讲话》为题登载在《河南文博通讯》1978 年第 1 期上。

夏鼐在会上对什么是"夏文化"做了界定，他认为："夏文化"应该是指夏王朝时期夏民族的文化。这个界定排斥了夏朝前的先夏文化和夏王朝时期的非夏族文化，克服了在探索夏文化时无限蔓延、似是而非的状态。夏鼐认为夏文化的确切含义"应该是指夏王朝时期夏民族的文化。有人认为仰韶文化也是夏民族的文化。纵使能证明仰韶文化是夏王朝的祖先的文化，那只能算是先夏文化，不能算是'夏文化'。夏王朝时代的其他民族的文化，也不能称为'夏文化'。"

引人注目的是在登封会议上，邹衡先生公布了自己关于夏文化的系统观点。因为当时中国社会科学院考古所学者多数认同二里头西亳说，二里头的宫殿基址很可能就是成汤所居，郑州商城则为仲丁所迁的隞都说，而且把二里头文化都当成夏商两种文化（一部分是夏文化，另一部分是商文化）。针对这一观点，邹衡先生提出二里头文化一至四期都是夏文化，接着他又明确提出"郑州商城即汤都亳说"。

邹衡在登封会上的发言及其后发表的文章在学术界引起很大反响。兹介绍如下：

针对当时郑州商城隞都说，二里头西亳说，二里头出土宫殿遗址可能是成汤所居说，二里头文化一部分（早期）是夏文化、另一部分（晚期）是商文化的观点等，邹衡明确提出二里头文化一至四期都是夏文化。其主要论点为："二里头文化是以河南偃师二里头遗址为代表的介于河南龙山文化与早商文化之间的一种青铜时代文化。根据目前材料来看，它的分布范围非常广阔：北自晋西南地区起，最南已抵长江北岸，东自豫东地区起，最西直至陕西华县，纵横皆过千里。"又论说："二里头文化有其自身的发展序列，大体说来，可以分为早、晚两期……再若细分，早、晚两期尚可各分为二段"，"以上两期四段，在年代上是相互衔接的，在文化面貌上，它既不同于早商文化，也不同于河南龙山文化，而有其自成一系的独特风格，因此，从第一段至第四段全属一种文化，不能从中割开。但是，二里头文化因其分布面太广，各地区的文化面貌不尽相同，初步看来，可以暂分为两种类型：黄河以南地区可称为二里头类型，黄河以北地区可称为东下冯类型。这两个类型的共性是主要的，区别是次要的①。"接着他著文论断："成汤所都之亳究竟在哪里呢？就在河南郑州。郑州并非仲丁所迁之隞或嚣，而是成汤所居之亳；郑州商城就是成汤的亳都②。"

邹衡先生的观点是在长期探索研究基础上逐渐形成的，在学术界起到了一石激起千层浪的作用。学术界在围绕着二里头文化的性质及所处历史阶段、夏商分界、郑州商城性质等问题展开截然不同的争论，后来偃师商城的发现（1983 年发现），使二里头文化、夏文化的研究增加新的复杂因素，而且这一问题的讨论扩大到境外。

---

① 原载《河南文博通讯》，1978 年第 1 期，后收入邹衡：《夏商周考古学论文集（续集）》，第 11—13 页，北京：科学出版社，1998 年。

② 《郑州商城即汤都亳说（摘要）》，原载《文物》，1978 年第 2 期，后收入邹衡：《夏商周考古学论文集（续集）》，第 97—100 页，北京：科学出版社，1998 年。

玉钺（偃师二里头遗址出土）

1982 年香港中文大学召开了夏文化研讨会。后来于 1990 年 5 月 22—26 日，在美国加州大学洛杉矶分校召开了"夏文化国际研讨会"。参加会议的有欧、亚、美、澳诸国对中国夏文化有兴趣的学者 30 余人。这次大会的主要内容是比较集中讨论夏朝是否客观存在问题。由于长期受疑古派思潮的影响，欧美学者对夏朝存在基本持否定态度，而大陆学者以及台湾香港学者、境外华裔学者则认为夏朝是客观存在。会上有关夏文化的研究无法对话和深入探讨①。此后国内召开两次专门讨论会，一次是 1991 年 9 月洛阳"夏商文化国际研讨会"，另一次是 1994 年 10 月洛阳"夏文化国际研讨会"。

研究者总结，从 20 世纪 70 年代末至 80 年代，夏文化探索的成绩是多方面的：在河南登封王城岗，发现了龙山晚期的城址；在河南禹县瓦店，发现了同时期的丰富的文化遗存，为探索夏王朝建立前后夏人的活动地域提供了线索。

在二里头遗址，发现了面积近万平方米的二里头文化的青铜器作坊遗址、一批中小型墓葬及建筑基地，出土了一批遗物，为探索夏代的铸造工艺、夏人的墓葬制度和全面了解二里头文化的内涵创

---

① 王宇信：《美国"夏文化国际研讨会"侧记》，《中国史研究动态》，1990 年第 8 期。

造了条件。

　　1983 年在河南偃师县城西南发现一座商代早期城址。20 世纪
80 年代中、后期，发掘了部分城墙、西二城门、宫城内 4 号和 5 号
宫殿，了解了该城及宫城内宫殿的形制和基本布局。4 号宫殿和 5
号宫殿的发掘，对于了解商代早期宫殿的建筑形制是十分重要的。
90 年代对偃师商城的布局又有了新认识，在大城内新发现了一座
修建年代早于大城的小城，宫城恰位于小城南北中轴线上，证实偃
师商城由外城、内城和宫城组成。学术界逐渐认识到它的始建可能
与商汤灭夏事件有关，从而二里头遗址为夏都，二里头文化为夏文
化的见解便得到了学术界的普遍认同①。这个阶段夏文化探索的硕
果累累，其研究成果都反映在已公开出版的多本论文集中。先后出
版的著作如下，中国先秦史学会编：《夏史论丛》（齐鲁书社，1985
年）；河南省考古学会、河南省博物馆编：《夏史论丛》（齐鲁书社，
1985 年）；河南省考古学会、河南省博物馆编：《夏文化论文选集》
（中州古籍出版社，1985 年）；四川省大禹研究会编：《大禹及夏文
化研究》（巴蜀书社，1993 年）；洛阳市第二文物工作队编：《河洛
文明论文集》（中州古籍出版社，1993 年）；洛阳市第二文物工作队
编：《夏商文明研究》（中州古籍出版社，1995 年）；中国先秦史学
会、洛阳市第二文物工作队编：《夏文化研究论集》（中华书局，
1996 年）；郑杰祥编：《夏文化论集（上、下）》（文物出版社，
2002 年）；最后这部论集附录了张立东、段惠青编辑的《夏文化研
究论著目录索引》（截止到 2000 年）。

---

① 参阅：王巍：《夏商周考古学五十年》，《考古》，1999 年第 9 期。

其中邹衡的《夏商周考古学论文集》（文物出版社，1980 年）和《夏商周考古学论文集（续集）》（科学出版社，1998 年）是 20 世纪 80—90 年代出版的影响颇大的两部考古学名著，其夏文化研究部分是运用坚实的考古资料，结合古文献记载，在考古学上论定夏文化。先生的意见在学术界独树一帜，带有开创之功，受到许多同行专家赞同。同时以赵芝荃为代表的考古学专家们长期在二里头遗址开展田野考古，对夏文化的源流、夏商分界、二里头文化分期及其性质以及夏文化的论定等诸多问题提出独到见解，很有启发意义。他们之间的分歧和争论，促进了夏文化探索的深化，他们都为学术事业做出了贡献。

五　任重而道远

"夏商周断代工程"从 1996 年 5 月启动，1997 年 11 月在郑州和偃师召开"夏商周断代工程"夏商前期年代学研讨会，到 2000 年 9 月《阶段成果报告（简本）》验收，2000 年 10 月公布修订四稿。这是"九五"国家重点科技攻关计划项目之一，是 20 世纪末组织的第一个由人文社会科学与自然科学相结合进行研究的重大科研项目，其中"夏代年代学研究"，由邹衡先生任组长。据《成果报告（简本）》称："夏代年代学研究要遵循两条途径，一是文献中对于夏年的记载，二是对夏文化探讨的主要对象河南龙山文化晚期以及二里头文化进行 ^{14}C 测年，同时参照文献中有关天象记录的推算。"

1. 文献所见夏代纪年。有 471 年说。（见于《太平御览》卷八二引《竹书纪年》："自禹至桀十七世，有王与无王，用岁四百七十一年。"还有《路史·后纪》卷一三下注所引《汲冢纪年》则为："并穷寒四百七十二年。"相差一年，当以年代较早的引文为准。）另有 431 年说。（见于《易纬稽览图》："禹（指夏）四百三十一年。"）

2. 二里头文化与河南龙山文化晚期的分期与 ^{14}C 测年。

二里头文化考古取得如下共识：分布于豫西、晋南地区有二里头类型和东下冯类型。二里头文化分为一、二、三、四期，多数学者认为二里头文化属于夏文化。^{14}C 测年的结果在前 1880—前 1529 年之间。二里头遗址可能就是夏都斟鄩。

有些学者认为二里头文化的延续时间和文献记载的夏代纪年之间尚有差距，二里头文化可能只是夏代中、晚期的夏文化，而早期夏文化则要在河南龙山文化晚期中寻找。对该文化 ^{14}C 测年，在前 2190—前 1965 年之间。学者们从文化传承关系和 ^{14}C 测年结果分析，在河南龙山文化晚期和二里头遗址一期之间仍存在缺环。有些学者认为新密新砦遗址二期，上接河南龙山文化晚期（新砦一期），下连二里头一期，正填补了其间空白。

3. 夏代天象的天文推算。

一是禹时五星聚的记录。

《太平御览》卷七引《孝经钩命诀》："禹时五星累累如贯珠，炳炳若连璧。"据此有学者计算出在公元前 1953 年 2 月 26 日有一次很好的五星聚会。

二是仲康日食的研究。

《左传·昭公十七年》引《夏书》记"辰不集于房，瞽奏鼓，啬夫驰，庶人走"。天文史家据此推算出可供参考的夏初发生在洛阳地区可见日食的年代和日期。

4. 夏代基本年代框架的估定。

一是夏商分界。"断代工程"专家确认郑州商城如偃师商城的始建为夏商分界的界标，估定为公元前 1600 年。

二是夏文化的上限。学术界主要有二里头文化一期、河南龙山文化晚期两种意见。新砦二期遗存的确认，已将二里头文化一期与河南龙山文化晚期紧密衔接起来。以公元前 1600 年为商代始年上推 471 年，则夏代始年为公元前 2071 年，基本落在河南龙山文化晚期第二段（前 2132—前 2030 年）范围之内。现暂以公元前 2070 年作为夏的始年。

目前"夏商周断代工程"公布的夏年表为公元前 2070—公元前 1600 年[1]。

考古学家李伯谦先生对 20 世纪夏文化探索进行总结和瞻望，特转载如下[2]：

20 世纪夏文化探索的主要收获：

（1）确认夏族活动的中心地区在豫西和晋南，为从考古学上探索夏文化指明了空间范围。

（2）确定中原地区仰韶文化——河南龙山文化（王湾三期文化）——二里头文化——郑州二里冈早期商文化考古学文化发展序列，缩小了探索夏文化的时间范围，河南龙山文化（王湾三期文化）和二里头文化成为探索夏文化的主要对象。

---

[1] 夏商周断代工程专家组：《夏商周断代工程 1996—2000 年阶段成果报告》（简本），第 74—82 页，北京：世界图书出版公司。

[2] 张立东、任飞编著：《手铲释天书——与夏文化探索者的对话（李伯谦）》，第 254—255 页，郑州：大象出版社，2001 年。

（3）依据大量的地层叠压关系和丰富的遗迹、遗物，将二里头文化分为连续发展的四期，确认二里头文化一、二、三、四期俱属夏文化。

（4）根据豫西和晋南地区二里头文化遗存的差异，将二里头文化分为豫西以偃师二里头遗址为代表，晋南以夏县东下冯遗址为代表的东下冯类型。

（5）郑州商城、偃师商城的相继发现及二者时期的基本

青铜盉（偃师二里头遗址出土）

相同、二者均为早商都邑的确认，为夏商文化的分界找到了界标。

（6）对二里头文化各期系列含碳样品的^{14}C测定和研究，二里头文化一至四期的年代为公元前1900年左右到1600年左右，基本落在据文献推算的夏纪年范围之内。

（7）^{14}C测定的二里头文化一至四期总积年少于文献记载的夏积年100多年，也明显少于文献记载夏有十七世应有的总积年（以通常一世为25—30年计），二里头文化一期不是最早的夏文化，早期夏文化应在嵩山南北的河南龙山文化晚期遗存中寻找。

（8）通过对二里头遗址规模、地望和出土青铜器、宫殿基址等的研究证实，二里头文化是青铜文化，二里头文化时期已进入文明社会，建立了国家，二里头遗址是夏桀的都城遗址。

夏文化和历史的探索还要继续下去，主要表现为对以下这些问

题的探讨：

1. 早期夏文化、夏文化渊源问题。

主要意见有：（1）河南龙山文化中期；（2）河南龙山文化晚期；（3）二里头文化一期。在讨论过程中持第二期说的人渐趋上风。对河南龙山文化晚期和二里头遗址一期之间有缺环的问题，有些研究者确认新密市发现了"新砦遗址的文化是一种介于河南龙山晚期文化和二里头第一期文化之间的过渡形态"①。"可以认为河南龙山晚期和新砦期二里头文化是夏代早期的文化遗存"②，但是有些学者则认为"新砦期"不能成立③。

2. 二里头夏文化的分期和夏商分界。

考古学们依据二里头遗址的文化堆积的层位关系结合陶器群演化序列的研究，已经得出共识，即把二里头文化分为四期，且是连续发展的四期，但也有学者坚持五期说。

夏商分界也是持续讨论的问题之一。开始有人主张夏商文化分界于二里头文化二、三期之间，或分界于二里头文化三、四期之间。而"断代工程"专家确认郑州商城和偃师商城的始建为夏商分界。有的学者根据偃师商城最新考古收获，将商文化的上限推定在偃师商城一期初始，即相当二里头文化第四期（至迟为其晚段），且"认为偃师商城应该就是商汤灭夏之后所建用于镇抚夏人的具有

---

① 赵芝荃：《简论夏朝的断代问题——为纪念二里头遗址发掘四十周年而作》，《中原文物》，1999 年第 1 期。

② 方酉生：《略论新砦期二里头文化——兼评〈来自"新砦期"论证的几点困惑〉》，《东南文化》，2002 年第 9 期。

③ 李维明：《学风濯濯，学史昭昭——关于"新砦期"论证三题》，《殷都学刊》，2002 年第 3 期。

都城性质的城邑，即后世所谓西亳"①。

3.夏文化类型。

一般认为有二里头类型和东下冯类型。《中国考古学·夏商卷》则分为二里头类型、东下冯类型、豫东牛角岗类型（以河南驻马店杨庄遗址为代表）、下王冈类型（以河南淅川下王冈遗址为代表）。前两种类型资料丰富，而后两种资料均贫乏，有待于进一步开展工作。

4.夏文化与邻境其他考古学文化的关系。

与豫北、冀南的下七垣文化关系，与东方岳石文化关系，与江淮、东南沿海、江汉、巴蜀（三星堆文化）、晋中盆地、甘青高原以及北方草原地区（夏家店下层）的关系。

5.夏代都邑及其地望、地域范围。

6.夏文化反映的夏代礼制。

7.夏文化反映的夏代国家形态。

8.夏代文字。

9.夏族居民的体质特征等。

总之，夏文化的探索远远没有完结②，研究的接力棒已传递给一批年富力强的当代学者手中。

值得庆幸的是，期盼已久的由中国社会科学院考古研究所编著的《中国考古学·夏商卷》（中国社会科学出版社，2003年）正式出版。这部巨著积累了几代考古学家群体的心血，其中夏文化考古

---

① 杜金鹏：《偃师商城考古新发现及其意义》，《文物季刊》，1999年第2期。

② 参阅：张立东、任飞编著：《手铲释天书——与夏文化探索者的对话》，第254—255页，郑州：大象出版社，2001年。

探索占有相当重的分量，它全面系统总结了夏文化探索和研究工作，新见迭出，启人心扉，为进一步推进夏文化考古研究奠定了很好的基础。2005 年由杜金鹏、许宏主编的《偃师二里头遗址研究》出版，这是一部关于二里头遗址与二里头文化研究的综合性论著，不仅具有极强的资料性，同时也有较高的学术水平。

21 世纪以来，考古专家把偃师二里头遗址的中心区作为田野工作的重点，集中探索遗址的结构和布局，深入剖析二里头遗址从聚落演变为王都的过程。据初步公布的材料来看，已取得了如下新进展：

1. 宫城及宫殿区外围道路网。

新发现的宫城位于遗址东南部宫殿区中心，略呈纵长方形，总面积约 10.8 万平方米。宫城城墙的始建年代为二里头文化二、三期之交，延续使用至四期晚段或稍晚，是当时发现的可确认的我国最早的宫城遗址。2019.7 月左右在二里头遗址 2 号宫殿下又发现了一座时代更早、规模更大的宫殿，将我国最早的宫殿群时间提早约百年。

宫城内有大型建筑基址群，每基址区四周均有宽 10 至 20 米的道路相通，路下有排水暗渠，形成了道路网络。经发掘可知，有些大路由二里头文化早期至晚期一直延续使用。

2. 新发现大型建筑基址群。

在以前已发现的 1、2 号基址之外，又新发现了夯土基址 6 座（编号为 3、4、5、6、7、8），其中属二里头文化第二期的 3 号基址面积最大，而其他基址使用年代则从二里头文化第三期延续到第四期晚段。

3. 宫殿区内的贵族墓及出土遗物。

在 3 号基址院内发现了中型墓葬，已清理了 5 座。均为东西排列，南北向，为土坑竖穴墓，至少有 2 座墓圹超过 2 平方米。多铺朱砂，有棺痕。其中 3 号墓（编号为02VM3）出土随葬品最丰富，有铜器（铜铃 1 件）、玉器、绿松石龙形器、白陶器、漆器、海贝和陶器等。其中绿松石龙形器的发现，弥足珍贵。此外，在宫城以南发现一处绿松石废料坑，这里存在一处属二里头文化三、四期，范围不小于 1 000 平方米的绿松石器制造作坊遗址。

从二里头遗址中心区的重点发掘情况来看，这是一处经周密规划、布局有章、历久使用过的大型都邑遗址。二里头遗址布局开了中国古代都城规划制度的先河①。

---

① 参阅：中国社会科学院考古研究所二里头工作队：《河南偃师市二里头遗址中心区的考古新发现》，《考古》，2005 年第 7 期。陈旭：《偃师二里头遗址考古新发现的意义》，《中国历史文物》，2006 年第 2 期。

第四章　夏族的起源

关于夏族的起源，应从两方面着手去探讨，一是尽量从遗存下来的历史文献中搜寻其蛛丝马迹，二是充分运用现有的考古发掘资料。不过由于这两方面的资料都很有限，加上研究者们的视角和涉及范围区别很大，故而导致聚讼纷纭、各执一端（本书第一章已作介绍），现在这里提出的看法，当然也只能算是一种推测，不能当成是刊之不移的定论。

一　鲧的传说

首先这里要交代夏的先世问题。《国语·鲁语上》引鲁大夫展禽曰："夏后氏禘黄帝而祖颛顼，郊鲧而宗禹。"禘、祖、郊、宗都是"国之典祀"，这里讲夏后氏用上述这四种祭奠来供奉其祖先黄帝、颛顼、鲧、禹，可见，直到春秋时代鲁国大夫还认为夏后氏是黄帝、颛顼的后裔，而他们的先祖则是鲧和禹。

此外，关于夏的先世，还有如下文献记载亦不容忽视：《世本》："黄帝生昌意，昌意生高阳，是为帝颛顼。颛顼生鲧，鲧生高密，是为禹也。"

《大戴礼记·帝系》："颛顼产鲧，鲧产文命是为禹。"

《史记·夏本纪》："禹之父曰鲧，鲧之父曰帝颛顼，颛顼之父曰昌意，昌意之父曰黄帝。"

《帝王世纪》："鲧，帝颛顼之子，字熙。""鲧纳有莘氏女曰志，是为修己，上山行，见流星贯昴，梦接意感，又吞神珠臆圮，胸坼而生禹于石纽。"

据此可知，鲧禹是父子关系，禹是鲧纳有莘氏女子所生，史书屡见记载，盖当无须怀疑。而鲧之前的先夏世系已很渺茫，所述多系后人追忆，令人难以置信。《山海经·海内经》记："黄帝生骆明，骆明生白马，白马是为鲧。"应属另一支神话记忆系统，得不到旁证支持。从仅有的文献资料来看，我们只能把夏族的先世追溯到鲧时代为止，鲧以前就很不可靠，至于推到黄帝时代，这显然是受战国时代出现的以黄帝为中心的"一统"观念思潮的影响，若基于此所构建的先夏世系那就更站不住脚了。

既然鲧是夏人追忆所及的始祖，因此鲧的居地当然就是夏人最早活动的地域。《国语·周语上》云："昔夏之兴也，融降于崇山。"讲的是夏族发祥地在崇山，火神祝融氏降临到这儿。文献中常把崇山与鲧禹联系在一起。《夏本纪·索隐》引《连山易》云："鲧封于崇。"《国语·周语下》称鲧为"崇伯鲧"。《逸周书·世俘》云："崇禹生开。"《尚书·尧典》："伯禹作司空。"句下孔传："禹代鲧为崇伯。"此"崇"，即指崇山。崇山即嵩山，亦名崇高山、太室山、外方山。《太平御览》卷三十九引韦昭注云："崇、嵩古通用。

夏都阳城,嵩山在焉。"清学者汪远孙曰:"嵩山在今河南登封县北十里①。"嵩山是夏人信奉的神山,直到西周武王时代的天亡簋铭曰:"王祀于天室。"天室,即太室山、嵩山。周人仍把嵩山作为神山来祭祀。

嵩山正处于二里头文化遗址的核心地区,是鲧的居地、夏族的发祥地。至于有些学者考证崇山在"丰镐之间"(今陕西户县)(《史记·周本纪·正义》引皇甫谧说)或"秦晋之间"(《太平御览》卷一百五十五引《帝王世纪》),更有学者提出崇山即今之襄汾、翼城间的塔儿山②。以上种种看法,当不如河南登封嵩山说较接近历史真实。

关于鲧的事迹,主要有治水和筑城两项。

应该承认鲧和禹都是治水英雄,而鲧是治水的开拓者,不过,他治水失败了。《尚书·尧典》作如下记述:"帝曰:'咨!四岳!汤汤洪水方割,荡荡怀山襄陵,浩浩滔天,下民其咨,有能俾乂?'佥曰:'于!鲧哉!'帝曰:'吁!咈哉!方命圮族。'岳曰:'异哉!试可乃已。'帝曰:'往钦哉!'九载,绩用弗成。"

鲧治水九年,"功用不成,水害不息"③。失败的原因是用湮塞的方法,"障防百川,绩用不成"④。《山海经·海内经》记:"鲧窃帝之息壤以湮洪水。"故事中增添了神话色彩,说鲧盗窃了"帝之息壤"(生生不息之土壤),用来堵塞洪水。

---

① 引自徐元诰:《国语集解·周语上》,第29页,北京:中华书局,2002年。
② 黄石林:《再论夏文化问题——关于陶寺龙山文化的探讨》,《华夏文明》(Ⅰ),北京:北京大学出版社,1987年。
③ 《史记·五帝本纪·正义》。
④ 《国语·鲁语上》,韦昭注。

《尚书·尧典》称鲧是"四罪"之一，声讨其罪行是"方命圮族"，结果招致"殛鲧于羽山"的命运。《尚书·洪范》引用箕子言"鲧陻洪水，汩陈其五行"，就是说鲧治水破坏了自然规律，因而受到上帝的惩罚，"鲧则殛死，禹乃嗣兴"。《国语·鲁语上》称："鲧鄣洪水而殛死，禹能以德修鲧之功。"关于鲧的死因，还有一说，称其因尧以天下让舜，而鲧反对，想夺其位，故而受到惩治（此说见于《韩非子》《吕氏春秋》）。这是战国时代法家在阐述远古社会变动的原因时，常用"篡夺"说来诠释的又一例证。

关于鲧的下落，有种种传说。《左传·僖公三十三年》记："舜之罪也殛鲧，其举也兴禹。"《左传·昭公七年》记："昔尧殛鲧于羽山，其神化为黄熊，以入于羽渊。"《国语·晋语五》记："舜之刑也殛鲧，其举也兴禹。"《国语·晋语八》记："昔者鲧违帝命，殛之于羽山，化为黄熊以入于羽渊。"注释家释"殛"为流放，或为诛死。羽山，注为今山东临沂境内、郯城东北近江苏赣榆县西北境。所谓"神化"说，除上引"化为黄熊"说外，还有《归藏·启筮》云："化为黄龙。"《拾遗记》卷二："化为玄鱼。"这些神化为兽的故事，在古代神话中屡见不鲜，是远古人类想象中的精神慰藉。

附带介绍鲧的另一事迹，即《世本》所云："鲧筑城。"（或"鲧作郭""鲧作城郭"）又《吕氏春秋·君守》云："夏鲧作城。"等等。对如上记载，我们不应怀疑。到目前为止，我国史前城址考古发现已有50余处，范围遍及黄河流域中下游和长江流域中下游，因此，我们可以认为"鲧作城"说是有历史背景依据的，并非空穴来风。

二 夏 族 探 源

夏族的起源与夏文化的渊源是一个问题的两种提法。从历史学角度来研究是夏族的起源问题，而从考古学角度来研究可称之先夏文化问题。本文这里姑且把它们作为一个问题来探讨。

上面已从文献上考察出鲧的居地是在嵩山周围，即今河南登封市附近。那么下一步就应明确禹的居地和夏人活动的中心区域。文献上比较认同的说法是：夏人的兴起是在伊、洛之间。如：《逸周书·度邑》记："自伊汭延于洛汭，居阳无固，其有夏之居。"（又见于《史记·周本纪》）《战国策·魏策》记："夫夏桀之国，左天门之阴，而右天谿之阳，庐泽在其北，伊、洛出其南。"《国语·周语上》曰："昔伊、洛竭而夏亡。"文献上一再表明伊水、洛水之间应是夏人的发祥地、夏朝统治的核心地区。

从战国时代的文献开始就有夏都阳城、禹都阳城的记载。如：《世本》："夏禹都阳城，避商均也。"《孟子·万章上》："禹避舜之子于阳城。"赵岐注："阳城，箕山之阴，皆嵩山下。"《史记·夏本纪》："禹避舜之子商均于阳城。"《集解》注："禹居阳城，今颍川阳城是也。"《水经》："颍水出颍川阳城县西北少室山……东南过其县南。"郦道元注："颍水又东，五渡水注之……其水东南径阳城西……东南流入颍水。颍水径其县故城南。昔舜禅禹，禹避商均，伯益避启，并于此也，亦周公以土圭测日景处……县南对箕山。"杨守敬《水经注疏》按："汉县属颍川郡，后汉属河南尹，魏晋因，后废。后魏复置，为阳城郡治，在今登封县东南三十五里。"杨守敬又按："《九域志》：'登封有箕山，山在今登封县东南三十里。'"又《括地志》："阳城在箕山北十三里。"据上可知，传统的主流意见认为阳城在嵩山附近，汉代的颍川阳城，在今河南登封市嵩山附近。这一观点，由于得到近 20 余年考古发掘的支持，更被学术界所重视。

与阳城相近的还有禹都阳翟说。《水经·颍水》："又东南过阳翟县北。"郦道元注："《春秋左传》曰夏启有钧台之飨，是也。杜预曰：'河南阳翟县南有钧台。'……颍水自垭东径阳翟县故城北，夏禹始封于此，为夏国……徐广曰："河南阳城阳翟，则夏地也。'"杨守敬按："《集解》徐广曰：'夏居河南，初在阳城，后居阳翟。'"又：杨守敬考证阳翟，今禹州治。

《汉书·地理志》："阳翟，夏禹国。"应劭曰："夏禹都也。"师古曰："阳翟，本禹所受封耳。"

《帝王世纪》："禹受封为夏伯，在禹贡豫州外方南，角亢氏之分，寿星之次，于秦汉属颍川，本韩地，今河南阳翟是也。"以上文献表明汉代学者有认为阳翟是禹之都，或认为是禹受封之地，也有认为"初在阳城，后居阳翟"。我们认为：阳翟距阳城不过几十里，都处于

盘龙纹陶器

颍水上游、嵩山一带，是鲧、禹率领夏人活动的中心地带。从社会形态的演进来看，夏商周三代建国前各族常常迁徙游移，居无定所，因此，这两地都可以被认为是夏族的发祥地。

文献上还有夏族发源于晋南说。这里也是夏人较早活动的地区之一。常引用的文献有：

《左传·定公四年》："分唐叔……而封于夏虚，启以夏政，疆以戎索。"叔虞封地之唐，即在夏虚。杜预注以为是太原，不确。顾炎武《日知录》卷三十一释在翼城一带，值得重视。

《左传·昭公元年》："（郑）子产曰：'后帝（笔者注：指尧）不臧……迁实沈于大夏，主参，唐人是因，以服事夏商……及成王灭唐而封大叔焉。"杜预注：大夏即今太原，此不确，应从服虔说以为"大夏在汾、浍之间"，则当今山西翼城、隰县、吉县之区，即临汾盆地之中。

《史记·晋世家》："唐在河汾之东，方百里。""大夏"，《正义》按："与绛州夏县相近，禹都安邑，故城在县东北十五里，故云大夏。"可见"大夏"是"夏虚""禹都安邑"之泛指。而"夏虚"其地恰在今夏县东北、绛县南和闻喜东南、古鸣条附近，正属于运城盆地之内。据此，我们可以认为汉魏以来的学者考释"夏虚""大夏"，大概都离不开晋南运城盆地和临汾盆地这一范围。

与此相关，对禹都的考释还有下列诸说。如：《世本》（王谟辑本）："夏禹都阳城，避商均也，又都平阳，或在安邑，或在晋阳。"（《史记·封禅书》《正义》引）

《帝王世纪》："禹自安邑都晋阳"，"（禹）受禅都平阳，或在安邑，或在晋阳。"

《水经·涑水注》："安邑，禹都也。"

《史记·吴太伯世家》《索隐》："夏都安邑。"以上除晋阳说在太原附近外，平阳、安邑，据史地学者考证皆在运城盆地和浍水、涑水之间，约当夏县东北、绛县南和闻喜东南，具体实指当赖于今后的考古发掘。

从以上文献来看，豫西说、晋南说都各有其理由，但前者证据较为充分，且成为当前的一种主流意见。当然也不排斥夏族从豫西北上晋南的可能性，因为当时他们尚处于游移不定、居无定所的发展阶段，所以在豫西、晋南都留下他们的足迹。不过从时间先后来看，豫西在先，晋南继后，我们可从目前已发掘出的考古资料来相互印证，豫西的夏文化资料更为丰富些，与其相对应的晋南夏文化资料相比，其时间又略为早些。至于山东说、古河济之间说、东南地区安徽说、浙江说、四川说，目前尚难得到考古资料的支持，可能都是后来受自然灾害和社会变动的影响，夏人流散到那里而带去的传说。

关于夏族的起源，从考古学视角来看，就是探索先夏文化。在夏文化探索中，出现了早期夏文化和先夏文化两个概念。早期夏文化是夏代的早期文化，是不包括夏立国前夏族渊源那段历史的文化；至于先夏文化，是指夏立国前的文化，是讲夏族渊源时期的文化。在此我们探寻夏族的渊源，应当属于先夏文化范畴。

四十多年前发生了一件令学界为之振奋的盛事，这就是1977年在登封告成镇发现了一座命名为王城岗的遗址①。该遗址位于告成镇西北约1千米的颍河与五渡河交汇处的台地上，挖掘出东西并

① 河南省文物研究所等：《登封王城岗与阳城》，北京：文物出版社，1992年。

列的龙山文化城堡。东城绝大部分已损毁。西城平面基本呈正方形，面积近1万平方米，发现多处夯土基址遗存，对其同期灰坑木炭进行^{14}C测定绝对年代距今约4000±65年，属于龙山文化中、晚期城址。这一遗址的所在地理位置与有关文献记载的"夏代阳城"地望正相吻合，加上与该城址仅一条五渡河之隔的告成镇附近后来又发现了一座战国时期的"阳城"遗址和印有"阳城仓器"戳记的战国陶器（共计13件，其中战国早期10件、战国晚期1件、汉代2件），可以证实，这里正是战国时代韩国的阳城遗址。当然，不能拿战国时代的"阳城"当成夏禹建都的阳城，但是地名是历史文化现象的标志之一，它具有牢固的继承性。因此，王城岗龙山城址和战国韩阳城遗址的发现，为我们寻找"禹都阳城"至少提供了一条线索。这里或其附近，可能就是夏人立国前的一个居址，从已发表的《登封王城岗和阳城》一书资料来分析，这里确是龙山文化晚期的小城堡，可能属于先夏文化的标志性建筑，因其规模太小，不可能是一国的都城。马世之先生推测是"夏鲧之都"[①]。李伯谦先生认为："我们不能排除禹受舜禅之前阳城已经存在的可能。如果允许作这种推测，那么将王城岗古城使用期的晚期遗存作为最早的夏文化便不无道理[②]。"

要探寻先夏文化，必须确定夏代的始年和认定早期夏文化。由于目前对这两个问题的认识分歧都很大，因此对先夏文化的认识同样处于界限不清的模糊状态。

---

① 马世之：《王城岗遗址的再探讨》，《中原文物》，1995年第3期。
② 李伯谦：《关于早期夏文化——从夏商周王朝更迭与考古学文化变迁的关系谈起》，《中原文物》，2000年第1期。

关于夏代的始年，我们将有专节论述。现将结论分述如下：多数学者认为夏朝应建立于公元前 21 世纪前后①。"夏商周断代工程"公布的《夏商周年表》估定的夏朝始年为公元前 2070 年。也有些学者认为夏朝的建立应更早些，当在公元前 23 世纪②。更有的学者推断为公元前 24 世纪③。这后两种意见主要取文献记载三代积年多的数字相加而推算出来的，又受"夏年多殷"说的影响④，未必可靠。故此，我们采用第一种意见，把夏立国年代确定在公元前 21 世纪前后。

由于学者们对夏代始年的意见不一，因此考古界认定早期夏文化大致形成两种不同看法：一种意见认为二里头文化一至四期是夏文化整体，早于二里头文化的龙山文化不是夏文化，最早的夏文化始于二里头文化一期，与其下层的河南龙山文化中间不存在缺环。至于"先夏文化"，他们没有直接述及，而是论述到了夏文化的渊源问题⑤。

另一种意见认为：二里头文化一至四期不能囊括夏文化的整个时段，二里头文化只是中、晚期的夏文化。最早的夏文化（即夏文化的上限）要在豫西地区河南龙山文化晚期遗存中去寻找，且认为龙山文化与二里头文化之间尚存在缺环。

目前学术界较普遍认定二里头文化是夏文化，二里头文化分四

---

① 郑杰祥：《夏史初探》，郑州：中州古籍出版社，1988 年。

② 郑光：《二里头陶器文化论略》，《二里头陶器集萃》，中国：中国社会科学出版社，1995 年。

③ 张立东、任飞编著：《手铲释天书——与夏文化探索者的对话（黄石林）》，郑州：大象出版社，2001 年。

④ 《晋书·束晳传》。

⑤ 这种意见以邹衡为代表。参见邹文《试论夏文化》（摘录），《夏商周考古学论文集》，北京：文物出版社，1980 年。

期。第一期为公元前 1900—前 1800 年。而"断代工程"阶段成果拟定的夏年表为公元前 2070—前 1600 年。可见二里头文化最早达不到夏代的始年,这中间相差近 100 年。二里头文化四期只能是夏代的中、晚期。那么夏代的始年要从二里头文化的下层去找,在豫西叠压在二里头一期遗存之下的常常是河南龙山文化晚期,经 ^{14}C 测年,河南龙山文化晚期约为公元前 2132—前 2030 年,与二里头文化一期之间的缺口约有百年。考古工作者于 1979 年和 1999 年两次在河南新密市发现介于河南龙山文化晚期和二里头遗址第一期之间过渡性文化形态,有些学者将它命名为新砦期二里头文化,经 ^{14}C 测年约为公元前 2000—前 1900 年。据此,有些学者认为:河南龙山文化晚期与新砦期二里头文化为夏代的早期文化。新砦期发现的重要学术意义,在于填补了河南龙山文化晚期与偃师二里头遗址第一期之间的一段空白,将河南龙山文化晚期与偃师二里头遗址第一期之间的缺环联系起来。但学术界对"新砦期"的看法并不一致,有的学者对该期文化是否存在提出了质疑。要使"新砦期"文化能取得更多人认同,还应加大对"新砦期"考古资料的发掘和研究①。不难看出,以上分歧产生的原因,首先是出自对夏代始年的不同看法。如果把夏始年向前推到前 2300 年,当然用二里头一期的测年与之对照就差之甚远,必须上溯到河南龙山晚期文化,还要考虑到以新砦期二里头文化来弥合其中间的缺环。若把夏始年定在

---

① 参见:赵芝荃:《试论二里头文化的源流》,《考古学报》,1986 年第 1 期;《简论夏朝的断代问题——为纪念二里头遗址发掘四十周年而作》,《中原文物》,1999 年第 1 期。李维明:《学风濯濯,学史昭昭——关于"新砦期"论证三题》,《殷都学刊》,2002 年第 3 期。方酉生:《略论新砦期二里头文化——评〈来自"新砦期"论证的几点困惑〉》,《东南文化》,2002 年第 9 期。

前 2070 年，二里头一期文化虽然与之相靠还有一段距离，但二里头四期文化就能与夏王朝连贯始终。

分歧产生的第二个原因，就是对二里头文化内涵的看法存在着差距。四期文化是一以贯之、都是夏文化，还是四期文化纵跨夏商两代？目前这些分歧暂时不能解决，大家都期待着二里头文化发掘和研究能取得突破性进展。

不过，这两派意见有一个共同点，即他们都认为早夏文化应在豫西伊、洛、颍、汝之间，以嵩山为中心的地域上去寻找。而且这两派学者都承认夏文化与河南龙山晚期文化有关系。只不过一派认为河南龙山晚期文化就是早夏文化，它们之间一脉相承，与其相同性质的河南龙山早、中期文化当然就属于"先夏文化"；而以邹衡先生为代表的学者虽然也认为"夏文化二里头型是直接继承河南龙山文化来的""河南龙山文化是夏文化的主要来源"[1]，不过，他又明确表明："至于把河南龙山文化晚期算入夏文化，这无论在理论上还是在实际上都是不怎么合适的，因为河南龙山文化与二里头文化毕竟不是一种文化，两者在文化内涵中并没有交错衔接[2]。"至于"先夏文化"问题，因考古资料不明朗，他没有做正面回答。

此外，也有的学者认为早夏文化从河南龙山文化晚期过渡到二里头文化一期，其文化面貌"有着明显区别"。这种现象的出现，被解释成是由"'后羿代夏'这一夏初历史上最重大的政治事件引起的"[3]。

---

① 邹衡：《试论夏文化》（摘录），《夏商周考古学论文集》，北京：文物出版社，1980 年。

② 郑杰祥编：《夏文化论集·序言》，北京：文物出版社，2002 年。

③ 李伯谦：《关于早期夏文化》，《中原文物》，2000 年第 1 期。

　　尽管学术界对早夏文化、先夏文化的认识还有很大的分歧，但是深入发掘和研究河南龙山晚期文化仍然是探寻先夏文化的关键点。据董琦在《虞夏时期的中原》书中提出："二里头文化的主要因素来源于王湾三期文化（笔者注：以洛阳王湾遗址命名，或称龙山文化王湾类型、煤山类型）。两者的中心分布区都在嵩山南北的伊、洛、颍、汝河流域，且年代上前后衔接，后者对前者有着直接的影响。"并举例如夯筑技术、袋形窖穴、水井、土坑墓和乱葬坑、青铜制品、石制工具等方面都有继承关系，尤其举二里头一期文化陶器的胎质、纹饰及其器形等都保存着王湾三期文化的遗风，这两种文化都具有一定的传承关系①。这一研究成果值得重视，它引导人们深入思考河南龙山文化与二里头文化的联系，从而去追寻早夏文化、先夏文化以及与之相关联的夏族起源问题。

　　另外，夏族起源于晋南说，在学术界呼声也很高。这一派意见认为先夏文化应从晋南地区去寻找。

　　比较全面阐述这一观点的是刘起釪先生的《由夏族原居地纵论夏文化始于晋南》②。作者首先从文献上考证：夏是冀州之人，冀州的原始地区在晋南——夏人之故墟、夏人西起晋南然后东进豫境；再从考古角度分析，为晋南陶寺、东下冯等地夏文化遗存提供了铁证。文章的最后结论是：夏族和夏文化开始于晋南，然后才发展到豫境。

　　考古学家王克林先生也是这一派的力倡者。他认为："夏族自兴起至夏桀覆国，是有明显的前后两个主要活动地区的。其分界线

①　董琦：《虞夏时期的中原》，第195—197页，北京：科学出版社，2000年。
②　刘起釪：《古史续辨》，第132—166页，北京：中国社会科学出版社，1991年。

青铜爵（偃师二里头遗址出土）

是以文献记载'太康失国'和'少康中兴'为标志的。它的前期当属禹、启和太康几代，其活动之所在，主要限于大河之北的晋南，史称之'夏墟'。而其后期，即为近人王国维所说'夏至太康以后，以迄后桀，其都邑及其地名之见于经典者，率在东土'（《殷周制度论》），今伊、洛地区是也"，"大致可以肯定，夏族早期活动地域，在今晋南河、汾之东的平陆、夏县、闻喜方圆数百里的范围之内，除文献资料可以说明外，在考古资料上也得到一些印证"。他还认为"晋南和豫西的晚期龙山应属夏文化范畴的'先夏文化'"[1]。这一观点面临着晋南地区考古资料的检验。有些研究者认为：襄汾陶寺遗址是陶唐氏时代遗址，而夏县东下冯遗址属于二里头类型，要比河南二里头同期类型文化稍偏晚。这一文化现象难以证实夏文化始于晋南然后南下开拓豫西的观点，相反却与夏文化始于豫西嵩山附近然后北上开拓晋南的观点相吻合。故此，要探寻"先夏文化"，可能还要从河南龙山文化考古发掘和研究中下功夫，这也是夏族探源的基本途径。

---

① 王克林：《略论夏文化的源流及其有关问题》，收入《夏史论丛》，济南：齐鲁书社，1985 年。

第五章 夏代兴亡

夏朝从禹确立王位开始，到成汤灭夏桀为止，共传十四世十七王，积471年[1]。见于史书的记载，有如下事迹传世下来。

一 大 禹 事 功

禹在先秦文献中又称"夏禹"（《国语·郑语》）、"伯禹"（《国语·周语下》）、"崇禹"（《逸周书·世俘解》）、"大禹"（《战国策·齐策》）等。关于禹的出生地，相传在夏族发祥地豫西、晋南一带，但汉晋时亦有禹生于四川石纽、长于西羌的传说，石纽即今四川北川县。此外还有禹生于会稽（今浙江绍兴）的说法。种种传说，都有其历史背景，难以遽论。大禹是中国历史上大名鼎鼎的英雄人物，相传其事迹就有大禹治水、征战三苗、涂山之盟和禹铸九鼎等，兹分述如下：

---

[1] 此说出自《太平御览》卷八二引《竹书纪年》："自禹至桀十七世，有王与无王，用岁四百七十一年。"另有472年、431年、432年诸说。

有关大禹及其治水的历史，见诸于先秦文献的就有《尚书》中的《尧典》《皋陶谟》《禹贡》《洪范》《立政》《吕刑》等；《诗经》中的《大雅·文王有声》《大雅·韩奕》《小雅·信南山》和《商颂·殷武》《长发》等；《左传》《国语·周语上下》《鲁语上》《郑语》等；《逸周书·世俘解》《商誓》《大聚解》等。诸子中《论语》《孟子·滕文公上下》和《告子下》《墨子·兼爱中》《荀子》《庄子》《管子》《吕氏春秋》等也多有记载。西周中、后期遂公盨铭文，春秋时期秦公簋和齐叔夷镈、钟铭文也都记载了禹之事迹，对于这些文献记录，我们不能轻易怀疑它的历史价值。

归纳这些文献的记录，大致有如下一些内容流传至今，可谓家喻户晓。

1. 尧舜禹时代在中原大地正处于"洪水期"。

先秦文献作如是述："汤汤洪水方割，荡荡怀山襄陵"（《尧典》）。"洪水滔天，浩浩怀山襄陵，下民昏垫"（《皋陶谟》）。"洪水茫茫，禹敷下土方"（《商颂·长发》）。"当尧之时，天下犹未平，洪水横流，泛滥于天下。草木畅茂，禽兽繁殖，五谷不登，禽兽逼人，兽蹄鸟迹之道交于中国"（《孟子·滕文公上》）。"当尧之时，水逆行，泛滥于中国。蛇龙居之，民无所定，下者为巢，上者为营窟。《书》曰'洚水警余'。洚水者，洪水也"（《孟子·滕文公下》）。禹时水患有"十年水"（《荀子·富国》）、"禹之时，十年九潦"（《庄子·秋水》）、"禹七年水"（《墨子·七患》引《夏书》）、"禹五年水"（《管子·山权数》），还有"禹堙洪水十三年"之说（《汉书·沟洫志》引《夏书》）。从尧至禹大概有百年的洪水期。

2. 禹改变其父鲧障堵的治水方法，而采取疏导法，取得了成效。"鲧堙洪水，汩陈其五行"（《尚书·洪范》），是说鲧的壅堵法违反了自然规律。《国语·周语下》比较完整地叙述从共工、鲧到禹三代人治水经验教训。文中述道："晋闻古之长民者，不堕山，不崇薮，不防川，不窦泽。"而共工治理则反其道行之，"壅防百川，堕高堙庳，以害天下"。尔后"有崇伯鲧，播其淫心，称遂共工之过，尧用殛之羽山"。鲧采用共工的壅堵治水失败而遭到流放。只有到了禹时"共之从孙四岳佐之，高高下下，疏川导滞，钟水丰物，封崇九山，决汩九川，陂鄣九泽，丰殖九薮，汩越九原，宅居九隩，合通四海"。禹取"疏川导滞"法，整治好河道和土地，造福于子孙后代。

3. 禹治水的范围。

有关禹治水平土的范围，《禹贡》记载最详尽，范围亦最大。九州范围包括今18省，从冀州开始，先导黄河中下游，继导黄河上游，然后导淮，再导江水，奠定了九州。而其他文献在治水范围的描述上或广或窄，《孟子·滕文公上》："禹疏九河，瀹济、漯，而注诸海；决汝、汉，排淮泗，而注之江。"《墨子·兼爱中》曰："古者禹治天下，西为西河渔窦，以泄渠、孙、皇之水，北为防、原、泒，注后之邸，滹池之窦，洒为底柱，凿为龙门，以利燕、代、胡、貉与西河之民，东方漏之陆，防孟诸之泽，洒为九浍，以楗东土之水，以利冀州之民。南为江、汉、淮、汝，东流之，注五湖之处，以利荆楚、于越与南夷之民。"以上描述多有夸张之处。

4. 大禹治水精神。

先秦诸子对大禹治水精神多加颂扬。如："禹稷躬稼而有天下"（《论语·宪问》）。"子曰：'禹，吾无间然矣。菲饮食而致孝乎鬼神，恶衣服而致美乎黻冕，卑宫室而尽力乎沟洫。禹，吾无间然矣"（《论语·泰伯》）。"当时是也，禹八年于外，三过其门而不入"（《孟子·滕文公上》）。"禹有功，抑下鸿，辟除民害逐共

禹（山东武梁祠汉画像石）

工，北决九河，通十二渚，疏三江。禹傅土，平天下，躬亲为民行劳苦，得益、皋陶、横革、直成为辅"（《荀子·成相》）。"墨子称道曰'昔者禹之堙洪水，决江河而通四夷九州也，名川三百，支川三千，小者无数。禹亲自操橐耜而九杂天下之川，腓无胈，胫无毛，沐甚雨，栉疾风，置万国。禹大圣也，而形劳天下也如此"（《庄子·天下篇》）。"禹之王天下也，身执耒臿以为民先，股无胈，胫不生毛，虽臣虏之劳，不苦于此矣"（《韩非子·五蠹》）。

"（禹）忧其黔首，颜色黎黑，窍藏不通，步不相过，以求贤人，欲尽地利，至劳也。得陶、化益、真窥、横革、之交五人佐禹。故功绩铭乎金石，著于盘盂"（《吕览·求人》）。《左传·昭公元年》："周景王使刘定公劳赵孟于颍，馆于洛汭，盛赞禹功曰：'美哉禹功，明德远矣！微禹，吾其鱼乎！'"先秦文献一致赞扬禹

的功绩和精神。

司马迁是肯定大禹其人及治水史实的。《史记·五帝本纪》记载了舜任用禹"汝平水土"的举措。《夏本纪》依据《禹贡》《皋陶谟》记录了大禹治水的过程。《河渠书》的记载也不会是虚妄之言，文中述："《夏书》曰，禹抑洪水，十三年过家不入门，陆行载车，水行载舟，泥行蹈橇，山行即桥；以别九州，随山浚川，任土作贡；通九道，陂九泽，度九山。然河灾衍溢，害中国也尤甚。唯是为务，故道河自积石历龙门，南到华阴，东下砥柱，及孟津、洛汭，至于大邳。于是禹以为河所从来者高，水湍悍，难以行平地，数为败，乃厮二渠以引其河。北载之高地，过降水，至于大陆，播为九河，同为逆河，入于渤海。九川既疏，九泽既洒，诸夏艾安，攻施于三代。"《河渠书》太史公曰："余南登庐山，观禹疏九江，遂至于会稽太湟，上姑苏，望五湖；东窥洛汭、大邳、迎河，行淮、泗、济、漯、洛渠；西瞻蜀之岷山及离碓，北自龙门至于朔方，曰甚哉，水之为利害也。"司马迁为踏查大禹治水史迹，"二十而南游江淮，上会稽，探禹穴……"。西汉学者对"大禹治水"是坚信不疑的。

近代疑古派学者对"大禹治水"说提出了疑义。1923 年 5 月，顾颉刚先生在《读书杂志》上发表了《与钱玄同先生论古史书》一文，认为中国古史是层累地造成的，尧舜禹、稷的事迹都是靠不住的，甚至是虚构的。在推想禹的来源时，他附带地说道：禹大约是蜥蜴之类。"我以为禹或是九鼎上铸的一种动物"（该文收在《古史辨》第一册中）。后来顾老虽放弃了"禹为虫"的假设，但在禹是人是神、禹和夏有没有关系问题上，仍坚持认为"鲧、禹的天神性的传说""至于禹，我们知道他是主领名山川的社神"（收入《古史辨》第七册）。斗转星移，到了20世纪六七十年代，顾老"不但承认有夏史，而且非常赞成古史与考古发掘相互结合"①。

1939年丁山先生著《禹平水土本事考》（后载《文史》第三十四辑）更论证了禹的神格的演变，其结论是"禹之为禹得名于雨，雨神为其最初神格，继因祷雨山川而演为山川之神；因农业发达，社稷之祀尊于一切，禹之神格，再变而为后土，为稷神"。丁山先生同样坚持禹是神的观点。

1925年王国维先生在清华园讲授《古史新证》，用秦公簋、齐叔夷镈和钟铭文"鼎宅禹迹"和"咸有九州，处禹之堵"，证明夏史和大禹历史的可信性，指出"夫自《尧典》《皋陶谟》《禹贡》皆记禹事，下至《尚书·吕刑》亦以禹为三后之一，《诗》言禹者尤不可胜数，固不待籍他证据，然近人乃复疑之，故举此二器知春秋之世东西二大国无不信禹为古之帝王且先汤而有天下也"②。先生所言针对当时的疑古思潮是显而易见的。

郭沫若先生于1930年著《中国古代社会研究》（科学出版社，1960年再版），内载《夏禹的问题》一文，不赞成顾先生有关夏史的一些观点，认为殷周之前中原之先住民族是夏民族，并以上举金文资料来证明"在春秋时代一般人之信念中，确承认商之前有夏，而禹为夏之先祖"（第339页）。并预言"此事于将来大规模的地下发掘时可望得到实物上的证据"（第342页）。王、郭两位知名学者都相信夏史和夏文化是存在过的。

---

① 张立东、任飞编著：《手铲释天书》，第146页，郑州：大象出版社，2001年。
② 《古史新证》，第5—6页，北京：清华大学出版社，1994年。

建国后，考古事业的成就凸现出夏文化的面貌。国内史学界对夏朝的存在基本上得到了共识，并对大禹其人其事予以肯定。其中徐旭生先生的研究成果最为卓著，况且是他最早发起对夏文化的探索，故他提出的见解也最具有分量。徐所著的《中国古史的传说时代》（增补本）是一部最有影响的著作①。书中第三章《洪水解》，列《大禹的治水》专节，对大禹治水的范围和方法进行了研究。直到1991年经黄石林先生做了补记，将徐旭生先生遗著《尧舜禹》（上、下）发表在《文史》三十九辑和四十辑上。这篇恢宏大作对疑古派否定舜禹时代的观点进行了批评，对尧舜事迹做了考辨，尤其对大禹时代及其事迹进行详细的论述，指出禹的主要功绩是：(1) 疏川导滞，治理洪水；(2) 尽力乎沟洫，兴修农田水利灌溉工程，推动古代农业进一步发展。并对大禹治水的范围做了坚实的考证。

关于春秋时期齐叔夷镈、钟铭文和秦公簋铭文，先读郭沫若释齐叔夷镈、钟铭文：

"虩虩成唐（汤），有严在帝所，敷受天命，翦伐夏司（祀），则厥灵师，伊小臣惟辅，咸有九州，处禹之堵。"

大意是：赫赫成汤，有威灵受自上帝那儿，大受天命，翦伐夏国，打败了夏桀军队，我有小臣伊尹辅佐，终于领有九州之地，定居在大禹治水经过的地方。

据此，郭沫若先生针对当时有一种禹与夏不相关的看法，而提出："'翦伐夏祀'与'处禹之都'相条贯，则历来以禹为夏民族祖

---

① 文物出版社，1985年。本书出版于40年代，1961年科学出版社出版了增补新版。

先之说，于金文上已得一证。"

再读郭沫若释秦公簋铭文："秦公曰：丕显朕皇祖受天命，鼏宅禹责，十又二公，在帝之坏，严恭寅天命，保业厥秦，虩使蛮夏。"

大意是：我伟大英明的皇祖接受天命，占有大禹治过洪水的地方，到如今已经过12位先公了，祖先的神灵在上帝身边，恭恭敬敬地侍奉天命，保持秦的世系不断，协和蛮夏各族。

据此郭先生认为："上言'禹迹'，下言'夏'，则夏与禹确有关系①。" 2002年保利艺术博物馆入藏一件遂公盨，从形制和器表纹饰特点来看，约为西周中期后段（孝王、夷王前后）的器。器内底铭文共10行，98字。通篇文字都很重要，但最为学界重视的是提供了关于大禹治水传说的信息。兹录如下：

"天令（命）禹敷土，随山濬川，乃差地设征，降民监德，乃自作配乡（享）民，成父母。"

大意是：上天命令大禹，让他规划土地，顺着大势，疏浚河川，根据土地的差等，征收贡赋，使民众下到平地，对民监察以德，因此，禹受到配天之享，成为民之父母。

关于遂公盨铭文考释，诸家意见不一，尤以"差地设征"句，更多有歧义，兹上遵从李学勤先生的意见提出如下看法：

铭文的发现提供了关于大禹治水传说的最早物证。以前有大禹事迹铭文的青铜器都是春秋时代的，现在提前到西周中期，令学界为之震撼。

---

① 《郭沫若全集》，历史编一，第305—306页，北京：人民出版社，1982年。

陶鼎（偃师二里头遗址出土）

盨铭"天命禹敷土，随山濬川，乃差地设征"，可以对照《尚书·禹贡》："禹敷土，随山刊木，奠高山大川"和《尚书序》："禹别九州，随山浚川，任土作贡。"我们发现铭文与《禹贡》和《书序》有相同或相似文句，因此，对《禹贡》和《书序》的写作年代当有重新定位的必要①。

随着夏文化探索的深入和夏史研究成为热点，"大禹治水"的问题又被重新提出来，其辩论点还是围绕着："大禹治水"是神话传说还是历史事实；"大禹治水"的范围是"九州"，还是"九州"之中的几个州。或许这两个问题会长期争论下去，但如若从以下三个方面去思考，将会使研究推进一步。

一是对留传文献的重新辨析和定位。徐旭生教授与苏秉琦教授合著的《试论传说材料的整理与传说时代的研究》一文，将其资料来源分为"原生的"和"再生的"，并将其资料分为三期："第一期，包括商周到战国前期的作品，如甲骨文、金文及《尚书》《周

---

① 参阅：李学勤：《论遂公盨及其重要意义》，《中国历史文物》，2002 年第 6 期。《遂公盨与大禹治水传说》，《中国社会科学院院报》，2003 年 1 月 23 日。

　　裘锡圭：《遂公盨铭文考释》，《中国历史文物》，2002 年第 6 期。

　　朱凤瀚：《遂公盨铭文初释》，《中国历史文物》，2002 年第 6 期。

　　李零：《遂公盨发现的意见》，《中国历史文物》，2002 年第 6 期。

易》《诗经》《论语》《左传》《国语》等书。第二期，包括战国后期
到西汉末的作品，如先秦诸子，又《周书》《山海经》《国策》《大
戴礼》《史记》《淮南子》等著述。第三期，东汉以后作品，如谯
周、皇甫谧、郦道元诸人书中保存的一部分古代原始的民间传说，
可补前人著述的不足。对于传说故事，不能不信，也不能全信，要
在研究中鉴别真实的历史成分，由可靠的线索中理解史事的真
相①。"简帛佚籍的发现，启发人们重新审视过去的一些成就，对
某些文献的成书年代及其价值有了新的评定。像第一期列举的作
品，它们记载的"五帝"时代传闻，其基本框架和历史事实，不可
能是向壁虚构，而是有它的史实依据的。

《尚书·禹贡》仍然是学者们关注的重点。刘起釪教授基本坚
持顾说。他在《〈禹贡〉的写成时期及其作者》② 中认为"其实《禹
贡》与大禹无关，也不是虞代或夏代的著作"，"它既不成于一时一
手"，"可知《禹贡》初稿反映的是春秋之世地理情况，流传至战国
之世，又增加了些战国才有的地理情况"。金景芳、吕绍纲教授合
著的《尚书·虞夏书新解》③ 不赞同《禹贡》是战国中期作品的说
法，而认为它"很可能是周室东迁后不久某一位大家所作"，并提
出"至于九州，在《禹贡》里不过是个纯粹的地理概念，不含后世
国家产生以后才有的疆域观念"。这是在肯定大禹其人其事情况下
对《禹贡》史学价值的分析。邵望平教授著《禹贡九州的考古学研

---

① 黄石林：《徐旭生先生传略》。见于徐旭生著：《中国古史的传说时代》[增补本]，
北京：文物出版社，1985年，新1版。
② 《古史续辨》中，北京：中国社会科学出版社，1991年。
③ 辽宁古籍出版社，1996年。

究——兼说中国古代文明的多源性》①认为"九州既不是古代的行政区划，也不是战国时的托古假设，而是公元前 2000 年前后黄河、长江流域实际存在的、源远流长、自然形成的人文地理区系"，"《禹贡》作者的地理知识仅限于公元前 1000 年前的'中国'，而不是顾颉刚先生所说的公元前 280 年的七国疆域"。文末认为："《禹贡》作者以冀州为九州之首，条条贡道通冀州，冀州无贡品，其土壤列为第五等而赋为头、二等。这些内容使人不能断然否定九州概念源自夏代的可能，但考古学尚完全不能证其为夏书。商王朝所及已达于《禹贡》所述之九州，而九州分野又大体与黄河、长江流域由来已久的人文地理区系相合，故不排除《禹贡》九州蓝本出自商朝史官之手或是商朝史官对夏史口碑追记的可能。另一可能则是周初史官对夏商史迹的追记。再从九州所记的自然条件及物产属于一个较今日温暖的气候期来看，笔者认为《禹贡》中之九州部分的蓝本当出现于公元前 1000 年以前，其后必经多次加工、修订才成现今所读到的这个样子。《禹贡》中的'九州'与'五服'两部分内容不相呼应，且大相径庭，倒像是春秋战国时代被补缀、拼凑而成的。但九州内容之古老、真实，却绝不是后人单凭想象可以杜撰出来的。"从考古学角度研究《禹贡》成书年代，是另辟蹊径的做法，令人耳目一新，使这一问题的研究向前推进一大步。

李民教授在此前曾提出类似见解，在其《〈禹贡〉与夏史》②文中认为"《禹贡》的制作时代应在春秋战国前期的时间范围内"，

---

① 《九州学刊》，1987 年 9 月，总第 5 期。
② 《尚书与古史研究》，郑州：河南人民出版社，1981 年。

"不能由于它是后人所写定，而抹杀其原始素材的真实性"。并认为《禹贡》的地域范围，"实应为夏王朝及其与国以及较远的一些部落或部落联盟这一格局的写照"，并用考古资料证明"《禹贡》写的夏代地域并不过分"，"《禹贡》写的四至范围决非无稽之谈，它基本上反映出夏王朝的中心地区、与国和周围部落之间的相互关系"。

以上这几位学者都认为《禹贡》成书较晚，但不会晚到战国后期。至于"九州"范围，也不是战国后期才有的观念，而是夏代实际存在过的人文地理区系。这一意见是值得重视的。

二是对尧舜禹时代的自然环境进行考查，要借助于历史自然地理学的研究。有关洪水故事的流传，不是指万年前史前时代冰川融化的那一次，而是4000多年前尧舜时代自然灾害的真实写照。面对洪水肆虐情景，出现像大禹这样的治水英雄乃时势必然。

先秦文献记载中，在尧舜禹时代黄淮平原出现了大洪水，延续了近百年之久，已成为不争的事实。大洪水发生的原因一是黄河本身的原因，二是地势造成，三是气候影响。据《黄淮海平原历史地理》[①] 分析，水量小而变率大和含沙量极高是黄河的特征。"由于气候条件，黄河中游降水量多年集中在6—10月份，可占全年降水的60%—80%。7—8月是降水全盛时期，往往以暴雨形式，在几天之内倾泻了全年内大部分的降水。"夏商周时期黄河长江流域的气候比现在暖和，雨水比现在多，加上黄河流经的地势由西北向东南分三个阶梯逐级下降，到"第三阶梯即太行山、崤山、熊耳山以东黄河下游冲积平原和鲁中丘陵山地"。因此，黄河下游是最易洪

---

① 邹逸麟主编，合肥：安徽教育出版社，1993年。

水泛滥地段，且常波及淮河流域，在危害到人类生存的紧急关头，大禹受命治水，功不可没，泽及万代，他的业绩流传千古，本是理应中的事。

三是对大禹治水的范围和方法的研究，要放在大禹时代的生产力水平和社会结构来考查。若能组织考古学家与水利史专家联合踏查"禹穴""禹墟""禹会村""夏后氏陵""禹王城"等遗迹，或许能使这一悬案不至于久拖不决。有关大禹的遗迹和纪念物，据说遍及今河北、山西、山东、陕西、四川、贵州、湖南、安徽、江苏、浙江等10余省，而《禹贡》记载的导水又遍及黄河、长江、淮河、汉水、渭水、济水、洛水、黑水、弱水。以当时的生产力水平和社会组织力量来估计，人们是不会相信如此浩大的治水规模的，更多的是后人对这位治水英雄事迹的夸张描述。徐旭生先生比较实事求是地估计，他认为禹治水自冀州始，"主要是治黄河下游的水患。施工最多的地方在兖州。而在豫州东部及徐州的部分平原，可能也曾施工"，"禹对淮水做了一些工作，也很可能"。他还诠释"禹疏九河"之"九河"故道流经之地，均在黄河下游，即今河北、山东之间平原上（包括：太史、覆釜、胡苏、徒骇、钩盘、鬲津、马颊、简、洁等"九河"），今流经禹城市的徒骇河当是大禹疏导的工程之一。至于"禹凿龙门"之说（见之于《墨子·兼爱中》《吕览·古乐》），徐旭生先生指出："龙门在今陕西韩城县与山西河津县界中，是地质运动形成，大禹也可能在这段山区峡谷中施工，遂酝酿出'禹凿龙门'的传说①。"徐旭生的观点是令人信服的。而钱

---

① 以上均引自《尧舜禹》，《文史》，第三十九、四十辑。

穆先生的《周初地理考》所指"凿龙门",不是今山西河津县之龙门,而是今洛阳南郊之伊阙。

确定大禹治水的规模,要考虑到当时的生产力条件和社会组织的结构。从当时的生产力水平来分析,首先估计当时的人口,据宋镇豪教授推算,夏初人口总数约在 240 万—270 万人左右[①]。如每户按 5 口之家计算,应为 54 万户,每户 1 人就有 54 万人左右劳力。他们中多数人要留在家中从事农业、畜牧业、渔猎和手工业劳动,少数人在外参加治水施工。当时虽已进入青铜时代"铸鼎象物"(《左传·宣公二年》),有青铜礼器、兵器和小型青铜工具出土,但不会用珍稀的青铜工具从事农业生产和治水工程,况且禹尚亲自"手执耒耜"指挥治水,而一般民众则更是只能使用木石工具,在当时条件下更多依靠人的体力和"窍门"。我们既不应低估大禹治水的功效,也不要夸大到离谱地步。

再从社会形态来分析,当时已建立了夏王朝为中心的邦盟国家。夏朝的统治范围到发展阶段,以豫西、晋南为中心,东达豫东、鲁西,西至陕东,北到冀南,南及徐淮。而周边有众多的方国林立,其内部亦有众多方国存在。"当禹之时,天下万国。"(《吕氏春秋·用民》,与此类似的说法尚见于《左传·哀公七年》《战国策·齐策四》等)因为大禹治水的疏导法不是"以邻国为壑",而是"以四海为壑",在方国林立的情况下,大禹必须具备非凡的统一指挥能力,这一难度我们也不能不充分估计到。从大禹开其头,以后历代统治者经常把治水作为国家大事来抓,因此如何效法大禹

① 《夏商社会生活史》,北京:中国社会科学出版社,1994 年,第 100、107 页。

治水就成为人们经常议论的话题。

其次，来看大禹征战三苗的事迹。三苗是南方苗蛮集团的一支，因"其种不一，故唐虞时即号三苗"①。三苗的"三"，犹如九黎的"九"，是指他们族类纷繁、部落众多。《山海经·海外南经》有三苗国，因苗、毛音相近，"一曰三毛国"。古文献上或称苗民、有苗。

《史记·五帝本纪》载：尧时罪"四凶"，其中有"放驩兜于崇山，以变南蛮"。又《山海经·大荒北经》曰："颛顼生驩头，驩头生苗民。"据此，学界认为三苗与南蛮、驩头（兜）有着密切联系，或谓三苗与楚人同源②，但呼应者不多。

关于三苗的风俗，见于《淮南子·齐俗训》，记载如下："三苗髽首，羌人括领，中国冠笄，越人劗鬋，其于服，一也。"何谓"髽首"？解释有三：以枲麻束发，"屈布为巾"或"去缅而纷"，总之，不用簪笄，与中原冠笄风俗迥异。

三苗的活动区域，在《战国策·魏策一》中有较为具体的记载："昔者，三苗之居，左彭蠡之波，右有洞庭之水，文山在其南，而衡山在其北，恃此险也。为政不善，而禹放逐之。"注释家通常认为：彭蠡，即今鄱阳湖；洞庭，即今洞庭湖。此"左""右"之称，与当今地图方位相反，乃南向言之。而衡山，考释家多认为不是今南岳衡山，而是今南阳市南召县有雉衡山，或曰今安徽当涂有衡山。文山，今不详，一说汶山（岷山），此说难定。可见三苗的活

---

① 《史记会注考证附校补·五帝本纪》，第11页，上海：上海古籍出版社，1986年。
② 俞伟超：《先楚与三苗文化的考古学推测》，《文物》1980年第10期认为：楚和三苗的先世皆汇合于重黎（九黎），重黎相传是颛顼后代。

动范围大致在长江中游两湖流域之间，江汉地区正是三苗的腹地。在其势力膨胀时，已达到豫西南一带，深入到南阳地区，以南阳为中心据点，与中原华夏势力抗衡，因此发生了持续不断的冲突和战争。

早在尧舜时代，因三苗北上扩张，中原华夏集团就与他们发生长期和剧烈的冲突。《吕氏春秋·召类》记载："尧战于丹水之浦，以服南蛮。"丹水，即流经今陕西东南商洛地区和今河南南阳一带的丹江，终入汉水。浦就是水边的意思。可见尧征南蛮的战场已深入到南阳地区。《史记·五帝本纪》载：尧时"三苗在江淮、荆州数为乱。于是舜归而言于帝……放驩兜于崇山，以变南蛮；迁三苗于三危，以变西戎"。可见早在尧时，华夏集团和苗蛮集团的斗争已拉开了序幕。

而到虞舜时期与三苗斗争更为激烈。《左传·昭公元年》记"虞有三苗"之患。《战国策·秦策》记"舜伐三苗"。相传"舜葬于苍梧之野"①，就是因为"舜征有苗而死，因留葬焉"②，可见三苗力量的强大。不过，在尧舜之际，三苗势力亦受到重创。《孟子·万章上》："杀三苗于三危。"《尚书·尧典》记"窜三苗于三危"，"分北三苗"。郑玄在句下注："所窜三苗，为西裔诸侯者犹为恶，乃复分析流之。"三危，大都释为今西北地区敦煌附近，又说三危在蜀地岷山一带。总之，尧舜之际开始了瓦解三苗的进程。

战国时代一些思想家借上古传说宣扬"德治"思想，编造了以德服人的传说。《韩非子·五蠹》载："当舜之时，有苗不服，禹将

---

① 《礼记·檀弓下》。
② 《礼记·檀弓下》上句郑玄注。

伐之。舜曰:'不可。上德不厚而行武,非道也。'乃修教三年,执干戚舞,有苗乃服。"《吕氏春秋·上德》:"三苗不服,禹请攻之,舜曰:'以德可也。'行德三年而三苗服。"此外,《荀子·赋》:"干戈不用三苗服。"大概也是指这件事。从这些文献中也能反映出华夏集团和三苗部族既有激烈冲突,也互有文化融合,从而促使早期文明史向前发展。

禹时三苗发生了大乱,禹趁机与之展开大战,结果大获全胜。《墨子·非攻下》记录了这次战事,曰:"昔者三苗大乱,天命殛之。日妖宵出,雨血三朝。龙生于庙,犬哭乎市。夏冰,地坼及泉。五谷变化,民乃大振。高阳乃命玄宫,禹亲把天之瑞令,以征有苗。四电诱祇,有神人面鸟身,若瑾以侍,搤矢有苗之祥。苗师大乱,后乃遂几。禹既已克有苗,焉磨为山川,别物上下,卿制大极,而神民不违,天下乃静,则此禹之所以征有苗也。""日妖宵出",言指妖异,日而夜出,此乃反常景象。"高阳乃命玄宫",《墨子闲诂》引王念孙曰:"此当作'高阳乃命禹于玄宫',此脱'禹于'二字。""四电诱祇",疑当为"雷电诗振","诱祇""诗振",震撼之意。此指禹受命时,雷电大振。"若瑾以侍"句中的"若瑾",疑为"奉珪"之误。全句应释为东方神句芒神手捧着玉珪在高阳旁边侍立。"搤矢有苗之祥",马宗霍著《墨子闲诂参正》考释:"搤矢",乃"急持而射之","有苗之祥",犹言有苗之长[1]。"遂几",言三苗之后世遂衰微也。

上述引文表明这次禹征有苗的战争,是趁着有苗内部发生水

---

[1]　马宗霍:《墨子闲诂参正》,第48—50页,济南:齐鲁书社,1984年。

旱、地震、气候反常等灾害的机会，打出"用天之罚"旗号，而出征有苗①。传说出征前帝高阳颛顼氏的后裔在玄宫举行隆重仪典，禹亲自接受"天之瑞令"，而此时正值雷电大振，犹如天降大命，代表东方之神的句芒同时手捧着玉珪在高阳旁边侍立。禹师气势大振，急射杀了有苗之长，苗师大乱，从此衰败下来。

这次战役对三苗的打击是致命的，正如《国语·周语下》所载太子晋谏周灵王又曰："（王）无亦鉴于黎、苗之王，下及夏商之季，上不象天而下不仪地，中不和民而方不顺时，不共神祇而蔑弃五则。是以人夷其宗庙而火焚其彝器，子孙为隶，

玉柄形器
偃师二里头遗址出土

下夷于民，而亦未观夫前哲令德之则。"从中可见古人是把黎、苗之衰与夏桀、商纣之亡相提并论，从此之后，三苗势力无法再与华夏集团抗衡。

尧舜禹征伐三苗的起因，除了为争抢地盘、掠夺人口和财富外，宗教或风俗方面的冲突也是其中因素之一。《尚书·吕刑》载："苗民弗用灵。制以刑，惟作五虐之刑，曰法。杀戮无辜……皇帝哀矜庶戮之不辜，报虐以威，遏绝苗民，无世在下。"这里关键是

---

① 《墨子·兼爱下》曰："禹曰：'济济有众，咸听朕言：非惟小子，敢行称乱。蠢兹有苗，用天之罚。若予既率尔群对诸群，以征有苗。'禹之征有苗也，非以求重富贵、干福禄、乐耳目也。以求兴天下之利，除天下之害，即此禹兼也。"

对"苗民弗用灵"的解释。《墨子·尚同中》作:"苗民否用练。""练"与"灵"是古字同音通假。《礼记·缁衣》作:"苗民匪用命。"此处把"灵"释为"命",还有释"灵"为"善"。徐旭生先生认为,以上解释皆不确,应释"灵"为"巫"。此句应理解为:苗不用华夏集团的巫教,而用特别严酷的刑罚。这也是中原华夏集团征伐三苗而提出的理由之一①。

学术界还尝试从考古学角度来考查三苗文化和禹征三苗的传说。

在长江中游江汉平原新石器文化序列,属于新石器时代晚期(约公元前 5000—前 3000 年)和末期文化(约公元前 3000—前 2000 年),有大溪文化—屈家岭文化—石家河文化。考古界有专家推测,这一文化序列可能与三苗文化有关。

屈家岭文化(约前 3300—前 2600 年),其分布遍及江汉地区,鼎盛时期向北发展到南阳地区,向南进入洞庭湖周围,已发现同类遗址近千处,经发掘的有数十处。所达河南境内的遗址,至今已发现近 140 处之多,主要集中在南阳地区,在豫南和豫中甚至到达黄河南岸都有屈家岭文化遗址发现。原来这个地区属仰韶文化,此时被屈家岭文化代替,可见这支文化系统的势力已北上深入到黄河流域。

继屈家岭文化兴起之后是石家河文化(前 2600—前 2000 年),该文化分布向西进入三峡地区,向东在鄂东麻城有遗址发现,鄂西北郧县青龙泉、丹江口乱石滩等地也属于这一文化范围。已发现同类遗址估计近千处,经发掘的有 30 余处。石家河城面积约 120 万

① 徐旭生:《中国古史的传说时代》,第 121—124 页,桂林:广西师范大学出版社,2003 年。

平方米，是我国史前最大的城址。已发现墓葬二三百座。在有的遗址还发现铜矿石和残铜片①。到石家河文化晚期受中原龙山文化的强烈影响，江汉地区新石器文化开始走向衰落②。从江汉流域新石器文化的盛衰，可折射出三苗势力的消长。

考古界一般认为大概从中原龙山文化前后之交，以王湾三期文化为主体的中原龙山文化大幅度向南扩张，进入南阳盆地、鄂北地区，此类遗址出现了中原龙山文化后期的类型器物（如：罐形鼎、深腹罐等），代替了原来的石家河文化，同时保留了一些土著文化特点。而到二里头文化初期，更以强劲势头向南渐进，从伊洛河平原、中岳嵩山周围南下到丹江、淅川河、湍河、唐河、白河流域，在南阳盆地形成带有一定地方特色的二里头文化，更沿汉水南渐，越过伏牛山，其影响波及长江之滨。而当地的石家河文化则从豫西南、鄂西北界后缩，从此衰落下来，这可能与尧舜禹大败三苗的传说相符③。

再看所谓涂山之盟。先录关于禹娶涂山女的传说：

1.《尚书·皋陶谟》载："（禹）娶于涂山，辛、壬、癸、甲。启呱呱而泣，予弗子，惟荒度土功。"

（孔传："涂山，国名。惩丹朱之恶，辛日娶妻，至于甲日，复

---

① 参见任式楠、吴耀利：《中国新石器时代考古学五十年》，《考古》，1999 年第 9 期。

② 湖北省文物考古研究所：《五十年来湖北省文物考古工作》，收入《新中国考古五十年》，第 277—281 页，上海：文物出版社，1999 年。

③ 参阅：罗琨：《二里头文化南渐与伐三苗史迹索隐》，中国先秦史学会等编：《夏文化研究论集》，第 197—204 页，中华书局，1996 年。杨新改、韩建业：《禹征三苗探索》，《中原文物》，1995 年第 2 期。刘彬徽：《关于三苗与三苗文化的讨论》，《江汉考古》，2003 年第 4 期。

往治水，不以私害公。"）

2.《楚辞·天问》曰："禹之力献功，降省下土四方，焉得彼涂山女，而通之于台桑？闵妃匹合，厥身是继，胡维嗜不同味，而快量（朝）饱？"亦言禹娶涂山女，为忧无妃匹合，为求有后嗣者而与涂山女成婚。

3.《吕氏春秋·季夏纪·音初》记："禹行功，见涂山之女，禹未之遇而巡省南土。涂山氏之女乃令其妾待禹于涂山之阳。女乃作歌，歌曰'候人兮猗'，实始作为南音。周公及召公取风焉，以为《周南》《召南》。"此言禹治水，巡省南土，当指淮水流域。

4.《吕氏春秋》佚文，出自《水经·淮水注》，曰："禹娶涂山氏女，不以私害公，自辛至甲，四日，复往治水，故江淮之俗，以辛壬癸甲为嫁娶日也。"

5.《吴越春秋·越王无余外传》云："禹三十未娶，行到涂山，恐时之暮，失其度制……禹因娶涂山女，谓之女娇，取辛壬癸甲。"

6.《史记·夏本纪》："禹曰：'予（辛壬）娶涂山，〔辛壬〕癸甲，生启，予不子，以故能成水土功。……'"又："夏后帝启，禹之子，其母涂山氏之女也。"

《集解》孔安国曰："涂山，国名。辛日娶妻，至于甲四日，复往治水。"

《索隐》世本曰："涂山氏女名女娲。"

《正义》引《帝系》云："禹娶涂山氏之子，谓之女娲，是生启也。"

称涂山女曰女娲，或谓女娇，皆为传说演绎，不足信。

7.《列女传·母仪篇》云："启母者，涂山氏长女也，夏禹娶以为妃，既生启。辛壬癸甲，启呱呱而泣，禹去而治水。"

8.《华阳国志·巴志》："禹娶于涂山……今江州涂山是也，帝禹之庙铭存焉。"

9.《帝王世纪辑存》之中则有如下资料：

"禹始纳涂山女曰女娇，合婚于台桑，有白狐九尾之瑞，至是为攸女，故《连山易》曰：禹娶涂山之子名曰攸女，生余是也。"（《御览》卷百三十五引）

"涂山氏合昏于台桑之野涂山，□之钟离西七十里五涂山也，即平河之当涂县，寿春东北。"（《路史·后纪》卷十二注引世纪）

10.《睡虎地秦简〈日书〉甲种·吏》简文："癸丑、戊午、已未，禹以娶涂山之女日也，不弃，必以子死"（二背壹）。

"涂山氏，禹之妻，夏启之母姓也。"（《姓解》卷一水部引帝纪）

以上列举10条材料，为表明禹娶涂山女和涂山氏联姻是留传长久的历史记忆。第一条材料出自今文《尚书·皋陶谟》。《皋陶谟》大概是春秋时代成篇，所述内容当有所本。以后到战国、两汉时代这一传说遗留下来，不仅《世本》《帝系》记录了这件事，而且被《史记·夏本纪》所采录。今天我们重新审视这些资料，仍然感受到它们的可信度。

与此相关的还有"禹合诸侯于涂山"的记载，如：

《左传·哀公七年》云："禹合诸侯于涂山，执玉帛者万国。"另有《淮南子·原道训》："〔禹〕合诸侯于涂山，执玉帛者万国。"显然这是录自《左传》。《帝王世纪辑存·夏第二》："禹会诸侯于涂山。"这些资料表明大禹在涂山取得治水成功后不仅娶了涂山女，而且大会诸侯，取得"共主"的地位。

下面要回答的首要问题是：涂山在何处？前人考证分歧很大。唐苏鹗《演义》卷上作如下归纳："《史记》云禹娶于涂山氏。今涂山有四：一者会稽。二者渝州，即巴南，旧江州是也，亦置禹庙于其间。三者濠州，亦置禹庙。郦道元《水经》云，周穆古庙，误为涂山禹庙。《左传》注云'涂山在寿春东北'即此是也。其山有鲧禹启三庙，又有五诸侯城。四者，《文字音义》云：盉山，古之国名，夏禹娶之，今宣州当涂县也。此盉山既为古侯国，禹娶之则宜矣。据禹之踪迹所在，会稽最多。昔禹会涂山，执玉帛者万国，防风氏后至，禹诛之，其身长三丈，其后得骨节而专车，言满一车也。"

这里首先排除宣州（治今安徽宣城）当涂县说。此乃东晋时淮滨当涂县（今安徽怀远县）居民流亡至江南于湖县（今芜湖市）境内侨置的，故此说显系附会。

会稽说。见于《越绝书》卷八："涂山者禹所娶妻之山也，去县五十里。"即认为是今浙江绍兴境内的会稽山。《吴越春秋·越王无余外传》也主此说。由此而引发出"禹致群神于会稽""禹葬会稽山"诸说。如《国语·鲁语下》记：

"吴伐越，堕会稽，获骨焉，节专车。吴子使来好聘，且问之仲尼，曰：'无以吾命。'宾发币于大夫，及仲尼，仲尼爵之。既彻俎而宴，客执骨而问曰：'敢问骨何为大？'仲尼曰：'丘闻之：昔禹致群神于会稽之山，防风氏后至，禹杀而戮之，其骨节专车。此为大矣。'客曰'敢问谁守为神？'仲尼曰：'山川之灵，足以纪纲天下者，其守为神。社稷之守者为公侯。皆属于王者。'客曰：'防风何守也？'仲尼曰：'汪芒氏之君也，守封、嵎之山者也，为漆姓。在虞、夏、商为汪芒氏，于周为长狄，今为大人。'客曰：'人长之极几何？'仲尼曰：'僬侥氏长三尺，短之至也。长者不过十之，数之极也。'"以后《史记·孔子世家》照录《国语》的防风氏神话。

董楚平撰《〈国语〉"防风氏"笺证》①认为：防风氏肯定是山东土著。而古"会稽有三：一在山东，一在辽西，一在江南。江南会稽众所习知，山东与辽西有会稽，仅见于一条资料"，这一条资料即来自于《淮南子·氾论训》的高诱注。董先生认为古会稽三处，以山东为最早，辽西会稽与江南会稽皆从山东迁去。他还依据古本和今本《纪年》有夏帝杼征东海的记载，认为禹合诸侯于会稽，"可能是杼征东海的托古美化之辞"。禹杀防风氏之说可能是杼杀防风氏的讹传。后来史籍记载的从"禹致群神于会稽之山"到"封于太山，禅于会稽"，再到禹"葬会稽"，如此演绎，越来越离谱。

在文献流传过程中，到汉代就把先秦关于禹娶涂山女、禹合诸侯于涂山、禹致群神于会稽之山的传说合并起来考证得出"盦，会稽山也"（《说文》九篇下）、"故涂山有会稽之名"（《水经·淮水注》）的看法，从此涂山、会稽山混而为一，于是涂山就按在今浙江绍兴之地。

据以上考证，春秋时代越国有会稽山，当在浙江绍兴附近，本是原山东土著南下从北方带来的地名，与涂山互不干涉。但越国宗

---

① 《历史研究》，1993 年第 5 期。

室为提升自己的历史渊源，生拉硬扯附会追溯至夏族始祖，并以会稽山与涂山相连，形成夏王朝崛起于东南的推想，造成文献解释上的误读。众所周知在遥远的夏代，夏族势力达不到今浙江，这已从今天夏文化的考古探索证明了这点，因此，会稽说当不能成立。与此类似的分析是涂山氏是徐夷的前身，涂山亦可称徐山乃至余山。前 512 年吴国灭徐，徐夷中的一支退逃到越国绍兴，将其居地的山视为神山，就地进行祭祀活动，也命其名曰"涂山"（或徐山），又称会稽山①。

渝州说（又称巴郡江州说）。渝州，今重庆江北县。《华阳国志》卷一《巴志》："禹娶于涂山，……今江州涂山是也，帝禹之庙铭存焉。"又《水经·江水注》："江之北岸有涂山，南有夏禹庙、涂君祠，庙铭存焉。"

李修松撰《涂山汇考》认为："大体上从春秋末至战国时徐夷辗转南迁江西、湖北，由古夷水入川至巫山，再沿江西上过忠县到重庆江对岸定居，并留下涂山崇拜的遗迹传闻。"这大致就是渝州说的由来。

比较可靠的看法是濠州说，即今安徽怀远境内的当涂山。《水经·淮水注》引《吕氏春秋》："禹娶涂山氏女，不以私害公，自辛至甲，四日，复往治水，故江淮之俗，以辛壬癸甲为嫁娶日也。禹聚（墟）在山西南；县，即其地也。"今本《吕氏春秋》虽无此文，但其《季夏纪·音初》篇云："禹行功，见涂山氏女，禹未之遇而巡省南土。涂山氏之女乃令其妾待禹于涂山之阳。女乃作歌，歌曰

---

① 李修松：《涂山汇考》，《中国史研究》，1999 年第 2 期。

'候人兮倚'，实始作为南音。周公及召公取风焉，以为《周南》《召南》。"此处记载完全可以与本书的佚文相印证。

又：《左传·哀公七年》杜注："涂山，在寿春东北。"《汉书·地理志》于九江郡当涂县下亦云："应劭曰：'禹所娶涂山，侯国也，有禹墟。'"

此外，主此说者还有《帝王世纪》《说文》《水经·淮水注》及《江水注》。

现学者多数认为今安徽蚌埠怀远说最为可靠，其理由如下：一是文献记载最早，始见于《吕氏春秋》，汉唐间多主所说。有杜预注、唐柳宗元《柳河东集涂山铭》、宋苏轼《东坡集涂山诗》俱认定在濠州。因此，此说文献证据最为充足。二是从夏势力发展方向看夏禹的统治中心在汝颍上游及河洛一带，文献记载"禹巡省南土""禹南省"①。即夏禹沿颍水南下治水，就地娶涂山氏女为妻，以婚姻结成联盟。后来夏桀逃南巢，是与该地国族原是夏之联盟而打下基础分不开的。三是今涂山一带尚有许多关于大禹传说的遗迹，诸如"禹会村""黄熊庙""防风冢""启母石""禹王宫"等也可作为佐证。

最后，还有嵩县三涂山说。力主此说者有钱穆、顾颉刚②等大家。正如有学者评论的那样，说他们"是根据夏朝统治中心在晋南、豫西一带，来推测会稽必在其间，其说不但缺乏坚实的文献、考古根据，而且视野思路也失之狭窄"③。也有学者认为嵩县附近

---

① 《吕氏春秋·季夏纪·音初》《淮南子·精神训》《吕氏春秋·恃君览·知分》。
② 顾颉刚：《论巴蜀与中原的关系》，第47页，成都：四川人民出版社，1981年。
③ 董楚平：《〈国语〉"防风氏"笺证》，《历史研究》，1993年第5期。

的"三涂山",也是涂山氏后裔迁到此地而留下的名称①。

将涂山大致方位确定下来,涂山氏的族属经学者们考证,应为东夷集团徐淮夷的一支。皋陶实为涂山氏首领。禹娶涂山女,说明夏人与东夷人通过姻缘关系而结成政治联盟,壮大了自己的力量,并成为天下诸侯的"共主"。至于禹葬会稽的传说,可能是徐人南下附越后,附会到江南会稽而演绎出来的故事。

最后关于禹铸九鼎的传说。《左传·宣公三年》记载了楚子问鼎的故事。这里的楚子就是"不鸣则已,一鸣惊人"的楚庄王,他在位期间企图北上争霸,屡用兵于陈、蔡、郑、宋诸国,且趁攻伐陆浑之戎来到洛水之滨的机会,陈兵东周边境炫耀武力。当周定王派大夫王孙满前去慰劳楚军时,楚庄王竟然挑衅地探问周之九鼎"大小轻重"。王孙满在追溯了九鼎的历史后,针锋相对地答道:"周德虽衰,天命未改,鼎之轻重,未可问也。"可见铜鼎不是一般器物,岂能容忍楚子"问鼎"?!

青铜鼎是一种礼器(陶鼎早在新石器时代就出现,开始用作食器)。从夏开始赋予它神圣色彩,成为统治者权力的象征。到了西周时代形成列鼎制度,正如《公羊传·桓公二年》何休注云:"礼祭天子九鼎、诸侯七、大夫五、元士三也。"通过这一制度,"别上下,明贵贱",借以突出王权的至尊地位。

王孙满是这样陈述九鼎的由来及其功能的,兹录全文如下:

"昔夏之方有德也,远方图物,贡金九牧,铸鼎象物,百物而为之备,使民知神奸。故民入川泽山林,不逢不若。魑魅蝄蜽,莫

---

① 李修松:《涂山汇考》,《中国史研究》,1999 年第 2 期。

能逢之。用能协于上下，以承天休。桀有昏德，鼎迁于商，载祀六百。商纣暴虐，鼎迁于周。德之休明，虽小，重也。其奸回昏乱，虽大，轻也。天祚明德，有所厎止。成王定鼎于郏鄏，卜世三十，卜年七百，天所命也。周德虽衰，天命未改。鼎之轻重，未可问也①。"

对此，张光直先生有一段精辟的论述，他认为：

"这两段文字（指《左传·宣公三年》《墨子·耕柱》——笔者），从本文所采取的观点来分析，把政治、宗教和艺术在中国古代社会中密切结合的方式，很清楚地点破了。其一，《左传·宣公三年》讲'远方图物，贡金九牧，铸鼎象物……用能协于上下，以承天休'这几句话，是直接讲青铜彝器上面的动物形的花纹的。各方的方国人民将当地特殊的物画成图像，然后铸在鼎上，正是说各地特殊的通天动物，都供王朝的服役，以'协于上下，以承天休'。换言之，帝王不但掌握各地方国的自然资源，而且掌握各地方国的通天工具，就好像掌握着最多最有力的兵器一样，是掌有大势大力的象征。其二，《左传》里的'贡金九牧'与《墨子》里的'折金于山川'，正是讲到对各地自然资源里面的铜矿锡矿的掌握。'铸鼎象物'是通天工具的制作，那么对铸鼎原料即铜锡矿的掌握，也便是从基本上对通天工具的掌握。所以九鼎不但是通天权力的象征，而且是制作通天工具的原料与技术的独占的象征。其三，九鼎的传说，自夏朝开始，亦即自中国历史上第一个王朝开始，也是十分恰当的。王权的政治权力来自对九鼎的象征性的独占，也就是来自对

---

① 《左传·宣公三年》。

中国古代艺术的独占。所以改朝换代之际，不但有政治权力的转移，而且有中国古代艺术品精华的转移①。"显然张光直先生是从文化人类学角度，敏锐地觉察到夏商时代正处于王权和神权相结合的时代，国王令手下把夸张了的动物图案铸在鼎上，发挥其神的威力，且通过巫术施法，使"铸鼎象物"成为通天工具，而且又是王权的象征。类似见解还见之赵世超的《巡守制度试探》（《历史研究》，1995 年第 3 期），他明确指出："禹鼎如此巨大的威力很可能即来自巫术的作用。"他们都试图科学地阐释历史上出现的这一事物。

鼎既然是王权的象征，因此，王孙满陈述这段历史，把夏商周政权的交替说成是夺鼎的过程。"夏铸九鼎"之后，"桀有乱德，鼎迁于殷"，"商纣暴虐，鼎迁于周"。周成王营建东都洛邑时，又"定鼎于郏鄏"。郏鄏在今洛阳。这种鼎的转移，即政权的变更，是"天所命也"。

人们在肯定"夏铸九鼎"这件史实时，首先要面对着夏之世生产力水平能否铸鼎的检验。从目前已发现的考古资料来看，二里头文化（考古界普遍认为是夏文化）已进入青铜时代，有青铜容器爵、斝、盉等和铜镞、戈等兵器的发现，它们不仅是实用品，而且也是礼器。特别应指出的是青铜鼎也有发现②。虽然夏代的青铜工艺还达不到商代水平，至今没有发现青铜重器，但是对"夏铸九鼎"这件事也不要过早地、轻易地怀疑。我们还注意到王孙满在谈

---

① 张光直：《中国青铜时代》，第 59—61 页，北京：生活·读书·新知三联书店，1999 年。

② 郑光：《二里头遗址的发掘——中国考古学上的一个里程碑》，收入《夏文化研究论集》，北京：中华书局，1996 年。

青铜爵（偃师二里头遗址出土）

到"夏铸九鼎"时，仅笼统地说是"夏之方有德"之时，没有交代哪个王开始铸鼎，后人解读这句话就演绎出两个时期，一说禹时，另一说启时。《史记·楚世家》基本录自《左传·宣公三年》的原话，记云："昔虞夏之盛，远方皆至，贡金九牧。"同样没有交代是哪个王。但《史记·封禅书》却明白地记着："禹收九牧（州）之金铸九鼎。"《后汉书·明帝纪》录永平六年诏曰："昔禹收九牧之金，铸鼎以象征。"亦沿用了《封禅书》的说法。

另一说为启时铸九鼎，则见之于《墨子·耕柱》云："昔者夏后开（避汉景帝刘启讳——笔者注）使蜚廉折金于山川，而陶铸之于昆吾……九鼎既成，迁于三国。夏后氏失之，殷人受之；殷人失之，周人受之。"其意与《左传》引文基本相同，不过，铸鼎这件事由禹变成启。

称禹或称启，确定哪个国王时代铸鼎并不重要，而且从现有的资料来看，也难以判断孰是孰非。这里主要涉及"铸九鼎"的象征意义。因为"铸九鼎"是王权的象征，那么"夏铸九鼎"的始作俑者当然也就是夏朝的创立者。

关于夏朝的创立者，史学界也有两说。一认为启是开创者，是夏朝的第一代王。他们的主要根据是启确立了世袭传子制①。另一看法则认为禹是夏朝的创立者。主要文献依据有：《古本竹书纪年》记：禹为夏朝的立国者，且提出"禹立四十五年"说。《国语·周语下》记：因大禹治水成功，"皇天嘉之，祚以天下，赐姓曰'姒'，氏曰'有夏'。"《孟子·万章上》："昔者，舜荐禹于天，十有七年，舜崩，三年之丧毕，禹避舜之子于阳城，天下之民从之，若尧崩之后不从尧之子而从舜也。"《史记·夏本纪》记："帝舜荐禹于天为嗣。十七年而帝舜崩。三年丧毕，禹辞辟舜之子商均于阳城，天下诸侯皆去商均而朝禹，禹于是遂即天子位，南面朝天下。国号曰夏后，姓姒氏。"禹成为夏主是上承尧舜实行禅让而得其位，与后来的君王由篡夺或世袭而得其位判若两制。从传统文献来看，禹是夏朝的开创者当毋庸置疑。当然禹建立的夏国是早期国家，内部结构是族邦林立。相传"禹合诸侯于涂山，执玉帛者万国"②，"古大禹之时，诸侯万国"③，"当禹之时，天下万国"④。可见大禹既是诸族邦的盟主，又是夏朝第一代王，他是带有过渡性质的历史人物。

---

① 金景芳：《中国奴隶社会史》，第20—28页，上海：上海人民出版社，1983年。
② 《左传·哀公七年》。
③ 《战国策·齐策》。
④ 《吕氏春秋·用民》。

二 传子制的确立

启是禹子，涂山女所生。禹死，启继位。启是如何取得继承权而得到王位的呢？历史文献记载不一。

1. 最早的记载见之于《孟子·万章上》：

"万章问曰：'人有言，至于禹而德衰，不传于贤，而传于子，有诸?'

孟子曰：'否，不然也。天与贤，则与贤；天与子，则与子。昔者，舜荐禹于天，十有七年，舜崩，三年之丧毕，禹避舜之子于阳城，天下之民从之，若尧崩之后不从尧之子而从舜也。

禹荐益于天，七年，禹崩，三年之丧毕，益避禹之子于箕山之阴（笔者注：嵩山阳之误）。朝觐、讼狱者不之益而之启，曰：'吾君之子也。'讴歌者不讴歌益而讴歌启，曰：'吾君之子也。'丹朱之不肖，舜之子亦不肖。舜之相尧，禹之相舜也，历年多，施泽于民久。启贤，能敬承继禹之道。益之相禹也，历年少，施泽于民未久。舜、禹、益相去久远，其子之贤不肖，皆天也，非人之所能为也。"

这里孟子通过讲述尧舜禹相传的历史来颂扬远古的禅让制度，在谈到禹传位的历史时，同是"禹荐益于天"，仍然采用"禅让"，推举东夷人首领伯益来继位。但是，由于"启贤，能敬承继禹之道"，而益"历年少，施泽于民未久"，天下之民都从启而不从益，因此，禹死后，启继承了王位。在孟子笔下，传贤传子都是"天意"所定，而禹传启，本质上也是传贤。

2. 《史记·夏本纪》基本照录《孟子·万章上》的以上内容，

写道："（禹）而后举益，任之政十年（孟子作七年——笔者注），帝禹东巡狩，至于会稽而崩。以天下授益。三年之丧毕，益让帝禹之子启，而辟居箕山之阳。禹子启贤，天下属意焉，及禹崩，虽授益，益之佐禹日浅，天下未洽，故诸侯皆去益而朝启曰：'吾君帝禹之子也。'于是启遂即天子之位，是为夏后帝启。夏后帝启，禹之子，其母涂山氏之女也。"除个别词句有所改动外，其基本内容与《孟子》毫无二致。

关于禹传位问题，还有另一种说法，如：

3. 《古本竹书纪年》记："益干启位，启杀之。"与《孟子》的"禅让"说不同，是讲伯益篡夺了启的君位，所以启把伯益杀了。《古本竹书纪年》记载这类事件不仅这一项，还有"伊尹放太甲"、"文丁杀季历""共伯和干王位"等，与一些史书记载多所不同，都是讲乱臣贼子的事，这好像是战国时代的一种思潮，是对日下世道的借题发挥，是否符合历史难以置信。

4. 最近《上博楚竹书·容成氏》的发表又为禹传位问题提供了一条新证据。其中，第三十三、三十四篇，简文云：

"禹有子五人，不以其子为后，见皋陶之贤也，而欲以为后。皋陶乃五让以天下之贤者，遂称疾不出而死。禹于是乎让益，启于是乎攻益自取。"与《古本竹书纪年》不同的是，《纪年》是讲禹死传子，启继位，益觊觎君位，起来闹事，被启杀了。而《容成氏》记述的是禹有五子，没有传子，而是继续实行禅让，先选了皋陶，因皋陶"称疾不出而死"；禹又选了益，益即将上任，"启于是乎攻益自取"，启夺取了王位，从此中国历史开始了世袭传子制。

无独有偶，战国和西汉文献上类似《容成氏》的内容还有如下一些记载：

如：《韩非子·外储说右下》云："古者禹死，将传天下于益，启之人因相攻益而立启。"

《战国策·燕策一》云："禹授益，而以启为吏，及老，而以启为不足任天下，传之益也。启与支党攻益而夺之天下，是禹名传天下于益，其实令启自取之。"

《楚辞·天问》云："启代益作后。"（王逸注：后，君也。）

《史记·燕召公世家》："禹荐益，已而以启人为吏，及老，而以启人为不足任乎天下，传之于益，已而启与交党攻益，夺之。天下谓禹名传天下于益，已而实令启自取之。"

与《战国策·燕策一》对照，除字句略有不同外，几乎是照录无误。

我们列举了以上各种说法，尽管禹启继位问题有不同的文本，但禹传于启的史实是不变的，主要是在叙述中间环节时出现了异说，即产生不同版本的演绎。究竟哪一种是原生的形态，目前还难以判断。不过《容成氏》简文的面世，作为战国中后期写成而尘封在地下 2 000 多年的文献，与战国时代传世文献的相关内容如出一辙，当叫人吃惊。至少我们可以认为"启攻益而自取"当有一定历史依据，不要轻易否定。而启的此举事出有因，当与禹欲禅让于益的举措有关。从禅让到传子经历了一个从不适应到适应的过程，甚至这中间发生流血冲突也难以避免。制度的变迁反映时代前进的步伐，孟子把这种变化说成"天"意，实际上世袭传子制的确立，为"家天下"的国家机器长期运作奠定了基石。而"启攻益自取"，正是在中国历史上开了世袭传子制的先河。

儒家文献把禅让制转变为世袭制看成是从"大同"社会过渡到"小康"社会的主要表征。大家熟知的《礼记·礼运》作如下表述："孔子曰:'大道之行也,天下为公,选贤与能,讲信修睦。故人不独亲其亲,不独子其子,使老有所终,壮有所用,幼有所长,矜寡孤独废疾者皆有所养;男有分,女有归;货恶其弃于地也,不必藏于己;力恶其不出于身也,不必为己。是故谋闭而不兴,盗窃乱贼而不作,故户外而不闭,是谓大同。

今大道既隐,天下为家,各亲其亲,各子其子,货力为己,大人世及以为礼,城郭沟池以为固,礼义以为纪,以正君臣,以笃父子,以睦兄弟,以和夫妇,以设制度,以立田里,以贤勇知,以功为己,故谋用是作,而兵由此起。禹、汤、文、武、成王、周公,由此其选也。此六君子者,未有不谨于礼者也,以著其义,以考其信,著有过,刑仁讲让,示民有常。如有不由此者,在执者去,众以为殃,是谓小康。'"

这里不去分析儒家"大同"和"小康"理想并存的具体内容,但是从中确实反映出当时的思想精英们已敏锐地洞察出远古社会和现实社会在政治制度层面上的本质差别,即前者是"选贤与能、讲信修睦"的"禅让"社会,而后者从禹开始则进入"大人世及以为礼"(父死子嗣、兄终弟及)的世袭社会。用今人的眼光来讲,就是由氏族的民主社会过渡到"以礼治国"的文明社会。

三 甘 之 战

启即位后,遭到一些方国盟主的反对。为化解矛盾,争得各盟主的支持,启在钧台召开一次盟会,史称"启有钧台之享"。而且史籍记载，把它与"商汤景亳之命、周武孟津之誓"连称，可见这件事在历史上的地位也相当重要①。钧台的地望，古今看法基本一致，杜预注："河南阳翟县南钧台。"郦道元《水经·颍水注》："《归藏易》曰：启筮享神于大陵之上，即钧台也。《春秋左传》曰夏启有钧台之飨，是也。"下引杜预注作解。杨守敬《水经注疏》按："《史记》桀囚汤于夏台，即钧台。《续汉志》，阳翟有钧台。《元和志》，钧台在阳翟县南十五里，在今禹州南。"故钧台在今河南禹州，当不会有误。享，《诗·商颂·殷武》郑玄注释为"献"，即贡献之意。"钧台之享"就是启以"共主"的身份召集各方盟主来钧台会盟，并接受他们的贡献之礼。

史载夏启在位期间贪图淫乐，不思进取。如《墨子·非乐》引《武观》曰：启是"淫溢康乐""天用弗式"的昏主。《古本竹书纪年》记："启登后九年，舞《九韶》。"(《路史后纪十三》注引)《天问》曰："启棘宾商，《九辩》《九歌》，何勤子屠母，而死分竟地。"《离骚》曰："启《九辩》与《九歌》兮，夏康娱以自纵。不顾难以图后兮，五子用失乎家巷。"《山海经·海外西经》《大荒西经》也有类似记载。

此外，启还忙于征战。如："启二十五年，征西河②。"西河，今地望多有歧义，今据徐中舒说在晋南③，更有学者实指在今晋南运城盆地的临猗附近④，也有学者提出在豫西和陕西东部一带⑤。

① 《左传·昭公四年》。
② 《古本竹书纪年》。
③ 徐中舒：《先秦史论稿》，第31页，成都：巴蜀书社，1992年。
④ 杨国勇主编：《华夏文明研究——山西上古史新探》，第114页，北京：中国社会科学出版社，2002年。
⑤ 郑杰祥：《夏史初探》，第84页，郑州：中州古籍出版社，1988年。

或卫地说①。本书采晋南说。

史载启时最重要的一次战役就是攻伐有扈氏的甘之战。启战前发布军事动员令的誓师词有三个版本，兹录如下：

第一个版本就是《尚书·虞夏书·甘誓》，仅有 88 字。

"大战于甘，乃召六卿。王曰：'嗟！六事之人，予誓告汝：有扈氏威侮五行，怠弃三正，天用剿绝其命。今予惟恭行天之罚。左不攻于左，汝不恭命；右不攻于右，汝不恭命；御非其马之正，汝不恭命。用命赏于祖，不用命戮于社，予则孥戮汝。'"《尚书序》曰："启与有扈战于甘之野，作《甘誓》。"

第二个版本就是《墨子·明鬼下》所引的《禹誓》版本。

《禹誓》曰："大战于甘。王乃命左右六人，下听誓于中军，曰：'有扈氏威侮五行，怠弃三正，天用剿绝其命。'有（又）曰：'日中，今予与有扈氏，争一日之命，且尔卿大夫庶人，予非尔田野葆土之欲也，予共行天之罚也。左不共于左，右不共于右，若不共命，御非尔马之政；若不共命，是以赏于祖而僇于社。'"

第三个版本就是《史记·夏本纪》所录：

"有扈氏不服，启伐之，大战于甘。将战，作《甘誓》，乃召六卿申之。启曰：'嗟！六事之人，予誓告女：有扈氏威侮五行，怠弃三正，天用剿绝其命。今予维共行天之罚。左不攻于左，右不攻于右，女不共命。御非其马之政，女不共命。用命赏于祖，不用命僇于社，予则帑僇女。'遂灭有扈氏。天下咸朝。"

这三个版本实际上就是儒墨两个传本，而《夏本纪》是照录

---

① 童书业：《春秋左传研究》，第 21 页，上海：上海人民出版社，1980 年。

《尚书·甘誓》，仅是文字上用汉代语言做了改写，内容上所差无几。而儒墨两本的最大差异就是伐有扈氏的夏王是启还是禹。有关这一问题的讨论，下面还要陈述。至于儒墨这两个本子是怎样形成的，史学界有不同看法。顾颉刚、刘起釪先生认为："大概在夏王朝是作为重要祖训历世口耳相传，终于形成一种史料流传到殷代，其较稳定地写成文字，

青铜牌饰（偃师二里头遗址出土）

大概就在殷代""到西周可能写成基本定型的定本""再在春秋战国的传抄中，又分化成儒、墨两家互有异同的本子[1]。"

而金景芳、吕绍纲先生则认为："《甘誓》写定成篇的时间当在西周，材料则出于夏启时，是研究夏史的重要史料[2]。"

我意本篇内容是古老的，是属于夏代的史料，现留传下来的本子，大概是西周时代写成的定本。

围绕这三个本子，主要讨论以下三个问题：

首先，征战有扈氏的夏王是启还是禹？《尚书·甘誓》没有指明，而西汉《尚书序》却有"启与有扈战于甘之野，作《甘誓》"之语。《史记·夏本纪》则明确说："有扈氏不服，启伐之，大战于

① 顾颉刚、刘起釪：《〈尚书·甘誓〉校释译论》，《中国史研究》，1979 年第 1 期。
② 金景芳、吕绍纲：《〈尚书·虞夏书〉新解》，第 441 页，沈阳：辽宁古籍出版社，1996 年。

甘。将战，作《甘誓》。"这就是说，《甘誓》是夏启伐有扈氏的誓师词。这一看法得到大多数学者的认同。

补充言之，从战国到汉代还有些文献谈到启伐有扈氏的战役。如毕沅校本《吕氏春秋·先己》记："夏后伯启与有扈战于甘泽。"高诱注："《传》曰：启伐有扈。"又高诱注同书《召类》云："《春秋传》曰：启伐有扈。"又注《淮南子·齐俗训》："有扈氏……伐启，启亡之。"可见，说夏启伐有扈氏是当时一种比较普遍的看法。而《墨子·明鬼下》引《禹誓》则认为是禹伐有扈氏。此外，如《庄子·人间世》《吕氏春秋·召类》《说苑·正理》等也认为是禹和有扈氏作战。

为解决文献记载上的矛盾，孙诒让在《墨子闲诂·明鬼下》注释中提出折中意见，他认为"或禹启皆有伐扈之事"（皮锡瑞也主此说）。这一意见没有旁证，仅是一种推测而已。我们认为《甘誓》在流传中出现儒墨两个版本，当以早传者为准，墨子可能误将"禹伐三苗"当成伐有扈之战。况且后来司马迁作《史记》，系统整理历史，采用启伐有扈氏说，是一定有所依据的。

其次，有扈氏和甘之战的地望问题。

《世本》记："有扈，姒姓"，"姒姓，夏禹之后"。《史记·夏本纪》记，有扈氏与夏后氏同为姒姓，是夏国邦盟中的一个同姓部族。《史记》三家注对有扈都有诠释：《集解》："《地理志》曰扶风县鄠是扈国。"《索隐》："《地理志》曰扶风县鄠是扈国。"《正义》："《括地志》云雍州南鄠县，本夏之扈国也。《地理志》云鄠县，古扈国，有户亭。《训纂》云户、扈、鄠三字，一也，古今字不同耳。"如然，则有扈氏故地应在今西安西南的户县。

与有扈氏相关的问题是甘的地望。《史记·夏本纪》《集解》引：马融曰："甘，有扈氏南郊地名。"《索隐》曰："夏启所伐鄠南有甘亭。"又：《经典释文》引马融云："甘，水名，今在鄠县。"《释文》云："甘，水名，今在鄠县西。"

若依其说，甘水应指户县西境北流入渭的一条水。《水经·渭水注》："渭水又东合甘水，水出南山甘谷，……又北径甘亭西，在水东鄠县。昔夏启伐有扈，作誓于是亭。故马融曰：'甘，有扈南郊地名也。'"

可见东汉人认为甘水、甘亭、甘地就在今陕西户县附近，当时人对此说并无怀疑。

当代学者顾颉刚、刘起釪先生则考证认为：夏代有扈氏故地就是殷代卜辞的地名"雇"，其地在今郑州北黄河北岸的原武一带。同时考证甘地在春秋时为甘昭公的封邑，那儿有甘水和甘城，其地在今洛阳西南①。郑杰祥先生依据文献先推断有扈氏当在今河南原阳县西南，再考证出甘地在有扈氏的南郊，应为今郑州市以西古荥甘之泽或甘水沿岸②。此亦可备一说。

我们同意有扈氏活动中心在陕西户县一带，这是汉人旧注的意见，当有所本。夏建国后，夏后氏向西扩张，正遇上有扈氏向东发展，有扈氏对夏启继位不服，遂发生军事冲突。现代学者设想夏人势力不会达到陕西东部，因而把有扈氏和甘的地望锁定在夏的活动中心地区（豫西和豫中地区），才提出以上与汉代古注相左的意见，

---

① 顾颉刚、刘起釪：《〈尚书·甘誓〉校释译论》，《中国史研究》，1979 年第 1 期。

② 郑杰祥：《"甘"地辨》，《中国史研究》，1982 年第 2 期。又参阅：郑杰祥《夏史初探》，第 110—115 页，郑州：中州古籍出版社，1988 年。

分歧的由来盖出于此。

最后，关于"威侮五行，怠弃三正"的讨论。

按郑玄注："五行，四时盛德所行之政也"，"三正，天地人之正道"。这里解释的"五行"是水、火、木、金、土这五种物质的存在及其运行规则。"三正"，即"三政"，指天事、地事、人事。而今有些学者摈弃古注，别作解释，把"五行"说成是"五星"，把"三正"说成是"三长"，亦可备一说①。

这是一篇战前动员的誓师词。启打着"恭行天之罚"的旗号去攻伐有扈氏，对有扈氏"威侮五行，怠弃三正"的滔天罪行，大张挞伐，从而鼓舞士气。而且夏启明确宣告：将士们如果奉行了天命，在战后就要在宗庙前祭祖并受到赏赐；若违命，则被带到社坛前处以杀戮的军事惩罚，这是不可抗违的军法。同时，本文告也反映出当时车战的特点，正如古书解释所云："兵车之法，左人持弓，右人持矛，中人御②。"

总之，从整个文告中可以看出：启是作为最高统治者"王"的身份来执行"天之罚"的，因此，他又是作为沟通"天帝"和人间的巫师长的面貌而出现，这正是早期国家阶段王权的特征。

四　夷　夏　之　争

启亡后，由长子太康继位。启有五子，兄弟五人闹内讧，史称

---

①　刘起釪：《释〈尚书·甘誓〉的"五行"与"三正"》，收入《古史续辨》，第192—213页，中国社会科学出版社，1991年。李民：《〈甘誓〉"三正"考辨》，收入《尚书与古史研究》，河南人民出版社，1981年。

②　郑玄：《诗·閟宫·笺》。

"五子"之乱（或称"五观"之乱、"武观"之乱），史书记载及其注释多有歧义。较早记载此事的是《逸周书·尝麦解》，当今学者通常认为这是一篇作于西周时代的文章。其中云："其在殷之五子，忘伯禹之命，假国无正，用胥兴作乱，遂凶厥国，皇天哀禹，赐以彭寿，思正夏略。"注释家纠"殷"字为"夏"或为"启"，参考诸文献，当以"启"为正，这里讲的"胥兴作乱"，即指启之"五子"之乱。

《左传·昭公元年》记："夏有观扈。"《国语·楚语上》记："启有五观。"前者指敌国，后者指"奸子"。《墨子·非乐上》"于《武观》曰"，又是指书名。注释家认为"扈"即"五"，"观扈"疑即"五观"之倒文，而"武观"亦即"五观"①。

从以上诸文献看，"五观"是"奸子"五人，因居于观地（须于洛汭者观地，据《后汉书·郡国志》云：卫地本为观故国），故称"五观"，记载他们兄弟五人事的文章又叫《武观》。古书演绎，横生枝节，使后人不得其解。

战国时代文献对"五子"之乱都有类似记载。《韩非子·说疑》云："其在《记》曰：'尧有丹朱，而舜有商均，启有五观，商有太甲，武王有管、蔡。'五王之所诛者，皆父兄子弟之亲也，而所杀亡其身、残破其家者何也？以其害国伤民，败法类也。"则又有"五观"被诛之说，而所诛"皆父兄子弟之亲也"。

《楚辞·离骚》云："启《九辩》与《九歌》兮，夏康娱以自纵。不顾难以图后兮，五子用失乎家巷。"王引之释"夏"为"下"，

① 童书业：《春秋左传研究》，第21、293页，上海：上海人民出版社，1980年。

解前两句为启窃《九辩》《九歌》于天，因以康娱自纵于下。下言启后发生"五子"之乱。

《史记·夏本纪》曰："夏后帝启崩，子帝太康立。帝太康失国，昆弟五人须于洛汭，作《五子之歌》。"孔安国传《古文尚书·五子之歌·书序》曰："太康失邦，昆弟五人须于洛汭，作《五子之歌》。"《汉书·古今人表》曰："启子，昆弟五人，号五观。"《古本竹书纪年》云："启征西河"。《今本竹书纪年》也云："（启）十一年，放王季子武观于西河。十五年，武观以西河叛。彭伯寿帅师征西河，武观来归。"是知"五观"又称"武观"。

《国语·楚语上》韦昭注："五观，启子，太康昆弟也。观，洛汭之地。"

从以上所引历代文献所见，对这一事件，姑且缕出如下一条历史线索，即：启有五子，因居洛汭观地，又称"五观"，扈、五音近，又称"扈观"，"观扈"为其倒文。长子太康继位，兄弟五人内讧，太康把他们杀了，史称"五子"之乱。但由于诸家对上述文献有不同理解，故有些学者以为"五观"为一人，或认为太康在五子之内、抑或太康在五子之外，"五子"之乱是发生在启当位时，还是发生在太康继位后，这都将成为历史悬案。

太康继位后，由阳翟（今禹州市）迁居斟寻（今巩义市附近），依然是"盘游无度"①。《史记·夏本纪·集解》引孔安国曰，太康"盘于游田，不恤民事，为羿所逐，不得反国"。《后汉书·东夷列传》曰："夏后氏太康失德，夷人始畔。"皇甫谧《帝王世纪》曰：

---

① 伪古文《尚书·五子之歌》。

"太康无道，在位二十九年，失政而崩"，"自太康以来，夏政凌迟"，故史称"太康失国（邦）"。

夏朝早期，东夷兴起。前载"益干启位"的益，即伯益，就是东方夷人。《后汉书·东夷列传》据《竹书纪年》记载归纳出"九夷"之说："夷有九种，曰畎夷、于夷、方夷、黄夷、白夷、赤夷、玄夷、风夷、阳夷，故孔子欲居九夷也。"此外，据《禹贡》载，在青州有嵎夷和莱夷，冀州有岛夷，徐州则有淮夷。夷人种群分散，没有形成统一的邦盟。他们大致分布在山东和江苏、安徽北部一带。从考古学文化来看，史前时期的这一地区的大汶口文化和山东龙山文化都应是古代夷人的文化遗存。后来考古学家又从山东龙山文化中分辨出岳石文化，这可能是夏代东方夷人的文化遗存[①]。

夏朝的前期历史主要面临着来自东方的夷人威胁。除上述伯益与启的斗争外，还有就是史书记载的两个东夷首领人物，一是有穷氏后羿，另一就是寒浞，他们崛起后先后篡位代夏，羿、浞二世加起来，大概也有 40 年的历史，研究夏史，当然应把它列入视线之中。兹录记载这段历史的文献如下：

《左传·襄公四年》云：魏绛曰："《夏训》有之曰：'有穷后羿。'"公曰："后羿何如？"对曰："昔有夏之方衰也，后羿自钮迁于穷石，因夏民以代夏政。恃其射也，不修民事，而淫于原兽，弃武罗、伯因、熊髡、龙圉，而用寒浞。寒浞，伯明氏之谗子弟也。伯明后寒弃之，夷羿收之，信而使之，以为己相。浞行媚于内而施

---

① 1960 年发现至 1979 年定名，以山东平度东岳石遗址为代表，分布在山东北部与苏北，晚于龙山而早于早商前期的文化，由 ^{14}C 测定并经达曼表校正的真实年代是公元前 1890—前 1670 年间，或公元前 19 世纪至前 17 世纪，正好落在夏纪年范围之内。

赂于外，愚弄其民而虞羿于田，树之诈慝，以取其国家，外内咸服。羿犹不悛，将归自田，家众杀而亨（烹）之，以食其子。其子不忍食诸，死于穷门。靡奔有鬲氏。浞因羿室，生浇及豷，恃其谗慝诈伪而不德于民，使浇用师灭斟灌及斟寻氏，处浇于过，处豷于戈。靡自有鬲氏收二国之烬，以灭浞而立少康。少康灭浇于过，后杼灭豷于戈，有穷由是遂亡，失人故也。"

《左传·哀公元年》引吴大夫伍员的话，也是对上段历史的补充：伍员曰："……昔有过浇杀斟灌以伐斟鄩，灭夏后相。后缗方娠，逃出自窦，归于有仍，生少康焉，为仍牧正。惎浇，能戒之。浇使椒求之，逃奔有虞，为之庖正，以除其害。虞思于是妻之以二姚，而邑诸纶。有田一成，有众一旅，能布其德，而兆其谋，以收夏众，抚其官职。使女艾谍浇，使季杼诱豷，遂灭过、戈，复禹之绩。祀夏配天，不失旧物。"

关于这一段历史，《史记·夏本纪》失载，仅列出如下世系："夏后帝启崩，子帝太康立。帝太康失国，昆弟五人须于洛汭，作《五子之歌》。太康崩，弟中康立，是为帝中康。帝中康时，羲、和湎淫，废时乱日，胤往征之，作《胤征》。中康崩，子帝相立。帝相崩，子帝少康立。帝少康崩，子帝予立。"

文中引《五子之歌》《胤征》，都是出自孔安国传《古文尚书·书序》。至于羿、浞代夏历史失载，多被后人指出是司马迁疏略。如《索隐》称"疏略之甚"。《正义》亦称"历羿、浞二世四十年，而此纪不说，亦马迁所为疏略也"。不过有些学者也注意到《左传·哀公元年》所述那段伍子胥引少康事，则载于《吴太伯世家》中，而做出如下评述："不载纪表，而别出于世家，亦失作史之体①。"换句话说，这并非司马迁不信此事矣。

依据以上文献，我们对这段夏初历史作如下简要陈述：

夏朝开国者是禹，禹死"禅让"于夷人首领伯益，而禹之子启"攻益而自取"，即位为夏王，这是夏初面临的第一次与夷人的冲突。启有五子，其长子太康继位，但兄弟五人内讧，削弱了国力。这时夏的同盟国有穷氏后羿就乘机夺取了夏政权，史称后羿"因夏民以代夏政"。

《左传·襄公四年》记的后羿是东方夷人有穷氏的首领。而"后羿射日"的故事则是古代东方神话中的英雄，不是真实的历史人物，两者不能混淆。羿因居"穷"地而称有穷氏。"有穷"，又称"穷桑"②、"空桑"③，徐中舒先生释："因山东半岛为海水所环绕限制其活动范围，故称有穷④。"徐旭生先生认为"少昊之墟在今曲阜，而曲阜古名穷桑或空桑。有穷的名或与穷桑有关系"⑤。我们可以认为有穷氏当最早兴起于少昊之墟，即今曲阜一带。也有学者认为有穷氏的地望在山东德州市附近，并引《水经注·河水五》"西流径平原鬲县故城西，……故有穷后羿国也"为证⑥。这可能

---

① 出自《史记会注考证·夏本纪考证》引宋《黄震日钞》，上海：上海古籍出版社，1986 年。

② 《左传·昭公二十九年》曰："少皞氏有四叔……世不失职，遂济穷桑，此其三祀也。"

③ 《周礼·春官宗伯、大司乐》："空桑之琴瑟。"《山海经·北山经》："空桑之山"，"空桑之水"。《东山经》："空桑之山。"《淮南子·本经篇》："舜之时，共工振滔洪水，以薄空桑。"高诱注云："空桑，地名，在鲁也。"又《文选·思玄赋旧注》云："少皞金天氏居穷桑，在鲁北。"

④ 徐中舒：《先秦史论稿》，第 38 页，成都：巴蜀书社，1992 年。

⑤ 徐旭生：《中国古史的传说时代》，第 63 页，桂林：广西师范大学出版社，2003 年。

⑥ 闻一多：《天问疏证》，《闻一多全集》，第五卷，第 577 页，武汉：湖北人民出版社，1993 年。

是有穷氏以后迁到了此地。"后羿自鉏迁于穷石"是后羿代夏前的重要步骤。关于鉏地，徐旭生引"唐《括地志》说：'故鉏城在滑州卫城县东十里。'考唐滑州附郭卫南县，没有卫城县，'城'当为'南'之讹误。卫南在今河南滑县城内[1]。"《读史方舆纪要》云："鉏城在河南滑县东十五里。"可见，鉏地当为有穷氏后羿西渐的第一站。穷石，学者们常以"不知何地"而困惑，有些考释失之偏远而不足为信。《晋地记》云："河南有穷谷，盖本有穷氏所迁也。"具体何指又不详。杨伯峻先生认为穷石，即穷谷，在今洛阳南[2]。郑杰祥先生考证，认为河南穷谷即河南汜水，古称穷渎，即穷谷，地处今河南滑县和巩县之间要冲，汉晋皆属河南郡[3]。以上都是值得重视的意见。清沈钦韩《春秋左传补注》称穷石即斟寻。不过，他又认为斟寻在山东古潍县。这一解释与后羿西进方向不符。《古本竹书纪年》云："太康居斟寻，羿亦居之。"此时的斟寻，多数学者认为应在今巩义市一带[4]，后来，斟寻氏东迁山东古潍地把地名带去则另当别论。故认为穷石即斟寻，则顺理成章。

注释家对夏地名解释歧义甚多，其原因所在是古代部族迁徙所致，他们往往搬到新地仍使用原居地名称，故给后人考释增加了难度。从有穷氏后羿部族的发展走向看，是从东向西发展。开始兴起于少昊之地（今曲阜），然后北上到德州附近，接着西渐到鉏地，即今河南滑县一带，最后到达今洛阳南，并把穷石地名带到这儿，

① 徐旭生：《中国古史的传说时代》，第 63 页，桂林：广西师范大学出版社，2003 年。

② 杨伯峻：《春秋左传注·襄公四年》，第 936 页，北京：中华书局，1981 年。

③ 郑杰祥：《夏史初探》，第 118—119 页，郑州：中州古籍出版社，1988 年。

④ 邹衡：《夏商周考古论文集·夏文化分布区域内有关夏人传说的地望考》，第 226—227 页，北京：文物出版社，1980 年。

进而展开"因夏民以代夏政"的攻势。

后羿首先废除了太康，立太康之弟仲康为夏王（《左传》无此记载，此按《史记·夏本纪》："太康崩，弟中〔仲〕康立，是为帝中康"而补），但政权实际操纵在后羿手中，仲康不过是傀儡而已。仲康死后，又立仲康之子相继位，但不久后羿赶跑了相，自己正式当了王，仍定居在斟寻，史称"后羿代夏"，屈原《天问》云"帝降夷羿，革孽夏民"也是指这件事。《左传·襄公四年》杜预注具体陈述如下："禹孙大康淫放失国，夏人立其弟仲康。仲康亦微弱。仲康卒，子相立，羿遂代相，号曰有穷。"

后羿任夏王后，终日沉湎于游猎之中，弃良人而不用，而任用伯明氏之谗子弟寒浞治理朝政。寒浞也是夷人首领，寒氏居地在今山东潍坊市附近，至今犹置寒亭区，寒亭是汉代地名。寒浞对羿怀有二心，他勾结羿的"家众"把羿"杀而亨（烹）之"。于是寒浞又代羿而当上了王，并霸占了羿的妻室，生子浇和豷。当时被后羿赶跑的仲康之子相正躲在夏人的同姓斟灌氏那里。寒浞以为这是对他政权的威胁，于是就派自己的儿子浇去剿灭了斟灌氏和斟寻氏，杀死了相。斟寻氏原在豫西，现已东迁，斟灌氏和斟寻氏的地望当时在今山东寿光、潍坊一带。接着寒浞派浇占领过地，豷占领戈地。据《左传·襄公四年》杜预注："过、戈皆国名，东莱掖县北有过乡，戈在宋郑之间。"又《左传·哀公十二年》："宋郑之间有隙地焉，曰弥作、顷丘、玉畅、嵒、戈、锡。"此时又酝酿一场新的冲突。

夏王相虽被杀死，但相的妻子后缗当时已怀孕，她在紧急情况下从小洞中逃亡到她娘家有仍氏处，生下了遗腹子，长大后当了有仍氏"牧正",这就是后来的夏王少康。缗的地望在今山东济宁市金乡县①。有仍氏的地望在今山东东平县②。

冲突尚未结束。寒浞的儿子浇又想杀掉少康,少康逃奔到有虞氏那里,且当上了有虞氏的"庖正",并娶有虞氏二女为妻,在纶处设立城邑,"有田一成,有众一旅",施行德政,积聚力量,"以收夏众"。上述有虞氏和纶的地望都在今豫东的虞城县境。

正值"后羿代夏"之乱中,夏臣靡逃奔到有鬲氏那儿,并收拢了夏同姓斟灌、斟鄩氏的"二国之烬"。少康和有鬲氏联合行动,经过长期准备,灭杀寒浞而立少康。最后乘胜追击,"少康灭浇于过,后杼灭豷于戈"。从而"复禹之绩,祀夏配天",恢复了夏朝的统治,揭开了"少康中兴"的序幕。

上面提到的有鬲氏地望在今山东德州市平原县境③。

对这段历史,自古以来颇有怀疑者。今天我们重读《左传·襄公四年》《哀公元年》那段文字,都感到它们自有深刻的历史内涵,其中所涉及的氏族和地名都有据可考。至于太康、仲康和少康诸王的称谓也符合古代用天干命名的礼制。正如李学勤先生所云:"我们认为这段故事有它的真实性,这从它的名号——太康、仲康、少康中可以得到证明。大家知道,商朝的王大都是用天干命名的,其中有许多太、仲、少之称,如太丁、太甲、太庚、太戊、中壬、中丁、小甲、小辛、小乙等等。这些在甲骨文里都有记载,大等于

---

① 《读史方舆纪要》卷三十二云兖州府金乡县东北20里有东缗城,"本夏之缗国"。
② 《史记·吴太伯世家》;《索隐》:"东平有任(城)县,盖古仍国。"
③ 《左传·襄公四年》杜预注:"有鬲,国名,今平原鬲县。"《路史·国名记》卷二:"德州西北有故鬲城。"

太，中即仲，小就是少。在甲骨文里的'康丁'就是《史记·殷本纪》的'庚丁'，因此，太康、仲康、少康，实际上就是太庚、仲庚、少庚。夏王的世系中还有孔甲、胤甲、履癸（桀），也是用天干命名的。这种命名法不是造假的人能够想象得出来的。周代的人已经不懂得这种名号是怎么起的，怎么用的，是什么意思。所以从这一点上来看，我们也可以相信太康、仲康、少康这个世系一定有它的背景，有它的历史根据①。"此言至确。

夏初还发生了胤征羲、和的事件。这件事见之于如下文献：

(1)《史记·夏本纪》载："帝中康时，羲、和湎淫，废时乱日，胤往征之，作《胤征》。"

(2)孔安国传《古文尚书·书序》云："羲、和湎淫，废时乱日，胤往征之。"

(3)伪《古文尚书传》："惟仲康肇位四海，胤侯命掌六师。羲、和废厥职，酒荒于厥邑，胤后承王命徂征。"

首先对以上三段文献分别做出鉴别。我们知道伪《古文尚书传》早就被前辈学者揭发，认定为伪书，此案不能翻，也翻不了。现存伪《古文尚书·胤征》可能是作伪者依据《古文尚书·书序》和《史记·夏本纪》有关内容添油加醋细化而做成的。因此，前辈学者崔述否定伪古文《胤征》是对的②。但是，今天来重新审视"胤征羲、和"这件事时，却发现不能轻易否定它。司马迁撰《夏本纪》把"胤征羲、和"作为"信史"记载下来，是有历史依据的，当时他完全有可能看到孔安国献上的《古文尚书》以及与《古

---

① 李学勤：《中国古代文明十讲》，第200页，上海：复旦大学出版社，2003年。
② 崔述：《崔东壁遗书·夏考信录》，第121—122页，上海：上海古籍出版社，1983年。

文尚书》相联系的《书序》,《书序》类似今天的文献"提要",同样具有一定的学术价值。

乳钉纹青铜角
（偃师二里头遗址出土）

其次,胤征羲、和,发生在何时?《史记·夏本纪》称"帝中康时",即发生在中康时代,而伪《古文尚书传》更把它演绎成为胤承仲康之命而往征之。我们梳理这段历史,发现夏初三王从太康、仲康到相,完全受东夷族首领后羿所操纵,仲康不过是傀儡而已,他怎能去指挥胤征羲、和?历史很可能是后羿代夏期间指挥的这场战斗。清儒"或谓羲、和忠于夏,羿假仲康之命征之"①,其说也不为非理。近年有的学者提出了新说,认为胤征羲、和就是后羿射日神话的人间版本,其立论缜密,可备一说②。

最后,关于胤是国名还是人臣名,前人也有不同解释。郑玄注曰:"胤,臣名。《胤征》已逸。"而《史记·夏本纪·集解》引孔安国曰:"胤国之君受王命往征之。"又有胤是国名说。清儒孙星衍《尚书今古文注疏》疏曰:"伪传以为国名,非也。"他肯定了郑玄说的正确性。

关于羲、和二氏的身份是明确的,早在尧舜时代,羲、和二氏

---

① 崔述:《崔东壁遗书·夏考信录》,第121—122页,上海:上海古籍出版社,1983年。
② 许兆昌:《胤征羲和事实考》,《吉林大学社会科学学报》,2004年第2期。

就有了名，他们是重黎氏之后，世掌天地四时之官，即他们世世代代职掌日月星辰、敬授民时、制定历法的任务，到了夏代，他们的后辈仍然担任这个官职。但到太康之后，即后羿代夏政之时，羲、和二氏不忠于后羿，"废天时，乱甲乙"①，搞乱了历法，而导致"不知日食"②，因此才发生了后羿命"胤征羲、和"的战事。

五　少　康　中　兴

太康在位时，废田稷之官，不复务农。《国语·周语上》记祭公谋父曰："昔我先王世后稷，以服事虞夏。及夏之衰也，弃稷不务，我先王不窋用失其官，而自窜于戎狄之间。"韦昭注："谓启子太康废稷之官，不复务农。"少康复国后恢复农业生产。《今本竹书纪年》："三年，复田稷。"田稷即田官，负责管理农业生产。为发展农业生产，夏王组织民众治水，任用商侯冥治水，甚得后人称赞。《今本竹书纪年》云：帝少康"十一年，使商侯冥治水。"《国语·鲁语上》云："冥勤其官而水死。"韦昭注："冥，契后六世孙，根圉之子也，为夏水官。"冥是先商首领，少康时任夏水官，因治水而以身殉职。因国力增强，《古本竹书纪年》云："少康即位，方夷来宾。"宾即宾服。方夷是东夷一支，前来宾见夏王，以表臣服。《后汉书·东夷列传》云："自少康已后，世服王化，遂宾于王门，献其乐舞。"这些都反映出"少康中兴"景象。

---

① 引自《史记·夏本纪·集解》孔安国曰"乱甲乙"，十天干的篡乱，致使历法不准。

② 出自《尚书正义·胤征》孔颖达疏。

140

早在少康之前，其子相当王时，就出现过"于夷来宾"的盛况。据《古本竹书纪年》记："后相即位，居商邱。元年，征淮夷、畎夷。二年，征风夷及黄夷。七年，于夷来宾。相居斟灌。"虽然相当夏王时，正值羿、浞乱夏阶段，但他仍然大张挞伐东夷、淮夷，并收到"于夷来宾"的效果。商邱，今河南豫东商丘一带。斟灌氏之故地初在今河南、山东交界处。《水经·巨洋水注》引薛瓒《汉书集注》云："按《汲郡古文》：'相居斟灌'，东郡灌是也。"在今河南清丰、范县和山东莘县之间。而后，斟灌氏举族东徙到今山东寿光市一带。可见，在相当夏王时，为适应向东方拓展的需要，把其统治中心移到豫鲁之间。

少康之后，历经予、槐、芒、泄、不降、扃、廑六世七王。这一时期，夏朝处于稳定发展阶段。

少康死后，其子予继承了王位。《夏本纪》称予，《古本竹书纪年》称帝杼、帝宁。在少康灭寒浞的征战中，杼参与其中，"后杼灭豷于戈"①，为少康复国做出了贡献。后杼继位后，先居原，其地望在今河南济源县城西北的原村。后迁到老邱，其地望在今开封境内。《墨子·非攻下》云"杼作甲"，《世本》还提到"杼作矛"。他拥有一定的军事力量，向黄河北岸发展，延伸到豫东，且征伐东夷，到达海边。《古本竹书纪年》云："柏杼子（即帝杼）征于东海及三寿（王寿），得一狐九尾。"三寿，地名，不可考。"得一狐九尾"，可能这是吉祥象征，无法实指。因为杼立了许多功绩，所以受到夏后人的尊重。《国语·鲁语上》云："杼能帅禹者也，故夏后

① 《左传·襄公四年》。

氏报焉。"韦昭注："报,报德,谓祭也。""报",祭名。因杼"能兴夏道",在他死后,而受到夏族后人对其"报"祭的尊重。予死,子槐即位,《古本竹书纪年》称帝芬。槐继承父业,继续向东方拓展。《古本竹书纪年》记:"后芬即位,三年,九夷来御。"后芬即帝槐。"九夷",《论语·子罕》云:"子欲居九夷。""九夷"是指今山东半岛、苏北、皖北地区东夷群落众多之义。《后汉书·东夷列传》记:"夷有九种,曰畎夷、于夷、方夷、黄夷、白夷、赤夷、玄夷、风夷、阳夷。"《墨子闲诂·非攻中》云:"此九夷与吴楚相近,盖即淮夷。"此说恐非。《论语疏》云九夷又一说为玄菟、乐浪、高丽、倭人等,更谬之千里。"来御",即御服、归服之意。可见帝槐的声威已远播东方。

槐死,子后芒即位,《古本竹书纪年》称后荒。该书云:"后荒即位,元年,以玄珪宾于河,命九东狩于海,获大鸟。"王国维考证:"九"字下,或夺"夷"字,疑谓后芬时来御之九夷。《初学记》《太平御览》所引都将"获大鸟"改为"获大鱼"。其意是:后芒用玄珪宝玉沉于河中来祭祀河神。又受命于九夷,东狩于海,猎获到大鱼,这是吉祥征兆。

后芒死,子泄即位。他继续向东方开拓。《古本竹书纪年》云:"后泄二十一年,命畎夷、白夷、赤夷、玄夷、风夷、阳夷。"又据《通鉴外纪二》引"帝泄二十一年,加畎夷等爵命"。《路史·后纪》十三注引,下有"由是服从"四字。在政治上实行加"爵命"的措施,强化了对九夷的控制。

泄死,子不降即位。《古本竹书纪年》云:"不降即位,六年,伐九苑。""九苑",其族属,不详。不降死,其弟扃即位,无史实记载。扃死，其子廑即位，又称胤甲。《古本竹书纪年》记："胤甲即位，居西河。""西河"，其地所在，各家考证不一，本书认为是指晋南某地。可见夏朝势力已扩展到晋南。又记："天有妖孽，十日并出。"是指旱灾严重，预示着夏朝正面临着统治危机的到来。

六　孔　甲　乱　夏

《史记·夏本纪》云："帝廑崩，立帝不降之子孔甲，是为帝孔甲。帝孔甲立，好方鬼神，事淫乱。夏后氏德衰，诸侯畔之。"《国语·周语下》云："昔孔甲乱夏，四世而陨。"上述可见，从孔甲开始，历经皋、发、癸（桀）四世夏朝而亡，史书记载是把孔甲作为由盛到衰的转捩点。其主要原因是：

孔甲"好方鬼神，事淫乱"。在古代神权笼罩的时代，祭祀鬼神是有一套规则和制度加以约束的。正如《国语·鲁语上》记鲁大夫展禽曰："夫祀，国之大节也，而节，政之所成也，故慎制祀以为国典。今无故而加典，非政之宜也。夫圣王之制祀也，法施于民则祀之，以死勤事则祀之，以劳定国则祀之，能御大灾则祀之，能捍大患则祀之。非是族也，不在祀典。……凡禘、郊、祖、宗、报，此五者，国之典祀也。加之以社稷山川之神，皆有功烈于民者也，及前哲令德之人，所以为明质也；及天之三辰，民所以瞻仰也；及地之五行，所以生殖也；及九州名山川泽，所以出财用也。非是不在祀典。"而孔甲违反祀典，触犯了神权，动摇了民心，这是引发国衰的重要因素。

孔甲"淫乱"，还表现为追求奇异美食且贪婪无度。《左传·昭公二十九年》记录了一段带有神话色彩的故事云："及有夏孔甲，扰于有帝。帝赐之乘龙，河、汉各二，各有雌雄。孔甲不能食，而未获豢龙氏。有陶唐氏既衰，其后有刘累，学扰龙于豢龙氏，以事孔甲，能饮食之。夏后嘉之，赐氏曰御龙，以更豕韦之后。龙一雌死，潜醢以食夏后。夏后飨之，既而使求之。惧而迁于鲁县，范氏其后也。"《夏本纪》亦有类似记载。

"龙"是中国古人的信仰之神。它的原生形态是何物？其说很多，有蛇说、鱼说、鳄鱼说、恐龙说或几种动物结合体说。后来它演变成华夏子孙信仰的一个符号。文献中讲的豢龙氏是一支善于驯养"龙"的氏族。陶唐氏的后代刘累从学豢龙氏掌握了驯养"龙"的本领，而被孔甲赐为御龙氏。孔甲贪食美味"龙"，因此物难得，孔甲进而求之，为避免孔甲的求索无度，刘累"惧而迁于鲁县"。据考古学者调查在今河南鲁山县昭平湖景区发现了"刘累故邑"，并称这里是中华第一姓——刘姓的起源地①。尽管这一故事带有荒诞离奇内容，但透过它也能反映出孔甲贪得无厌的本性。

七 夏 桀 灭 亡

《史记·夏本纪》云："孔甲崩，子帝皋立。帝皋崩，子帝发立。"皋为夏王时，史事失载，不过，在春秋时代还留下他的历史遗迹。《左传·僖公三十二年》云："殽有二陵焉。其南陵，夏后皋之墓也。"殽，即殽山，在今洛阳西北，有南陵、北陵。南陵，即

---

① 《光明日报》，2004 年 8 月 26 日头版。

夏桀以人为辇图
（山东武梁祠汉画像石）

西崤山，在今河南渑池附近。

皋死，其子发即位。《古本竹书纪年》记："后发即位，元年，诸夷宾于王门，再保庸会上于池，诸夷入舞。"《太平御览》七百八十引均无"再保庸"以下七字。如是，"诸夷宾于王门，诸夷入舞"连读可通。这表明此时国力有短暂恢复，诸夷又来夏朝拜，并献夷舞致贺。

《史记·夏本纪》记："帝发崩，子帝履癸立，是为桀。帝桀之时，自孔甲以来而诸侯多畔夏，桀不务德而武伤百姓，百姓弗堪。"揭示夏桀灭亡的最根本原因是失掉民心。《古本竹书纪年》云："桀居斟寻。"其地望大概在今巩义市附近。

桀是历史上有名的亡国之君，后人对他的评价多为暴君、昏君。其间虽有夸张之辞，但基本史实不会有误。主要表现为：

首先，夏桀劳民伤财，大肆兴修琼宫瑶台。《古本竹书纪年》云："筑倾宫，饰瑶台。"《文选·东京赋》注引在其后加："殚百姓之财。"《古本竹书纪年》〔补〕："大夫关龙逢谏瑶台，桀杀之①。"桀对直谏之士施行暴力。

其次，夏桀整日沉湎于酒色荒淫生活中。《国语·晋语一》记：晋大夫史苏曰："昔夏桀伐有施，有施人以妹喜女焉，妹喜有宠，于是乎与伊尹比而亡夏。"韦昭注："有施，喜姓之国。妹喜，其女也。以女进人曰女。"有施氏是一支古老的氏族，到商周之际还可见到他们的踪迹。《左传·定公四年》记周初大分封，分康叔建卫，授殷民七族，其中就有施氏。施氏以善常制作旌旗而著称。"与伊尹比而亡夏"，即与《古本竹书纪年》云"末喜氏以与伊尹交"①意同。这里把夏亡归结为末喜氏女所为，显然是不公正的。《管子·轻重甲》称："桀之时，女乐三万人。"虽数字有夸张，但身边有众多女乐亦当为事实。

同时，夏朝又遇到大旱之年。《国语·周语上》记："伊洛竭而夏亡。"伊洛水出现了断流，在夏朝的心脏地区出现了大灾，可见问题多么严重！

最后，由于夏朝国力衰颓而引发夷人的内侵。《后汉书·东夷列传》记："桀为暴虐，诸夷内侵。"又《后汉书·西羌传》记："后桀之乱，畎夷入居邠、岐之间。"诸夷势力已染指于华夏中原地带。

再者，夏桀无道，众叛亲离。周边方国原是同盟，或是附属国，现在纷纷起来对抗。史载有缗氏叛夏。《左传·昭公四年》记："夏桀为仍之会，有缗叛之。"仍，即任，太昊氏封姓之后，其地在今山东泰安市东平县境。会，会同，在巡守途中使其相见之礼。有

① 《古本竹书纪年》云："后桀伐岷山，进女于桀二人，曰琬、曰琰。桀受二女，无子，刻其名于苕华之玉，苕是琬，华是琰，而弃其元妃于洛，曰末喜氏。末喜氏以与伊尹交，遂以间夏。"

缗氏，即古缗国，其地望在今山东济宁市金乡县东北。因为夏桀召集"仍之会"，而有缗氏反叛没有来会同朝见，故夏桀发兵攻打有缗氏，反而削弱了自己的力量，导致"丧其国"的后果。这件事被《左传·昭公十一年》记载："桀克有缗以丧其国。"

《尚书·多士》记载了周公对夏桀灭亡、成汤灭夏的一段评论，他作如下论述："我闻曰：'上帝引逸。'有夏不适逸，则惟帝降格，向于时夏。弗克庸帝，大淫泆有辞，惟时天罔念闻，厥惟废元命，降致罚。乃命尔先祖成汤革夏，俊民甸四方。"

大意是：我听说上帝制止游乐。夏桀不节制游乐，上帝就降下教令，劝导夏桀。桀不能听取上帝的教导，大肆游乐有罪，上帝不再关心、怜悯他，故而废止了夏的国运，降下重罚。上帝于是命令你们的先祖成汤代替夏桀，任用杰出人才治理四方。

此段是周公分析夏桀灭亡的根本原因是淫逸无度，废弃享国大命。

《尚书·多方》也有周公类似的分析，文告中论道："洪惟图天之命，弗永寅念于祀。惟帝降格于夏，有夏诞厥逸，不肯慼言于民，乃大淫昏，不克终日劝于帝之迪，乃尔攸闻。厥图帝之命，不克开于民之丽，乃大降罚，崇乱有夏，因甲于内乱。不克灵承于旅，罔丕惟进之恭，洪舒于民。亦惟有夏之民叨懫日钦，劓割夏邑。天惟时求民主，乃大降显休命于成汤，刑殄有夏。"

大意是：你们鄙弃天命，不能永远虔敬地关心祭祀，（以往）上帝降临到夏朝来，现在夏朝贪图安逸，不肯忧虑民众，更加昏淫，不能尽忠于上帝之道，这是你们所知。他们鄙弃上帝命令，不能放开对民众的罗网，所以上帝就降下重罚，使夏朝大乱。夏朝又不善于保护他的民众，民众没有不尽力奉献财物，这就深深毒害了民众，致使夏民贪财风气大炽，毒害了夏国。苍天于是寻求人民的君主，而降下了光明美好的命令给成汤，于是就消灭了夏朝。

这是说夏桀鄙弃天命，忽视民生，淫逸昏乱而导致灭亡。以上两段文告很能代表周人分析夏桀灭亡原因的普遍看法。

当夏桀衰败之时，东方崛起了一支新兴部族，这就是后来取代夏的商族。商族原居于黄河北、冀南、豫东一带。商建国前，其先公在这一地带有 8 次迁徙。在夏强大时，商是夏的附属"国"之一，其间商的始祖契的六世孙冥当过夏的水官，他因勤于治水而以身殉职，后来受到商人郊祀的殊荣。随着夏朝逐渐衰弱，商对夏的离心力愈来愈大。到成汤时，商族构成了对夏朝的最大威胁。

成汤（唐）是商朝开国君主。他先附属于夏，而后逐渐摆脱夏的控制，始有代夏之心。于是桀"乃召汤而囚之夏台，已而释之。汤修德，诸侯皆归汤，汤遂率兵以伐夏桀。桀走鸣条，遂放而死。桀谓人曰：'吾悔不遂杀汤于夏台，使至此。'汤乃践天子位，代夏朝天下[1]。"可能夏桀发现成汤有叛逆之心，遂把他抓起来，囚禁在夏台。"夏台"，《索隐》："狱名，夏曰均台，皇甫谧云：'地在阳翟是也。'"即今河南禹州市附近。但不久夏桀把成汤放走了，他万万没有想到成汤后来壮大了自己的力量。商汤一举成功灭掉夏桀，夏桀临终前为当年释放成汤而追悔莫及。

成汤灭夏有一段过程，据《古本竹书纪年》载："汤有七命而九征。"灭夏战役，是从征伐夏同盟葛国开始的。《孟子·滕文公

---

[1] 《史记·夏本纪》。

下》记："汤始征，自葛载，十一征而无敌于天下。"《孟子·梁惠王下》记："汤一征，自葛始。"据《史记·殷本纪》云：汤伐葛的所谓理由是"葛伯不祀"，违反了天命，故而声讨之。葛，在今河南宁陵县。伐葛之役，这是汤灭夏战役的第一步。

　　成汤灭夏的路线是由东向西。《商颂·长发》为我们留下宝贵的史料，诗云："九有有截，韦顾既伐，昆吾夏桀。"是讲"九州"得到治理，陆续攻灭韦、顾、昆吾，最后消灭了夏桀。韦，故地在今河南滑县东南。顾，王国维以为顾即有扈氏之扈，今属河南原阳县西南。郭沫若认为顾，属齐地，今在山东范县东南。邹衡同意王说，且认为顾应为今郑州附近①。昆吾，善于制陶，地在今河南濮阳市境。最后直捣夏桀的心脏地区——斟寻，夏桀出逃，在鸣条之野一战，全军覆没，夏桀奔南巢，最后死在那里。成汤建商，正如《左传·宣公三年》所载："桀有昏德，鼎迁于商。"历史展开了新的一页。

　　引人注目的是 2002 年公布并出版了的《上海博物馆藏战国楚竹书·容成氏》，其中第 39、40、41 简记载了"汤攻桀"的具体过程，为成汤灭夏历史提供了宝贵资料。经释读全文如下："汤闻之，于是乎慎戒登贤，德惠而不刣，秅三十仁而能之，如是而不可，然后从而攻之，升自戎遂，入自北门，立于中□。桀乃逃之鬲山氏。汤又从而攻之，降自鸣条之遂，以伐高神之门。桀乃逃之南巢氏。汤又从而攻之，遂逃，去之苍梧之野。汤于是乎征九州之师，从匜四海之内，于是乎天下之兵大起，于是乎亡宗戮族残群焉服。"简

---

　　① 邹衡：《夏商周考古学论文集》，第 248 页，北京：文物出版社，1980 年。

文与传世文献多有相同之处，如：汤败桀于鸣条之野、逃之鬲山氏（历山氏）、桀奔南巢等，两者互相对证，从而更能揭示出历史的真相。

鸣条之战前，成汤发布了誓师词，此文见于《尚书·汤誓》：

王曰："格尔众庶，悉听朕言。非台小子敢行称乱。有夏多罪，天命殛之。今尔有众，汝曰：'我后不恤我众，舍我穑事，而割正夏？'予惟闻汝众言，夏氏有罪，予畏上帝，不敢不正。今汝其曰：'夏罪其如台。'夏王率遏众力，率割夏邑，有众率怠弗协，曰：'时日曷丧？予及汝皆亡！'夏德若兹，今朕必往。尔尚辅予一人，致天之罚，予其大赉汝。尔无不信，朕不食言。尔不从誓言，予则孥戮汝，罔有攸赦。"

这是一篇成汤声讨夏桀的檄文。为说服夏民，争取人心，成汤反复指责"夏王多罪"，并打出"天命殛之""致天之罚"的旗号，以表明自己伐桀举动的正义性。可以说，这是成汤灭夏决战前的"政治动员"令，从后来的战果来看，这篇誓师词是起了相当大的作用的。

关于鸣条之战，多载于史籍，毋庸置疑①。至于鸣条的地望，古今说法不一。如东夷说（见于《孟子·离娄下》，说舜"卒于鸣条，东夷之人也"。）、南夷说（见于《尚书·汤誓序》孔颖达疏："郑玄云：鸣条，南夷地名。"是指安徽。）、陈留说，今开封一带（见于《尚书·汤誓序》孔颖达疏引《帝王世纪》云："鸣条……或云陈留平邱县，今有鸣条亭是也。"）。还有安邑说，安邑，在今山

---

① 《史记·夏本纪》："汤遂率兵以伐夏桀。桀走鸣条，遂放而死。"《殷本纪》："桀败于有娀之虚，桀奔于鸣条，夏师败绩。"《汤誓·尚书序》："遂于桀战于鸣条之野。"

西夏县安邑西（见于《夏本纪》："桀走鸣条"《集解》引孔安国曰："地在安邑之西。"）。《殷本纪》："桀奔于鸣条。"《正义》引《括地志》云："高涯原，在蒲州安邑县北三十里南阪口，即古鸣条陌也。鸣条战地，在安邑西。"看来此说留传已久，自有它的历史背景。

关于"桀奔南巢"，亦多载于史籍①。南巢，今安徽巢湖东北，古今学者多表示怀疑。其实千里逃亡亦并非无此可能。但有的学者认为此南巢，即南巢之山、历山、中条山，是在晋南。故提出如下看法："鸣条之战的战场，在中条山下。鸣条战后，夏军大败，夏桀逃奔中条山（历山），最后死在山中。看来，这个情况应该是比较符合历史实际的②。"其立论是把鸣条与南巢拉近，以证实夏桀奔南巢的可能性，当然这也仅仅是一种推测而已。

---

① 《国语·鲁语上》："桀奔南巢。"韦昭注："南巢，扬州地，巢伯之国，今庐江居巢县是也。"《古本竹书纪年》："汤遂灭夏，桀逃南巢氏。"《帝王世纪》：桀"奔于南巢之山而死"。《说苑·权谋》："迁桀南巢氏焉。"

② 孙淼：《夏商史稿》，第313—319页，北京：文物出版社，1987年。

第六章　早期国家形态

一　从族邦到王国

1. 尧舜时代

司马迁著《史记》以《五帝本纪》为首篇，他是依据历史文献、考察各地古迹和调查访问长老才撰成的。本篇内容反映出这位伟大史学家对"五帝"传说的态度既十分重视，又非常谨慎，他的治史态度启示我们不要轻易否定传说资料，不要忽视传说中的"史影"。因此，我们研究夏史，首先回眸到与鲧、禹大体生活在同一时期的尧舜时代。从尧舜到夏禹，历史连成一系，中间没有断层，因此，要了解夏朝的建立必须对尧舜时代先有个交代。

尧舜时代的传说流传时间久矣，现在看来大概从西周开始就有了记载，那些吉光片羽式的"历史记忆"，保存在后世撰成的文本中（如：《尚书·尧典》及《皋陶谟》《逸周书》中的个别篇章、《左传》《国语》《大戴礼记·五帝德》《帝系》以及先秦诸子的评价中）。我们认为这些文献确实保存着一些古老、真实的"史影"，因此可以选择其中，把它们作为研究尧舜时代的背景资料。

首先的问题是如何看待尧舜禹的"禅让"传说。故事叙述很生动、具体。但是从战国时代至今，相信者有之，而疑惑者更大有人在，如荀子、韩非子等学者曾断言，世上哪会有"禅让"说，只有"篡夺"才符合人性。战国是刀光剑影时代，当时的社会思潮尚功利，荀、韩诸家认为人性恶，他们不承认有禅让，当在情理之中。而如今从唯物史观来分析，"禅让"制实际上是原始民主制，在人类社会未出现私有制、氏族组织是社会的基本结构时，公推部落首领是人类社会曾出现过的普遍规则。古人认识不到这一点，而是把历史上存在过的"禅让"制如实记录下来，确是古代原始民主制的客观反映，因此，尧舜禹时代实行"禅让"制是毋庸置疑的。

再从《尧典》所见，尧时"历象日月星辰，敬授人时"。这是历法的进步，在此之前，我们的先民实行火历，设"火正"官专司观察大火（心宿二）昏时所见之出、中、流、伏、内等不同天象来确定时节，由各氏族内部自定即可。现在进入邦盟时代，氏族各自为政，不适应新的社会秩序，因此对历法进行改革。星象学家们观察日月星辰，以日月运行规律来确定日、月、四时、年，制定了新历法，使百姓在生活生产劳作进程中有了依据。当然那时尚处于"观象授时"阶段，这仍然是非常古老的历法。

关于尧舜时代的社会结构及其社会性质，学界争论很大，有部落联盟说、部族联合体说、方国联盟说、酋邦说、早期国家说，还有复杂社会说等。分歧的由来，主要来自理论方面，来自人类学家对文明社会诞生前夕社会形态的不同阐释，这不是本书讨论的范围，姑不作讨论，这里仅就《尧典》《皋陶谟》篇中所反映的情况作如下论述。《尧典》颂扬尧的美德时作了如下叙述："克明俊德，以亲九族。九族既睦，平章百姓。百姓昭明，协和万邦。黎民于变时雍。"《皋陶谟》称之为"惇叙九族"。从这里透露出尧舜时代的社会结构，氏族是社会的基点，由此依次扩大为九族→百姓→万邦。"九族"是建立在氏族基础上而结聚成的同姓宗族组织，"百姓"则是以同姓宗族为核心团结异姓氏族而结成的族邦，"万邦"则是以"百姓"族邦为核心结成更为广泛的邦盟。这一邦盟或可称为部族联合体。从社会发展进程来看，它具有过渡性，是从史前社会向文明社会迈进的过渡期。

这一社会的主要特征表现如下：

氏族纽带仍然是维系社会运作的基础。当时社会把能否维护族邦团结作为评价族人的标准。正因为尧认为鲧"方命圮族"，即做了放弃教命、毁坏族类的事，所以他不同意任用鲧去治水，可见当时人们把维护族邦团结看成很重要的事。

另外，尧舜时代，其邦盟联合体已具有一定的地域范围，其构成，除本氏族成员外，还有非本氏族的同盟部族参加，所谓"百姓""万邦"都在盟主的势力范围之内，很早出现"州"的名称，就带有以水划界的含义。当时尚处于"万邦林立"的局面，他们的地域范围都不大。

传说中还有设"官"定职之事。舜任伯禹作司空，任弃作稷官，任契作司徒，任皋陶作士，任垂作共工，任伯益作朕虞，任伯夷作秩宗，任夔作典乐，任龙作纳言，等等。当时这些公共事务，都是社会公仆性质，而不是文明社会凌驾于众人之上的"社会主人"。

据史书记载，尧舜时代崇尚道德。《史记·五帝本纪》曰"天下明德皆自虞帝始"。《孔子家语·辨乐解》记录孔子一段话："昔者舜弹五弦之琴，造《南风》之诗，其诗曰：'南风之薰兮，可以解吾民之愠兮；南风之时兮，可以阜吾民之财兮。'唯修此化，故其兴也勃焉。德如泉流至于今。"《南风歌》首句又见于《尸子·绰子》。《南风歌》流传于世，体现了安民、爱民思想。可见中华文化之根早在尧舜时代就得以培植。

关于尧舜活动地区，文献记载多有歧义。这里按主流意见，认为尧都平阳，即今山西临汾。舜都蒲坂，即今山西永济附近。晋南至今仍保留"尧庙""舜帝庙""禹王城""安邑"等古地名，与尧舜有关的地名就有 10 余处之多。我们有理由相信晋南是尧舜活动的主要地区。这一带最引学界注目的考古发现就是襄汾陶寺遗址。

陶寺遗址于 1978 年开始发掘，位于汾河以东、塔儿山西麓、襄汾县东北 7.5 千米处陶寺镇南。遗址东西约 2 千米，南北约 2 千米，总面积约 400 万平方米。定名为"中原龙山文化陶寺类型"，其起讫年代约为公元前 2600 年—公元前 2000 年，可分为早、中、晚三期。其早期约为公元前 2600 年—公元前 2400 年，大致与传说中的尧舜时代相当。

遗址分居住区和墓葬区。居住区约 3 万平方米以上，发现了房址、道路、水井、窖穴、陶窑、石灰窑，房屋分地面、半地穴式和窑洞式 3 种，以后两种居多。

墓葬区面积约 4 万平方米，发掘约 5 000 平方米，清理墓葬约 1 300 余座，大型墓发掘 9 座，有棺无椁，棺内撒朱砂，随葬品十分丰富。3015 号大墓，随葬品多达 178 件，有蟠龙陶盘、鼍鼓（鳄鱼皮蒙鼓）、特磬、陶异型器（土鼓等）、彩绘木案、俎、匣、盘、豆、"仓形器"（彩绘陶器）、玉（石）钺、瑗、成套石斧、石锛、石镞及整猪骨架等。还有用绿松石镶嵌的玉饰品等。大墓数量不及墓葬总数的1％，墓主人均为男性。3015号大墓主人的身份可能是部族首领。

中型墓占墓葬总数近10％。墓主人大多为男性。使用木棺，随葬品在10余件至20余件不等。1983年在一中墓内，发现一件铃形小型铜器，属红铜制品。

小型墓约占墓葬总数的90％，多数无随葬品，仅少数随葬玉石制品。以上墓葬的等级反映墓主人生前的身份及其分层情况①。

青铜爵
（偃师二里头遗址出土）

2000年陶寺遗址发现了龙山时代夯筑城垣基址，已知东墙和南墙长度均超过百米，南墙残存高度0.8—1米，基部宽7米多，顶部宽6.6米，并有基槽。迄今已发掘出土的陶寺城址平面呈圆角长方形、总面积约为280万平方米。由早期小城、中期大城、后期小城三部分组成。陶寺城址已得到初步确认②。

---

① 参阅：高炜等：《关于陶寺墓地的几个问题》，《考古》，1983年第6期。中国社会科学院考古研究所：《中国考古学·夏商卷》，第58—60页，北京：中国社会科学出版社，2003年。

② 曲冠杰：《陶寺城址——转向文明社会的典型例证》，载《光明日报》，2000年7月19日A3版。

2002 年考古工作者在陶寺中期城址内发掘出一座总面积为
1 400 平方米的半圆形大型夯土基址，并发现了 3 道夯土挡土墙和
11 根夯土柱遗迹。从半圆的圆心外侧的半圆形夯土墙有意留出的
几道缝隙中向东望去，恰好是春分、秋分、夏至、冬至时太阳从遗
址以东的帽儿山升起的位置。天文史学家推测，这可能是尧时观象
授时台的遗迹。为《尧典》中观象授时的记载提供了考古证据①。
陶寺遗址的发现透露出"文明"的曙光，且被考古界认为可能是唐
尧部族的文化遗存，为唐尧文化和文明起源研究提供了重要的
资料。

2. 夏王国的建立

尧舜禹时代本是三支活动于相邻地区的不同族姓的邦盟，他们
之间都是以"禅让"方式继位而先后当上盟主的。但到夏禹时期，
社会发生了剧变，主要表现为世袭传子制代替了禅让制，就是说由
"公天下"变为"家天下"。正如《史记·夏本纪》所说：禹是由舜
禅让而得其位，故"禹于是遂即天子位，南面朝天下，国号曰夏
后，姓姒氏"。夏禹建立了中国的第一个王朝。

从禅让过渡到世袭传子并不是一帆风顺。禹在位时，曾想让位
于东夷族首领皋陶，后因皋陶早卒而不成。又举东夷首领伯益，但
因伯益威望不高，大家都拥举禹子夏启，从此确立了世袭传子制，
开始了"家天下"的王朝。而另一版本则云"启攻益而自取"，亦
自有其流传的理由，则足以证明当时确立传子制的艰难历程。

夏禹从"社会公仆"，演变成为"社会主人"，成为握有王权的

———————

① 载《光明日报》，2005 年 10 月 27 日第 2 版。

人物，他所领导的邦盟也就自然变成了一个王国。禹的权力已不像过去邦盟首领那样受着"四岳"会议的制约，已可以凭着自己的意志来实施自己的权威。如："禹致群神于会稽之山，防风氏后至，禹杀而戮之①。"禹的盟邦防风氏在祭山神的活动中因为迟到而被禹杀掉，显示其王者的权威。又据《山海经·大荒北经》记"禹堙洪水，杀相繇"，现在禹大开杀戒，这是史前社会根本不可能出现的情况。"禹铸九鼎"的传说②，更体现这是一种王权的象征。在禹建国当时，举行了一次隆重的朝会典礼。史载："禹合诸侯于涂山，执玉帛者万国③。"所谓"合"，就是指会盟和朝觐的意思。这次涂山大会，确立了禹成为"天下"共主的地位。

王权的形成往往是由两方面促成的，首先表现为邦盟首领控制了军事权力，通过对外征伐，使其权力急剧膨胀，古文字学者认为甲骨文的"王"字，就是斧钺字的变形，"王"者，军事首长也，一身兼二任。

另一方面又表现为邦盟首领具有团结内部、扩大邦盟的才能，他们是实施跨地域工程的组织者，如治水。在实施过程中，杰出人物的涌现及其代表的家族集团产生出越来越大的凝聚力和威慑力，这也是促成王权产生的原因之一。

另外，地域、疆域观念的形成也是夏王国建立的必要条件。史前社会氏族组织虽然有沟壑、环壕等设施保护它们的居住地，但是他们的势力范围并不确定，当时并没有形成此疆彼域的族界观念。

---

① 《国语·鲁语下》。
② 《左传·宣公三年》。
③ 《左传·哀公七年》。

而到了夏代则不然，从留下的文献《禹贡》"九州"说来看，虽然这不是夏的行政区划，但是夏人已有"九州"观念，也并非空穴来风。后因社会发展，人们对"九州"范围的看法就产生很大差异。如春秋（晋）司马侯针对晋平公认为依恃"险要"地形就能打败对方的片面看法，而提出："恃险与马，而虞邻国之难，是三殆也。四岳、三塗、阳城、大室、荆山、中南，九州之险也，是不一姓①。"这时的"九州"范围，已是春秋时人的视野，今人在诠释"四岳"山名时，不必强求改变成说，且把它们锁定在夏统治范围内。夏人、周人乃至春秋以后的人们对"九州"概念越益扩大，但要还原夏人的"九州"观念，仍然是我们在前章所谈到的，夏的王畿范围在豫西和晋西南。"九州"很可能是夏人的人文地理观念，而不是行政区划的专有名词。

王国的建立还可以从已发现的考古资料中得到证实。前面已经述及，二里头遗址的发现，人们普遍认为这里具有王都气派。最主要的理由是这里已发掘出1、2号宫殿（宗庙）遗址，后来在偃师商城内也发现了颇具规模的早商宫殿群，这些都是王权的象征。此外，遗址内发现了许多青铜礼器、青铜兵器以及玉礼器等，这些遗迹和遗物都是一座王都才能拥有的。

3. 外因和内因

我们知道在中原龙山文化时期，全国各地形成了若干以典型文化遗址为核心的多元文化圈，有山东龙山文化、岳石文化，燕山以北长城一线的夏家店上层文化、长江下游的良渚文化以及长江中游

---

① 《左传·昭公四年》。

的屈家岭文化、石家河文化以及长江上游的三星堆文化等，形成了群星灿烂的格局，它们的文明因素程度，与中原文化相比难分伯仲。但到了公元前2000年左右，中原龙山文化崛起，尤以豫西偃师二里头文化最为夺目，并以强劲势头影响波及周边地区，且在这一地区确立了中国第一王朝——夏。分析其原因，大致有如下几点：

首先，分析夏朝建立前的地理环境背景。伊洛之间是夏朝的王畿所在地，这里地形险要，南有外方山、伏牛山脉等拱绕，北有黄河横穿而过，西接秦岭和关中平原，东达豫东大平原，恰是山河控戴，四域相因，八方辐辏，形势"甲于天下"，故有中原或中州之称。不仅夏代在这儿建都，"昔三代之居，皆在河洛之间"，古人把这里看作是"天下之中"①，"以为天下之大凑"②，"凑"，孔晁注释"会"也。因此，成周洛邑就有"土中""中土"之称，西周铜器《何尊》铭文首先提出"中国"这一概念，也是对洛邑居中地位的有力佐证。《史记·周本纪》记载周公认为洛邑一带"此天下之中，四方入贡道里均"，看来这里是最理想的朝会、贡赋、商业、交通的中心。因此，战国时代思想家认为，古代帝王选择河洛之间为王都是符合礼法的。正如《荀子·大略》云："欲近四方，莫如中央，故王者必居天下之中，礼也。"《吕氏春秋·慎势》云："古之王者，择天下之中而立国。"

伊洛地区由于经过第三纪中期的喜马拉雅山运动和第四纪新构造运动的强烈影响，奠定了今日地貌的基础。总的地势呈西高东低

---

① 《史记·货殖列传》。
② 《逸周书·作雒》。

之状，由于地壳变动使这里产生平行或交错的断层，造成许多山间小盆地、谷地、凹陷区，如伊洛盆地、汝颍谷地、溱洧谷地。嵩山以东和以北是黄河的冲积平原。境内有伊、洛、瀍、涧四水环绕。从整体上看，这里是一片广袤的平畴旷野；从小区域来说，又是起伏不平的山冈丘陵。这里的黄土层一般厚达 10 米以上，属黏黄土（细黄土），土质疏松肥沃，利于石铲、木耒操作①。当时这里气候温湿，竺可桢先生考定：在近 5 000 年中的最初 2 000 年，即从仰韶文化到安阳殷墟，大部分时间的年平均气温高于现在 2 ℃左右，一月份温度比现在高 3—5 ℃；降雨量也比现在多。这种环境有利于农业的起源和发展。

其次，据考古工作者在郑洛地区开展普查和发掘，这里农业起源很早，随之人口增加，聚落集结，是中华文明的发祥地之一。早在 8 000 年前这里出现了新郑裴李岗文化遗址，农耕文化发生，到仰韶文化遗址，农业更加发达，发现了仰韶文化遗址 200 余处，先民们的居址聚落更加密集。大概到公元前 3000 年左右河南龙山文化时期，粮食产量大增，在房址周围布有口小底大的圆形袋状窖穴，出土较多可用来装粮食的大型陶容器，还出土陶鬶、盉、斝等酒器，说明用剩余粮食造酒已是普遍现象。

随着农业的发展，人口剧增，聚落遗址趋于密集，据考古资料公布：仅在龙山文化时期的河南汤阴白营遗址 1 400 平方米的发掘范围内就清理出 62 座房址②。聚落分布开始是分散的，后来出现了

---

① 参阅：赵春青：《郑洛地区新石器时代聚落的演变》，第 15—20 页，北京：北京大学出版社，2001 年。

② 河南省安阳地区文物管理委员会：《汤阴白营河南龙山文化村落遗址发掘报告》，《考古学集刊》，第三集，1983 年。

中心聚落，在此基础上产生了城。正如《史记·五帝本纪》所云：舜"一年而所居成聚，二年成邑，三年成都"。正反映了聚落—城市—王都的发展进程。

据研究者统计，到目前为止，我国境内已发现史前城址 50 余座，仅以中原文化区的龙山文化时期为例，就已发现 6 座城堡，其城址的规模和内涵都大大丰富。

仅举两座城址为例：一座是河南登封王城岗城址，面积最小，不足 1 万平方米，由东西二城并列组成，据学者们推算仅能居 60 余户人家。经 ^{14}C 测定，绝对年代距今约 4 000±65 年。

另一座是河南淮阳平粮台城址，面积约 5 万平方米，呈正方形。城址结构完整，有城门、门卫房、陶排水管道，有残存夯筑城垣基址，城内有房址、陶窑、窖穴、墓葬等遗迹，据推算城内约居 300 余户人家。经 ^{14}C 测定，绝对年代距今约 4 355±175 年[1]。

城址的出现是文明因素的物化表征之一。我国何时出现城址？留下的传说资料，其说不一：有神农氏时期说[2]、黄帝时期说[3]、鲧时期说[4]、夏禹时期说[5]等。如果将这些传说资料与考古发现城址相印证，就会得出新的结论。考古学家提出：我国史前城址萌芽出现很早，早在公元前 4000—公元前 3000 年左右，而其发展期约在公元前 3000—公元前 2000 年[6]。大概到了公元前 2000 年左右，

---

[1] 钱耀鹏：《中国史前城址与文明起源研究》，第 9—11、18—23、94 页，西安：西北大学出版社，2001 年。

[2] 《汉书·食货志上》："神农之教曰：'有石城十仞，汤池百步。'"

[3] 《汉书·郊祀志下》："方士有言黄帝时为五城十二楼。"

[4] 《世本·作篇》："鲧作城郭。"《吕氏春秋·君守》："夏鲧作城。"《淮南子·原道训》："昔者夏鲧作三仞之城。"

[5] 《太平御览》卷一百九十二引《博物志》："城郭盖禹始也。"

[6] 严文明：《中国史前城址与文明起源研究·序言》，载钱耀鹏：《中国史前城址与文明起源研究》，西安：西北大学出版社，2001 年。

在中原地区众多城址的兴衰过程中，惟有实力雄厚者才有可能独占中心地位，且最终变成王都。从目前考古发掘资料来看，无论是从规模上，还是从内涵上来衡量，只有偃师二里头遗址才具备这个条件。综上分析，夏族和夏邦地处比较优越的地理环境，使农业生产有了较快发展，人口剧增，聚落集结，城址发展，加之青铜时代的到来，生产物总量增加，社会分工和分化的出现，社会财富流向少数人和少数群体手中，与此同时，权力也逐渐集中到少数人乃至于一人（王）手中，从夏邦向王国转化已是呼之欲出。就在这种情况下，在历史发展机遇中，族邦之间发生一些重要事件，这就成为王国产生的催化剂。

第一件事，尧舜禹时代在黄河中下游地区，"洪水横流，泛滥于天下"①。当时正处于"洪水期"，先后出现了鲧禹治水的浩大工程。治水的范围和重点，应从冀州开始（今晋西南和豫西），向豫东、兖州及至黄河下游和淮水流域疏通。大禹治水取得很好效果，受到"万邦作义（治）"的称颂②。在治水过程中，有效地把各邦人力和物力动员组织起来，赢得了各邦的拥戴，成为中原族邦的"共主"。先是东夷族首领把其涂山女嫁与禹，结成联姻关系，不久禹在涂山召开盟会，"万国"盟主以执玉帛之礼来朝拜夏禹。从此夏禹的"共主"地位得到确立，并由"共主"地位而蜕变为凌驾于诸邦伯之上的君王。《国语·周语下》记载了这段历史，并作如下具有时代特色的描述："皇天嘉之，祚以天下，赐姓曰姒，氏曰有夏。"这就给王权披上了一层皇天赐佑的外衣。

---

① 《孟子·滕文公上》。
② 《尚书·皋陶谟》。

第二件事就是战争频繁，更促使族邦内部凝聚力和外部扩张力的增强，成为由邦盟向王国转变的又一种催化剂。

据传说资料记载，早在炎黄时代就出现了部族冲突。先有黄帝部落与蚩尤部落的涿鹿中原之战，接着又有黄帝部落与炎帝部落的阪泉之战。到了尧舜时代，发生过与"四凶"的斗争，即《尚书·尧典》记载的"流共工于幽州，放驩兜于崇山，窜三苗于三危，殛鲧于羽山，四罪而天下咸服"。

在战事兴起的同时，刑法也随之产生。据《尚书·尧典》《皋陶谟》记载，在尧舜时代，就有了象刑、流刑、五刑、鞭刑、朴刑、赎刑等，通过这些手段，促使权力更加集中，采取暴力行为已成为司空见惯。

传说资料还反映出中原集团与三苗战争持续不断。三苗生活在南方，以江汉之间为腹地，势力膨胀时可到达今河南南阳地区。早在尧舜时代，尧舜集团就与三苗北上扩张触角发生冲突，给三苗主力以重创，取得了"分北三苗"的战果①。到了禹时，继续与三苗展开大战，并取得决定性胜利，遂使三苗势力从此衰微下来。由于长期战争的结果，增强了中原部族的内部团结，从而促使中原地区的夏邦从一个小小的邦盟向一个打上"九州"观念烙印，且具有中央集权制滥觞期特色的夏王国飞跃。历史迈进了一大步。

恩格斯的《家庭、私有制和国家的起源》对西方古典国家从野蛮时代到文明社会的过渡做过许多精辟论述，但其中有一点与中国古典时期大相径庭，即西方古典国家的产生是在氏族制度被炸毁的

---

① 《尚书·尧典》。

基础上①，而中国进入文明社会则长期保留着氏族制度，即使在夏王朝统治范围内，仍然是族邦林立，直到商周时期，氏族纽带也没有被打破。

二 "夏后氏官百"

夏朝刚从氏族制度中演变而来，因此，夏朝的国家机构还带有开创性、不健全性，或谓之过渡性，我们称它为早期国家形态。

1. 王权的形成和中央官僚机构

夏王继承制是以父死子继为主，仅有3位王是兄终弟及（《史记·夏本纪》记载，太康崩，弟中康立；帝不降崩，弟帝扃立；帝廑崩，立帝不降之子孔甲）。从此，中国历代王朝形成了"家天下"的局面。

夏王是王国最高行政长官，又是全国最高军事指挥官，此外，他还掌握着神权，是巫师之长。二里头遗址出土了属于礼器性质的青铜钺1件和玉钺多件，它们可能是作为王权的象征。

《礼记·明堂位》记载："有虞氏官五十，夏后氏官百，殷二百，周三百。"这里是周人对上古官职推测的一个约数，但确能反映上古时期官僚机构由小到大、由简单到复杂的演变过程。

"六卿""六事之人"，商周时又称卿事。此职见于《尚书·甘誓》，这是战前夏王启召六卿发布动员令。"六卿"在平时是行政长官，在战时又是领兵的武官。正如《甘誓》六卿下郑玄注："六卿

---

① 《马克思恩格斯选集》，第四卷，第165页，北京：人民出版社，1972年。

者，六军之将。周礼六军皆命卿，则三代同矣。"可见，早期国家的官僚是文武不分、官无定职的。商周以来，卿事这个职务延续下来。如《尚书·微子》记微子诉责商纣王朝"卿事师师非度"，其后在《尚书·洪范》中箕子也多次提到要"谋及卿事"。甲骨文中已有"卿事"一词。如："辛未王卜，在召厅佳执，其令卿事①。""……卿事于燎北宗不……大雨②。"卿事是辅佐王的重要官职，是从夏朝延续下来的职位③。

管理宫廷内部事务的官职有"车正"。此职见于《左传·定公元年》："薛之皇祖奚仲居薛，以为夏车正。"杜注曰："奚仲为夏禹掌车服大夫。"是说"车正"为夏朝宫内负责出行和服饰的礼官。

"庖正"，此职见于《左传·哀公元年》：（少康）"逃奔有虞，为之庖正。"杜注："庖正，掌膳羞之官。"少康避难逃奔，当了有虞氏族邦宫内的饮食官。此后，《周礼·天官冢宰》就有"庖人"这个职官。

"牧正"，此职见于《左传·哀公元年》："后缗方娠，逃出自窦，归于有仍，生少康焉，为仍牧正。"杜注："牧正，牧官之长。"少康长大后，担任有仍氏族邦的牧官之长。此后，《周礼·地官司徒》有"牧人掌牧六牲，而阜蕃其物，以共祭祀之牲牷"。

以上"车正""庖正""牧正"之"正"，释为"政"。《尔雅·释诂》："正，长也。"即官长之义。

---

① 《甲骨文合集》37648。
② 《甲骨文合集》38231。
③ 参阅：王宇信、杨升南主编：《甲骨学一百年》，第456页，北京：社会科学文献出版社，1999年。

还有御龙氏，是为夏王驯养龙（鳄，或某种动物）的官，此职见于《左传·昭公二十九年》记：从帝舜开始设此官，夏后孔甲时找到刘累这个人，他曾"学扰龙于豢龙氏以事孔甲，能饮食之。夏后嘉之，赐氏曰御龙。"杜注："豢龙，官名。官有世功，则以官氏。"

"稷"官，主管农业的官。此职见于《国语·周语上》记："昔我先王世后稷，以服事虞、夏。及夏之衰也，弃稷弗务，我先王不窋用失其官，而自窜于戎狄之间。"周先祖不窋曾任夏的"稷"官，到了夏末年，农业生产荒废，社会衰弱，不窋失掉"稷"官职务，流窜到戎狄之间。

水官，主管水利的官。此职见于《国语·鲁语上》记："冥勤其官而水死。"韦昭注："冥，契后六世孙根圉之子也。为夏水官，勤于其职而死于水也。"因冥治水有功，受到商后代的尊重，"殷人禘喾而郊冥"①。每年商人要对冥进行郊祭。

掌天文之官有羲氏、和氏。此职见于《史记·夏本纪》记："帝中康时，羲、和湎淫，废时乱日。"《集解》孔安国曰："羲氏、和氏，掌天地四时之官。"早在尧时，羲氏、和氏就负责观象授时。《史记·五帝本纪》《集解》孔安国曰："重黎之后，羲氏、和氏世掌天地之官。"一直到周代，这个氏族的首领仍然世守其职。

主察狱之官叫士，或称大理。舜时任东夷族皋陶作士，主管刑狱。禹继位后，意欲推荐皋陶做继承人，后因皋陶先卒而未果。《墨子·尚贤下》把"禹有皋陶"与"尧有舜，舜有禹"并列，从

---

① 《礼记·祭法》。

中推测皋陶可能在禹时也曾担任过士官。

在《左传》所引的佚书《夏书》的行文中也透露出夏代职官的某些信息，如：

瞽和啬夫。皆出自于《左传·昭公十四年》引《夏书》曰："瞽奏鼓，啬夫驰。"瞽，是古代乐师。《周礼·春官宗伯》有"瞽矇"，是职掌"主诵诗，并诵世系"的礼官。啬夫，职责不清，有"司空属官说"，吏啬夫为"检束群吏之官说"，人啬夫为"检束百姓之官说"。杨伯峻《春秋左传注》曰，据《韩非子·说林下》认为是"县邑官说"。

乳钉纹青铜斝
（偃师二里头遗址出土）

遒人，此职见之《左传·襄公十四年》引《夏书》曰"遒人以木铎徇于路"。杜预注："行人之官也。木铎，木舌金铃，徇于路，求歌谣之言。"而《尚书·孔安国传》云："遒人，宣令之官。"两者并不矛盾，都是讲遒人手摇木铎，在道路上巡行，宣布政令教化。《周礼》无遒人之官，但《周礼·天官·小宰》和《地官·小司徒》等职都有"徇以木铎"的记载，可见上古时代普遍采用这种形式来向民众宣布政令。

官占，卜筮之官。此职见于《左传·哀公十八年》："《夏书》曰：'官占，惟能蔽志，昆命于元龟。'"杜预注："官占，卜筮之官。"《左传正义》引孔安国云："官占之法，先断人志，后命于元龟。"当时夏王在决断国之大事前都要由卜筮之官（官占）来进行卜筮活动①。

2. 夏代的军事制度

夏代的军事制度也是处于初创阶段。夏王是最高的军事指挥官，他统领一支国家军队，在重大战役中发挥主力军作用。如伐同姓方国有扈氏的甘之战就使用了这支部队。《尚书·甘誓》记："大战于甘，乃召六卿。王曰：'嗟！六事之人，予誓告汝。'"注引郑玄曰："天子之兵，故曰大。"疏谓："未战称大者，谓天子亲征之师。"

除中央王朝有一支国家军队外，地方侯伯也有自己的军队。夏王少康复国，就曾依靠他居住纶地时拥有的"有田一成，有众一旅"的实力②，杜预注："方十里为成，五百人为旅。"这500人的队伍大概就是有虞氏驻扎在纶地的地方武装。此外，还连同夏臣靡所收夏同姓斟灌、斟鄩氏的"二国之烬"，联合行动消灭了有穷氏势力，使夏朝得以复兴。再如：夏桀灭亡前夕，汤伐桀，《说苑·权谋》记载桀"起九夷之师以伐之"。夏王组织了若干支夷人族邦的联军，若每夷出一旅（500人计），九夷达4 500人左右。夏王在征战过程中地方武装是一支不可缺少的力量。

当时的军队具有亦兵亦农的特点。战士平时务农，战时打仗。当时的军事训练往往表现为"游田"和"狩"的形式。夏太康因

---

① 参阅：李学勤主编：《中国古代文明与国家形成研究》，第360—363页，昆明：云南人民出版社，1997年。

② 《左传·哀公元年》。

"盘于游田"而失国①。又如：《古本竹书纪年》记："后荒即位，元年，以玄皀宾于河，命九（夷，据王国维补）东狩于海，获大鸟。"通过狩猎提高战斗力②。

当时的兵种有步兵和车兵。车战是当时作战的重要形式。《甘誓》有一段记载夏王指挥车战的训令，曰："左不攻于左，汝不恭命。右不攻于右，汝不恭命。御非其马之正，汝不恭命。"《史记·夏本纪》《集解》引郑玄曰："左，车左；右，车右。"《诗·鲁颂·閟宫》中"公车千乘"句下郑玄笺云："兵车之法，左人持弓，右人持矛，中人御。"从上引文可见，夏代战车上配备三员。左为车左，持弓箭主射。右为车右，持矛主击、刺，为勇力之士。御居中为驾车使马的驭手。秦人先祖曾为夏末御官，后"去夏归商，为汤御，以败桀于鸣条"③。在车战中，车上三人的配合非常重要，因此，夏王命令车上三员要恪尽职守，不要违背王的命令和指挥。

从现已公布的出土资料来看，偃师二里头遗址出土的青铜兵器有钺 1 件、戈 2 件、镞 16 枚等。另外还发现一段双轮车的辙印，轨距（以两辙中线之间的距计）约 1.2 米。据此可以证明夏代有了双轮车，其用途是战车还是民用，尚难断定。

3. 夏代的刑法

夏朝为维护统治集团利益，制定了严酷的刑法。《左传·昭公六年》："夏有乱政而作禹刑。"禹刑的蓝本来自皋陶之刑，舜时任

---

① 《史记·夏本纪·集解》引孔安国曰。
② 参阅：陈恩林：《先秦军事制度研究》，第 17—23 页，长春：吉林文史出版社，1991 年。
③ 《史记·秦本纪》。

用皋陶为士而作刑，这对禹刑影响很大。《风俗通义·佚文十九》记："夏禹始作肉刑。"又：《左传·昭公十四年》引《夏书》曰："昏、墨、贼，杀，皋陶之刑。"对昏、墨、贼罪名，晋大夫叔向作如下解释："己恶而掠美为昏，贪以败官为墨，杀人不忌为贼。"杜预注："掠，取也。昏，乱也。"此为抢劫罪。"墨，不洁之称。"此为贪污罪。"忌，畏也。"此为杀人罪。杜预注："三者皆死刑。"禹刑除了严酷的一面，也有宽容的一面。《左传·庄公八年》引："《夏书》曰：'皋陶迈种德，德，乃降。'"就是以德辅刑的意思。为了抵罪，实行了赎刑。《尚书序》曰："吕命穆王训夏赎刑，作《吕刑》。"郑玄注曰："穆王远取夏法"，"故吕侯度时制宜，劝王改从夏法。"看来商刑比夏刑严酷，况且夏刑还规定了赎刑，所以周穆王在制定吕刑时参考了夏刑，体现了德政。

夏朝还设立了监狱。《史记·夏本纪》记：夏桀"乃召汤而囚之夏台，已而释之"。司马贞《索隐》释夏台："狱名。夏曰均台。皇甫谧云'地在阳翟'是也。"阳翟，今河南禹州市。

《汉书·刑法志》记："故圣人因天秩而制五礼，因天讨而作五刑。大刑用甲兵，其次用斧钺，中刑用刀锯，其次用钻凿，薄刑用鞭扑。大者陈诸原野，小者致之市朝，其所由来者上矣。"这里出现了"五刑"之说，虽未指明从哪个朝代开始实行，而是泛指"由来者上矣"。根据以上论证，认为夏代有了刑法的雏形是不成问题的。

三　"天下共主"的地位

据文献记载，夏朝王畿内外分布着许多封国。首先是姒姓封国。史称："禹为姒姓，其后分封，用国为姓"①，如：有扈氏、有男氏、斟寻氏、彤城氏、褒氏、费氏、杞氏、缯氏、辛氏、冥氏、斟戈氏等。

此外，还有承认夏朝为"天下共主"地位的众多异姓族邦，其中明确称之"夏伯""夏方伯"的族邦就有祝融氏之后己姓昆吾，《国语·郑语》曰："昆吾为夏伯矣。"嬴姓族邦葛，为夏方伯，被殷所灭②。炎姜之后在虞夏之际封于吕。还有"（禹）封皋陶之后于英、六，或在许"③。皋陶之后为偃姓族邦。

古代邦国林立，与夏结盟的异姓族邦还有韦（彭姓）、顾（己姓）、有鬲氏（偃姓）、后缗氏、有仍氏、有虞氏、嬴姓秦先祖、黄帝族后裔任姓薛、董姓御龙氏，更有商邦和周邦等。夏与这些族邦或长期结盟，或短暂结盟，随着夏王朝势力的消长，它们与夏王朝的关系或即或离，有的邦甚至后来演化成为夏的敌对势力。

夏的以上这些盟邦分布面广，远远超出夏王畿范围，大致形成了以豫西为核心，北上晋南，西达陕东，南靠南阳汉水，东向今山东境内，直指淮水流域的星罗棋布格局。夏与这些族邦关系，可归纳为如下几个方面：

（1）通过联姻结盟。

禹在治水过程中，娶涂山女为妻，与东夷人皋陶氏结盟。夏王相娶后缗氏为妻。夏桀娶喜姓有施氏之女妹喜为妻。后代君王通过联姻结盟的事例是屡见不鲜。

---

①③　《史记·夏本纪》。
②　《史记·殷本纪》："汤征诸侯。葛伯不祀，汤始伐之。"

（2）在政治上结盟。

史载禹"合"诸侯的"涂山之会"、启的"钧台之享"和夏桀召集的"仍之会"。夏王召开盟会，以达到盟邦推夏王为"天下共主"的目的。《史记·夏本纪》："（夏后氏）遂灭有扈氏，天下咸朝。"

《古本竹书纪年》还载东夷诸方国常到王都"来宾""来御"夏王，"诸侯宾于王门"。可见，东夷诸邦尊夏王为"共主"的地位是确凿无疑的。

政治上的结盟还表现为夏王选用族邦首领来王朝供职，实现其拉拢和结盟的目的。如夏王任商先公冥担当"水官"。任周先祖不窋担当"稷"官。秦先祖大费曾"与禹平水土"①。任羲氏、和氏首领羲仲、和叔做天地之官，主管天文历法。任皋陶"作士"主管监察，任黄帝之后薛（任姓）的皇祖奚仲做夏朝的"车正"，孔甲任刘累做豢龙之官，等等。

（3）军事上的结盟。

夏王在征战中常常要借用邦盟的军事力量。如夏初有穷氏后羿、寒浞代夏之后，夏后氏少康在流亡中得到有仍氏、有虞氏的保护，后来他联合了有鬲氏，加上一度被有穷氏灭掉的夏同姓方国斟寻、斟灌"二国之烬"（遗民）也为少康复国助一臂之力。正因为诸邦盟相助，"少康中兴"才得以实现。

夏桀征讨商汤曾命"九夷之师"助阵②。在成汤灭夏过程中，夏的盟邦葛、韦、顾、昆吾都成为夏桀负隅顽抗、抵御商军西进的

---

① 《史记·秦本纪》。
② 《说苑·权谋》。

军事屏障。

（4）盟邦对夏王朝的贡纳关系。

《史记·夏本纪》太史公曰："虞夏之时，贡赋备矣。"太史公作如此判断必有所据。因为夏朝要维持"天下共主"地位，必然要通过一定的贡纳制度来加以保证。

何谓"贡"？古书解释下供上曰"贡"。《尚书·禹贡》《书序》曰："禹别九州，随山浚川，任土作贡。"据著名学者金景芳、吕绍纲论道："在中国古代，在禹之前可能已存在诸多周边部落给华夏族部落联盟纳贡的制度。到了禹时，始任土作贡，形成一定的制度，即依土地之肥瘠多少制定贡之差等①。"这就告诉我们贡纳制由来久矣。毫无疑问夏禹时已初步形成了贡纳制度。"贡金九牧，铸鼎象物"②，就是地方盟邦向禹"贡金"而铸九鼎的意思。在涂山大会上，"执玉帛者万国"③ 来朝见禹，可见当时诸邦纳贡之盛况。到了周代贡纳制度更加完备，《周礼·大宰》记有了九贡之别（祀贡、嫔贡、器贡、币贡、材贡、货贡、服贡、斿贡、物贡）。而且要根据纳贡者的等级向天子贡献不等质量的贡品，正如郑子产所说："昔天子班贡，轻重以列，列尊贡重，周之制也④。"此后，方伯要向天子纳贡的记载屡见于史籍。如：《左传·僖公四年》记：齐桓公伐楚，责问楚成王的命辞就是"尔贡包茅不入，王祭不共，无以缩酒"。楚成王承认："贡之不入，寡人之罪也。"可见方伯向

① 金景芳、吕绍纲：《〈尚书·虞夏书〉新解》，第298页，沈阳：辽宁古籍出版社，1996年。
② 《左传·宣公三年》。
③ 《左传·襄公七年》。
④ 《左传·昭公十三年》。

君王贡献珍异土特产是地方向中央应尽的义务①。

通过以上分析，我们对夏邦盟内部邦伯与夏王朝的关系可作如下概括：诸邦伯受夏王朝中央的制衡，政治上与夏朝结盟，军事上要常常听命于夏王的指挥，事实上还要承担纳贡的义务，要承认夏王是"天下共主"的地位。但是，夏王朝作为早期国家结构，邦盟内的邦伯又有一定相对独立地位，它们与夏朝的结盟是不稳定的，具有相对的松散性，它们对夏王朝时臣时叛。但从总的趋势看，夏王朝与诸邦的结盟关系仍然一直维持到夏的灭亡。

四　贵贱有等的社会结构

从考古学角度看，夏代的社会阶层可从墓葬遗址和聚落基址两方面来考察。

1. 墓葬制度

二里头遗址墓葬已发现 300 余座，大致可分为大、中、小型 3 种，此外还有一批乱葬墓。现分述如下②：

大型墓只发现 1 座，位于 2 号宫殿（宗庙）基址的正殿和北墙之间，为长方竖穴坑墓，面积约 20 平方米以上，墓口东西长 5.30 米，南北宽 4.3 米，穴深 6.1 米，有二层台。墓内填土全经夯筑。

---

① 以上参阅：白钢主编，王宇信、杨升南著：《中国政治制度通史·第二卷先秦》，第 123—159 页，北京：人民出版社，1996 年。

② 参阅：中国社会科学院考古研究所主编：《中国考古学·夏商卷》，第 98—107 页，北京：中国社会科学出版社，2003 年。

杨锡璋：《由墓葬制度看二里头文化的性质》，《殷都学刊》，1987 年第 3 期。郑若葵：《论二里头文化类型墓葬》，《华夏考古》，1994 年第 4 期。

因早年被盗，墓内随葬品荡然无存，仅在盗洞内遗留有少量朱砂、漆皮。另在墓室填土层发现一残漆匣，内装狗骨架一具。该墓主人身份不详，如2号宫殿基址性质是宗庙，则该墓可能是先祖的"衣冠冢"或象征墓。

中型墓多发现在二里头村南和圪垱头村西北的较高地段，也都是长方竖穴土坑墓，约20座。每座面积约2平方米左右，长2米余，宽1米余，墓底四周有二层台，中部为墓室，用大量朱砂铺底，有的朱砂下面还垫有席子。发现木质（棺）葬具，可能有棺椁。随葬物被盗，一般尚存10件左右，最多有20余件，包括青铜礼器、玉礼器和较精致的陶礼器、漆器等。

小型墓发现较多，也都是长方竖穴土坑墓，每座面积在1平方米左右，长不过2米，宽约0.7米，墓穴浅，没有发现棺木，一般没有朱砂层。大多随葬陶器。

二里头遗址的葬式多为单人葬，合葬墓罕见，以仰身直肢为主，也有少数侧身或俯身直肢者，屈肢葬少见。

此外，还有一部分乱葬墓，有10余座。墓坑极度狭窄，仅勉强能把尸体填入，一般没有随葬品。多为俯身葬，另有一些骨骸散见于灰坑或灰土层中，身首异处或四肢分离，显系非正常埋葬。

从以上墓葬情况来看，形成如下特点：

（1）夏朝仍然保留着氏族制，因此，当时还是聚族而葬。

虽然，二里头遗址至今没有发现独立在外的墓葬区，但在与居住址相邻的范围内，墓葬尚相对集中分布在一定区域内。如在二里头遗址Ⅵ区发掘了50多座墓葬，多数集中在长宽各约二三十米的墓地范围内，大体分为南北两个墓区，南北对应，相距约10米。

两区墓葬均东西排列，墓穴为南北向，或二三座，或四五座，多则十几座不等，有序地成排布列。三五座的小墓可能是父系家庭，两两并列者或似夫妻并穴合葬。

（2）葬式反映当时人们的习俗和宗教信仰。

墓葬东西排列，墓穴为南北向，以及同排墓葬内死者的头向是一致的，而相邻的两排墓葬内死者的头向是相反的，这些现象可能都寓意出死者灵魂归去的方向。

朱砂葬的习俗也可能与信仰有关，且带有某种宗教含义，可能与当时人们对血的崇拜有关。他们亲身感受到血是生命的源泉，所以下葬时以朱砂铺底，让死者与血相伴，使灵魂不灭达到永生，这是生者的企求。早在山顶洞人时期就有了以赤铁矿粉铺撒尸骨的习俗，现在二里头遗址以朱砂铺底可能是这种习俗的延续。

（3）从墓葬的规模和内涵来看，等级分明，反映出墓主人生前不同的身份和社会地位。

大型墓虽规模较大，且位列于宗庙之后，性质特殊，但因被盗，有无葬具不清。随葬品也是被洗劫一空，因此，无法考定这座墓主人的身份。

中型墓具有一定规模，墓穴较深，有棺椁，多朱砂铺底，随葬品丰富，出土的青铜礼器有爵、斝、盉、鼎、铜铃、镶嵌绿松石牌饰以及钺、刀、戈、镞等兵器。玉礼器有圭、璋、钺、戚、戈、柄形饰。漆器有觚等。陶器量更大，其中有陶礼器，也有实用品。如酒器有爵、斝、鬶、盉、觚，食器有豆、三足皿、盘，炊器有鼎、圆腹罐，盛储器有盆、簋等。青铜器与陶器、玉器、漆器搭配组合成礼器群，这可能反映夏人的葬俗和礼制，而这样的搭配组合是由于当时尚处于青铜时代的初级阶段，青铜制品非常珍贵且不太丰富造成的。据此，我们认为中型墓的主人大概是一般贵族。

小型墓规模小，很少见棺板和席子痕迹。随葬品以陶器为主，陶器中以日用品为主，如罐、盆、豆、碗、鼎、甗等。青铜器、玉器极其罕见。这些墓的主人大概是一般平民阶层。

而乱葬墓内一无所有，埋入的尸体可能是战俘、罪犯和奴隶，或其他非正常死亡的人，其中可能就有受到"予则孥戮汝"惩罚的人。

2. 聚落基址

二里头文化的聚落基址，可分为三种类型：

第一是众多的普通遗址，面积在 20 000 平方米左右。主要遗迹是地面或半地穴的小型房基、小型墓葬、窖穴和灰坑等。显然这些遗址都是平民的住房。

第二是区域性的中心聚落，如山西夏县东下冯遗址，面积约 20 万平方米，周围有围壕。遗址内多窑洞式和半地穴式房子，也有地面建筑的小型房子，也可能都是平民住宅。

第三是具有王都气派的偃师二里头遗址。当年建有各种层次的建筑物，从阴暗的半地穴式小窝棚，到地面建起的单间或多间房屋，再到巍峨壮观的宫殿（宗庙），还有用于祭祀的特殊建筑和手工作坊①。王都内居民的身份比较复杂，有国王、贵族，也有手工作坊工人以及一般平民。据研究考察，估计二里头遗址的居民"有

① 以上资料摘自中国社会科学院考古研究所主编：《中国考古学·夏商卷》，第98页，北京：中国社会科学出版社，2004年。

6 200 户以上，总人口数当有 31 000 人以上"①。

夏代社会的阶层当包括三部分人。首先是以国王为首的高级贵族和一般贵族。前面对王权和高级贵族多有列论，在此仅指出夏多士阶层的存在及其社会地位。《尚书·多士》记："夏迪简在王庭，有服在百僚。"这是周公引用殷多士的牢骚话，他们埋怨周政权不任用殷多士，而提出历史依据，即商灭夏后商王庭留任臣服了的夏多士，可见夏多士曾经是一支重要的社会力量。其次是大量的平民和手工业者，是当时社会财富的主要创造者。最后就是服役的奴隶，奴隶制不发达，文献资料和考古资料对这个阶层尚无充分的反映。

这里仅就平民的地位稍展开论述。他们主要从事农业生产，商代称为"众""众人"，西周时称为"庶民""众庶"。现在大多数学者认为中国古代实行过井田制，决不是孟子的空想。西周有完备的井田制已被许多资料证实。西周的井田制渊源很早，当来自夏朝。夏代初年少康逃奔到有虞氏，在纶邑积聚力量，"有田一成，有众一旅②。"杜预注："方十里为成。"《周礼·考工记》曰："九夫为井"，"方十里为成"，"方百里为同"。《孟子·滕文公上》记："方里而井"，即一井为一里，"方十里而成"的"成"就是百井，少康有了百井的土地。以上是夏代可能出现"井田"的证据。"井田"既是土地规划和土地开耕的形式，又具有农村公社性质。在这种土地所有制形态下，平民对公社的赋税负担实行"贡"制。正如《孟

① 宋镇豪：《夏商社会生活史》，第 113 页，北京：中国社会科学出版社，1994 年。
② 《左传·哀公元年》。

子·滕文公上》所云："夏后氏五十而贡，殷人七十而助，周人百亩而彻，其实皆什一也。"赵岐注："民耕五十亩，贡上五亩。耕七十亩者，以七亩助公家。耕百亩者，彻取十亩以为赋，虽异名而多少同，故曰皆什一也。"这里仅就"夏后氏五十而贡"作如下解释。贡者，即农民向村社交纳的土地实物税，标准是 1/10，即种 50 亩，将其中 5 亩的收获物上缴村社。后为了简化缴纳手续，又规定："贡者，校数岁之中以为常①。"即计算丰年（乐岁）和灾荒年（凶年）的不等收成量而取其平均值，农民根据这个标准向村社交纳粮食，是为"贡"。夏代的"贡"制奠定了商周赋税的基础，正如顾炎武《日知录卷七·其实皆什一也》曰："古来田赋之制，实始于禹，水土既平，咸则三壤。后之王者，不过因其成迹而已。故《诗》曰：'信彼南山，维禹甸之。畇畇原隰，曾孙田之。我疆我理，南东其亩。'然则周之疆理，犹禹之遗法也。"这位著名思想家、学术大师认为西周的井田制和彻法税制，"犹禹之遗法"，真是一语中的。

五 "夏礼吾能言之"

尧舜时代就出现了"礼"，见之于《尚书·尧典》中有关礼的记载虽然添加了些周礼成分，但从中也透露出虞礼的信息。到了夏代，夏礼的存在更确凿无疑。孔子不仅对周礼是非常通晓的，而且对夏礼、殷礼都是熟悉的，特别是他对三代礼的关系有过精辟的分

---

① 《孟子·滕文公上》。

析。孔子曰："殷因于夏礼，所损益可知也；周因于殷礼，所损益可知也；其或继周者，虽百世可知也①。"孔子用"损益"二字概括夏礼、殷礼和周礼之间的关系，真是准确精当。孔子又曰："周监于二代，郁郁乎文哉，吾从周②。"他认为周代的制度文化是参考了夏殷二代的制度文化而制定的，所以周代制度文化最齐备昌盛，达到"郁郁乎文哉"的境界，所以孔子对周礼倍加赞赏和崇拜。

孔子对夏礼还发表了以下一些看法，现摘抄如下：

子曰："夏礼，吾能言之，杞不足征也；殷礼，吾能言之，宋不足征也。文献不足故也。足，则吾能征之矣③。"另外在《礼记·中庸》和《礼运》中也有类似的表述。子曰："吾说夏礼，杞不足征也。吾学殷礼，有宋存焉。吾学周礼，今用之，吾从周④。"子曰："我欲观夏道，是故之杞，而不足征也，吾得《夏时》焉。我欲观殷道，是故之宋，而不足征也，吾得《坤乾》焉。《坤乾》之义，《夏时》之等，吾以是观之⑤。"

孔子是大学问家，他对于遥远的夏礼、殷礼是有所了解的。不过由于年代久远，而且遗留下来的文献又不足征，所以孔子不能详谈夏礼、殷礼的内容，为此，他感到非常遗憾。

今天我们要了解夏礼的真实面貌，更是难上加难。但是在研究思路上，可以从三代之礼的同异问题作为切入点来探讨，是同大于异，或是异大于同，据此，由周礼来推论到殷礼，再由殷礼推论到

---

① 《论语·为政》。
②③ 《论语·八佾》。
④ 《礼记·中庸》。
⑤ 《礼记·礼运》。

夏礼。最后通过对夏文化遗址和遗物的考实来证实夏礼的内涵。

关于三代之礼的同异问题，孔子也有一段精辟论述："三代之礼一也，民共由之。或素或青，夏造殷因①。"其意思是三代之礼，精神实质是相同的，都是被百姓共同遵守的，仅是仪式细节上有差别，它们之间是"夏造殷因"的关系，即夏时创造、殷时因袭的关系。

关于三代礼仪制度及文化的内容，文献上多有三代相连表述的习惯，它也能反映春秋战国时代学者们所拥有的历史知识。

如：哀公问社于宰我。宰我对曰："夏后氏以松，殷人以柏，周人以栗，曰使民战栗②。"严一萍认为三代文化，同大于异，尽管三代使用不同树木做社主，但"其有社者一也"，即大家都祭祀社神③。

再如：关于三代明堂制，《周礼·考工记·匠人》记："夏后氏世室……殷人重屋……周人明堂。"郑玄注："世室者，宗庙也。"它们之间是什么关系？孙诒让《周礼正义·疏》中所引戴震云："王者而后有明堂，其制盖起于古远，夏曰世室，殷曰重屋，周曰明堂，三代相因，异名同实。"可见周代明堂制可溯源到夏代的世室。

此外，还有：

"夏后氏尚黑……殷人尚白……周人尚赤。"（《礼记·檀弓》）

"夏后氏尚明水，殷尚醴，周尚酒。"（《礼记·明堂位》）

---

① 《礼记·礼器》。
② 《论语·八佾》。
③ 《夏商周文化异同考》，《大陆杂志社特刊》，第1394页，1952年。

"有虞氏祭首，夏后氏祭心，殷祭肝，周祭肺。"（《礼记·明堂位》）

"有虞氏之旂，夏后氏之绥，殷之大白，周之大赤。"（《礼记·明堂位》）

以上说的都是三代在祭祀礼仪等场合使用的服饰色彩、祭祀供品、旗帜样式等细节差别，并没有谈到礼制实际内容有什么不同。

在谈到三代学制时，《孟子·滕文公上》曰："夏曰校，殷曰序，周曰庠。学则三代共之，皆所以明人伦也。"虽然三代学校名称不同，但是三代都有学制，都设立了学校，而且其功能都能起到"明人伦"的教化作用。

《礼记·表记》引述了孔子对三代宗教信仰做出总体性的比较研究，并概括为如下看法。子曰："夏道尊命，事鬼敬神而远之，近人而忠焉，先禄而后威，先赏而后罚，亲而不尊。其民之敝，惷而愚，乔而野，朴而不文。

殷人尊神，率民以事神，先鬼而后礼，先罚而后赏，尊而不亲。其民之敝，荡而不静，胜而无耻。

周人尊礼尚施，事鬼敬神而远之，近人而忠焉，其赏罚用爵列，亲而不尊。其民之敝，利而巧，文而不惭，贼而蔽。"

从上可见，孔子认为三代在信仰上的差异表现为"夏道尊命""殷人尊神""周人尊礼"，它反映出时代的演进步伐和夏商周三族文化的不同特点。他还认为，夏周都是"事鬼敬神而远之"，而殷则"先鬼而后礼"，似乎夏周更重视人事，而殷迷信鬼神，周文化与夏文化比较接近。三代宗教信仰实施效果，则各有利弊。据此，我们也能体悟到夏礼的内涵。

夏礼处处体现在夏贵族的日常政治和社会生活中。如朝聘礼，见诸文献记载的有"涂山之会""钧台之享""仍之会"以及会稽山上的祭山神活动，出现了"执玉帛者万国"的壮观场面。再如祭祀礼，同样也十分庄重。占卜过程本身都要按礼制程序进行。祭祀祖先神分禘、祖、郊、宗以及报祭等类别①，反映出祭祀过程中的等级意义。

夏礼在夏文化考古探索中也得到证实。二里头遗址中有宫殿（宗庙）、祭祀遗址的发现，这些地方都是当年夏人行礼的场所。特别是墓葬制度，由其墓葬规模、形制、葬式以及随葬品中礼器群的组合等，更能反映出具有等级意义的夏代礼制，它们是夏礼的物化表征。

夏礼是中华文明的基石之一，周的典制文化（周礼）集殷礼、夏礼之大成。"礼"的核心意义是维护等级制，规范人们的行为准则和稳定社会秩序。正如《左传·宣公十二年》所云："君子小人，物有服章，贵有常尊，贱有等威，礼之不逆也。"《左传·隐公五年》云："昭文章，明贵贱，辨等列，顺少长，习威仪也。"《左传·襄公三十一年》云礼仪之本，在于区分"君臣、上下、父子、兄弟、内外、大小"。归根结底，正如荀子《礼论》强调礼的作用在于"别"，在于"分"，以求达到"贵贱有等，长幼有差，贫富轻重皆有称也"的有序状态。虽然夏礼尚处于草创阶段，但其精神实质及其功效与殷礼、周礼都是一致的。

---

① 见之于《国语·鲁语上》载："夏后氏禘黄帝而祖颛顼，郊鲧而宗禹。""杼，能帅禹者也，夏后氏报焉。"

第七章　夏代地域及其邦盟

关于夏代地理问题，从古到今研究者多有论述。前辈学者有顾颉刚[1]、徐中舒[2]、辛树帜[3]、徐旭生[4]、童书业[5]、金景芳[6]等，当代学者则有邹衡[7]、刘起釪[8]、李民[9]、邵望平[10]、郑杰祥[11]等。

[1]　顾颉刚：《禹贡注释》，《中国古代地理名著选读》，第一辑，北京：科学出版社，1959年。

[2]　徐中舒：《夏代的历史与夏商之际夏民族的迁徙》，收入《先秦史论稿》，第29—52页，成都：巴蜀书社，1992年。

[3]　辛树帜：《禹贡新解》，农业出版社，1964年。

[4]　徐旭生：《中国古史的传说时代》，第141页，桂林：广西师范大学出版社，2003年版。

[5]　童书业：《春秋左传研究》，第105条"九州"，第221—222页，上海：上海人民出版社，1980年。

[6]　金景芳、吕绍纲：《〈尚书·虞夏书〉新解》，《禹贡》，第285—438页，沈阳：辽宁古籍出版社，1996年。

[7]　邹衡：《夏商周考古学论文集·第五篇夏文化分布区域内有关夏人传说的地望考》，第219—251页，北京：文物出版社，1980年。

[8]　刘起釪：《〈禹贡〉冀州地理丛考》，《文史》，第二十五辑；《〈禹贡〉兖州地理丛考》，《文史》，第三十辑；《〈禹贡〉青州地理丛考》，《文史》，第三十七辑；《〈禹贡〉徐州地理丛考（上）（下）》，《文史》，第四十四、四十五辑等。

[9]　李民：《尚书与古史研究》，河南人民出版社，1981年。《夏商史探索》，郑州：河南人民出版社，1985年。

[10]　邵望平：《〈禹贡〉"九州"的考古学研究》，收入《考古学文化论集》，上海：文物出版社，1989年。

[11]　郑杰祥：《夏史初探》，第62—109页，郑州：中州古籍出版社，1988年。

他们首先多以《禹贡》研究为入口，再爬梳整理先秦以来的有关文献，辨析真伪，钩稽线索，考证古今地望的点和面。随着研究的深入，当代学者除继续做文献的整理外，更参照有关考古实证资料，使夏代地理更趋于明朗和接近于历史真实。兹分述如下。

一　《禹贡》"九州"

《禹贡》是我国古代一篇重要的历史文献，是夏史研究罕见的文献依据之一，但又是争议最大的学术公案。争论的主要问题是该文的写作时代以及与此相关对"九州"地域的理解。

关于《禹贡》的写作时代①。直到清代，传统的看法认为《尚书·禹贡》是《夏书》。如《尚书序》《正义》曰："此治水是尧末时事，而在《夏书》之首，禹之得王天下，以是治水之功，故以为《夏书》之首。此篇史述时事，非是应对言语，当是水土既治，史即录此篇，其初必在《虞书》之内，盖夏史抽入《夏书》，或仲尼始退其第，事不可知也。"后来由于学术界出现对夏史系统认识的动摇，他们不再坚持《禹贡》是夏书说。不过近代学者仍然有主张夏书说的，如周秉钧：《尚书易解》《禹贡》序解曰："水土既平，万民乐业，怀帝之德，念禹之功。史官记之，以章厥功，命曰《禹贡》。"对此看法，少有呼应者。

主张西周说的，有王国维。他认为："《禹贡》文字稍平易简

---

① 以下参见：黄正林：《近年来〈禹贡〉研究进展综述》，《中国史研究动态》，1990年第8期。

洁，或系后世重编，然至少亦必为周初人所作①。"辛树帜的观点与王说相似，他认为：《禹贡》成书年代应在西周的文、武、周公、成、康全盛时代，下至穆王为止②。

主张春秋说的，有王成组。他认为：《尚书》是春秋末孔子编纂成书的，因此，《禹贡》到战国时代早已流传于世了，所以战国成书说不能成立。同时他又指出：西周成书说不符合历史事实，《禹贡》中所提到的赋制等内容比西周要晚，因此他认为《禹贡》成书于春秋时代比较确当③。

金景芳、吕绍纲认为："《禹贡》固然不可能是夏代人所作，也不会是周初的作品，因为《禹贡》的文风与《周书》之《大诰》《康诰》有很大的不同，倒是与《周礼》极相似，很可能是周室东迁后不久某一位大家所作④。"显然他们亦力主春秋说。

主张战国说的有顾颉刚、陈梦家、史念海、李民等诸位学者。顾颉刚认为："我们可以猜测，《禹贡》是公元前第三世纪前期的作品，较秦始皇统一的时代约早六十年。"他进一步分析道：中国古代并不曾真有九州这个制度，因为"夏商两代都偏在中国的东部，即黄河中游和济水流域；直到周族起于西方，才扩大了西边的部分。可是周朝的王畿还只限于渭水下游和黄河中游；那汾水、济水、汝水、汉水等流域是周王分封诸侯的地方而不是他直接统治的

---

① 王国维：《古史新证》，第3页，北京：清华大学出版社，1994年。
② 辛树帜：《禹贡新解》，北京：农业出版社，1964年。
③ 王成组：《中国地理学史·〈尚书禹贡〉在地理学史上的地位》，北京：商务印书馆，1982年。
④ 金景芳、吕绍纲：《〈尚书·虞夏书〉新解》，第290页，沈阳：辽宁古籍出版社，1996年。

地方；至于比较远一点的黄河下游和江南一带，连宗主权的名义也不普及或不存在了。直至春秋、战国之世，齐国尽向东面开拓，晋、赵、燕诸国齐向北面开拓，秦国向西面开拓，楚国向南面、向东西开拓，于是中原文化所被的地方就广，中原人民移徙到边区的就远，而有方 3 000 里的'中国'涌现。""在《禹贡》里，东南方只到震泽（即今太湖），南方只到衡山，北方只到恒山，可见作者的地理知识仅限于公元前 280 年以前七国所达到的疆域。"因而，"九州说只有到了战国中期才有出现的可能，是具有先进的大一统理想的作者依战国诸雄分野而托古假设出来的"①。从中可见，顾先生的"九州"观，他是把"九州"作为行政区划来对待。

陈梦家则明确把《尚书·禹贡》列为战国时代的著作②。史念海认为：《禹贡》所反映的是战国时期的形势，其成书年代不应推到春秋时期，更不能在春秋时代以前，而是在战国。但在具体年代上与顾颉刚亦有分歧，他认为《禹贡》成书的具体年代不应早于公元前 483 年，不能晚于公元前 334 年③。

李民的看法大致与顾先生意见相仿，但他综合了春秋说的意见，把《禹贡》的写作年代推前到春秋至战国前期的时间范围内④。

我们对以上诸说作如下评论：我们认为《禹贡》中的基本素材是古老、真实的，是夏代留传下来的，它的写作年代应在西周时期，

---

① 顾颉刚：《禹贡注释·序言》，收入中国科学院地理研究所编辑：《中国古代地理名著选读》，第一辑，北京：科学出版社，1959 年。

② 陈梦家：《尚书通论》，第 112 页，北京：中华书局，1985 年。

③ 史念海：《河山集（二集）·论〈禹贡〉的著作年代》，北京：生活·读书·新知三联书店，1981 年。

④ 李民：《尚书与古史研究》，第 46 页，郑州：河南人民出版社，1981 年。

188

很可能是西周晚期完成的。拿《禹贡》与《诗经》《左传》《国语》以及《尚书》其他篇章相对照，不难发现，其中有关大禹治水的描述都那么雷同，如"禹平水土""随山刊木""画为九州""任土作贡"等已成为当时的流行用语，这大概从夏代以来直到西周时代都这么表述①。2002 年保利博物馆征集到一件西周中晚期青铜器，定名为遂公盨，铭文开头就是："天命禹敷土，随山濬川，迺拜（别）方设征。"学者们为之惊喜，此句铭文与《禹贡》《书序》语句雷同，可见《禹贡》与《书序》成书年代不会太晚，不会晚于西周晚期。

《禹贡》"九州"观念是怎样形成的？是夏人的"观念"，还是西周、春秋、战国，甚至是秦汉时代人的"观念"？这是学术界争论的又一焦点。

先看《禹贡》文本表述的"九州"地理范围：冀州，没有注明范围，济、河惟兖州，海岱惟青州，海岱及淮惟徐州，淮海惟扬州，荆及衡阳惟荆州，荆、河惟豫州，华阳、黑水惟梁州，黑水、西河惟雍州。最后作如下结尾："九州攸同，四隩既宅，九山刊旅，九川涤源，九泽既陂，四海会同……东渐于海，西被于流沙，朔、南暨声教，讫于四海。禹锡玄圭，告厥成功。"

应该看到"九州"观念在先秦时期是颇为流行的。除上面提到的《禹贡》及《书序》所论述的"九州"外，还有：《诗·商颂·

---

① 《禹贡》："禹敷土，随山刊木，奠高山大川。""九州攸同，四隩既宅，九山刊旅，九川涤源，九泽既陂，四海会同"。"禹锡玄圭，告厥成功"。《书序》："禹别九州，随山浚川，任土作贡。"《尚书·吕刑》："禹平水土，主名山川。"《诗经·商颂·长发》："禹敷下土方。"《左传·襄公四年》："芒芒禹迹，画为九州，经启九道。"《国语·周语下》：伯禹"高高下下，疏川导滞，钟水丰物，封崇九山，决汨九川，陂障九泽，丰殖九薮，汨越九原，宅居九隩，合通四海。""帅象禹之功……皇天嘉之，祚以天下……"。

玄鸟》云："九有有截。"此"九有"皆注为"九州"。《左传》中更屡有"九州"词语。如：《左传·宣公三年》云："昔夏之方有德也，远方图物，贡金九牧。"杜预注："使九州之牧贡金。"《左传·襄公四年》记魏绛云：周初"周辛甲之为太史也，命百官，官箴王阙。于《虞人之箴》曰：'芒芒禹迹，画为九州，经启九道。'"《左传·昭公四年》记：（司马侯）对曰："恃险与马，而虞邻国之难，是三殆也。四岳、三涂、阳城、大室、荆山、中南，九州之险也，是不一姓。"此说讲的是"九州"之内有四岳、三涂、阳城、大室、荆山、中南。还有春秋前期的叔夷镈、钟齐铭文云："咸有九州，处堣（禹）之堵（土）。"更足以证明"九州"观念在春秋以前已深入人心。

战国时期乃至秦汉时代，"九州"说就更加普遍。如：《礼记·曲礼下》："九州之长入于天子之国曰'牧'。"《王制》："凡四海之内九州，州方千里"，"凡九州千七百七十三国"。《楚辞·天问》云："鲧何所营？禹何所成？……九州安错？川谷何洿？"王逸注："言九州错厕，禹何所分别之？"这是屈原对禹"画九州"的追问。《山海经·海内经》云："禹鲧（笔者注：鲧系衍文）是始布土，均定九州"，"帝乃命禹率布土以定九州"。

此后到了汉代，"九州"说更成为定说。《史记·五帝本纪》云："唯禹之功为大，披九山，通九泽，决九河，定九州，各以其职来贡，不失厥宜。"《史记·越王勾践世家》记："太史公曰：禹之功大矣，渐九川，定九州，至于今诸夏艾安。"《史记·匈奴列传》赞云："尧虽贤，兴事业不成，得禹而九州宁。"《史记·太史公自序》："维禹之功，九州攸同，光唐虞际，德流苗裔，夏桀淫骄，乃放鸣条。作《夏本纪》第二。"

"九州"说在留传过程中，其具体名称和范围时有变化，形成了不同版本。除了《禹贡》的版本外，还有《周礼》《尔雅》和《吕氏春秋》等几种版本。

1.《周礼·大司徒》："以天下土地之图，周知九州之地域，广轮之数，辨其山林川泽丘陵坟衍原隰之名物。"

《周礼·夏官司马·职方氏》："……乃辨九州之国，使同贯利。……东南曰扬州……正南曰荆州……河南曰豫州……正东曰青州……河东曰兖州……正西曰雍州……东北曰幽州……河内曰冀州……正北曰并州。"（《逸周书·职方解》的"九州"说与此相同）

此说与《禹贡》相比，《禹贡》中的徐州、梁州分别合并于青州、雍州，另外，于冀州之北另辟幽州、并州。说明青、徐与梁、雍分别连成一片，北方幽州、并州在冀州之北得到开发。

2.《尔雅·释地》："两河间曰冀州，河南曰豫州，河西曰雍州，汉南曰荆州，江南曰扬州，济河间曰兖州，济东曰徐州，燕曰幽州，齐曰营州。"

与《禹贡》相比，梁州并入雍州（与《周礼·职方氏》同），于冀州之北立幽州（与《周礼·职方氏》同，但无"并州"之说），营州即青州。

3.《吕氏春秋·有始览·有始》："天有九野，地有九州，土有九山，山有九塞，泽有九薮，风有八等，水有六川。何谓九州？河汉之间为豫州，周也。两河之间为冀州，晋也。河济之间为兖州，卫也。东方为青州，齐也。泗上为徐州，鲁也。东南为扬州，越也。南方为荆州，楚也。西方为雍州，秦也。北方为幽州，燕也。"

与《禹贡》对照，同《尔雅·释地》，梁州并入雍州，于冀州之北立幽州。其他皆雷同。

依据文献推测，"九州"之称，从人文地理观念到行政区划概念是经历一个漫长的演绎过程。当今部分学者，特别是考古学者认为，新石器文化晚期龙山文化时代的分布情况与"九州"地域吻合，到了夏代，作为人文地理观念的"九州"，必然是存在着的事实。进入西周时代，"九州"作为区划名称大概已固定下来。到春秋、战国时代，"九州"区划则与诸侯国的疆域相吻合。过去学者们认为"九州"说是出自于战国后期"大一统"观念形成后才出现的，自有其理由。其原因有二：

一是研究者往往把《禹贡》"九州"误认为是行政区划，按此推论，当然不符合夏代地理实际，人们不会相信夏代的国家政权控有《禹贡》"九州"方圆的领土范围。

二是研究者受中国文明起源一元论的影响，长期信守"单中心"向四周辐射的定式，不可能考虑到"九州"说是一种人文地理概念，只有在认识到中国文明起源"多元一体"格局后，才会体悟到"九州"说的人文地理含义，而近几十年新石器时期考古则为这种认识提供了坚实的证据。

现代考古学家邵望平从考古学角度提出认识《禹贡》"九州"的思路。邵先生著《〈禹贡〉"九州"的考古学研究》[1]，指出："黄

---

[1] 《考古学文化论集》，北京：文物出版社，1989年。

河、长江流域龙山时代是文明的奠基期，而龙山文化圈恰恰与《禹贡》'九州'的范围大体相当。"且认为"总的看来，说《禹贡》'九州'是黄河长江流域公元前第 3 000 年间已自然形成的人文地理区系当不致十分谬误。""夏文化仍在探索中，现被泛指为龙山文化的诸遗存中，也许就有属于夏王朝及夏代邦国的遗存。"作者谨慎地提出："诸如此类的内容都使笔者不断然否定'九州'概念源出夏代之可能。"因此该文断定："'九州'部分是有三代史实的依据的。""因此'九州篇'的蓝本很可能出自商朝史官之手，是商人对夏代的追记。当然也有可能是西周初年对夏商的追记。'九州篇'蓝本的出现不迟于西周初年。""笔者仅仅认为'九州篇'是公元前第 2 000 年间的作品，而含有三个部分（本书作者注：指"九州""导山导水""五服"）的《禹贡》倒可能是春秋、战国时期学者修订、补缀、拼凑，又经后世几番折腾才成为现今这个样子的。'九州'基本内容之古老、真实，绝不是后人单凭想像所能杜撰出来的。"作者还根据"对'九州'贡品、物产及所反映的生态环境的研究，更进一步有助于对'九州篇'成书年代的推定。……也许有助于说明'九州篇'是'周汉寒冷期'到来之前，即公元前第 2 000 年间的中华两河流域人文地理的实录"。以考古学的眼光来重新审视《禹贡》九州说，这是值得重视的。

依据《禹贡》九州说，分述其人文地理内涵：

冀州列在《禹贡》的首位。为何把冀州列为首位，一是认为依禹治水之序（孔颖达《正义》），或认为尧舜帝都都在晋南（刘起釪主此说）。冀，原为古国名，其地在今山西河津附近，后扩而大之衍为中土之野。文中所提到的壶口、梁山、岐山以及太原、岳阳等地名，考释家权衡诸说认为放在晋南较为符合实际。而冀州范围尚包括今山西中部、河南北部以及河北中南部，中心地带仍在晋南一带。岛夷系渤海湾峡之先民。碣石，今河北抚宁、昌黎之间入海处。冀州地区发现了襄汾陶寺文化、二里头文化东下冯类型以及河北龙山文化。前者属于唐尧文化，而后者属于夏文化范畴。至于河北龙山文化，难于认定其族属。

"济、河惟兖州。"古济水早消失，大河在今天津渤海西岸入海。大致范围北至今天津至河北沧州地区，南到今山东西部、北部，东境止于渤海古海岸线。其西南境在今河南东北角的濮阳、安阳、鹤壁、新乡部分地区。从其"九河既道"来看，一般是指黄河入海处在渤海西岸形成九条河道。据称河北黑龙港地区地下水综合科学考察取得重大成果，在那儿发现有九条古河道[1]。有些研究者认为这里可能就是"禹疏九河"的"九河"[2]。"桑土既蚕，是降丘宅土。"在水患过去后，居民从丘陵高处下降到平原定居，桑蚕之事得以恢复。反映了远古先民的实际生活。

这一带考古文化出现了山东龙山文化和岳石文化，正处于文明起源和夏朝时期，应属东夷文化，岳石文化可能是夏朝属下某些"邦国"的文化遗存。

"海岱惟青州。"东达海，此海为黄海，北面临渤海。岱即泰山。有学者认为辽东半岛也属青州考古文化区系。后来青州又称营州，乃音转之变。文中提到的淮水、淄水，流经于今淄博和潍坊之间，皆导入渤海。嵎夷和莱夷为东夷族的另两支，不在"九夷"名

①　《光明日报》1978 年 2 月 28 日报导。
②　刘起釪：《〈禹贡〉兖州地理丛考》，《文史》，第三十辑。

194

称之列。山东古夷国林立，支系甚多，不少成为夏人的"同盟国""附属国"。仅举数例以证之，如：有穷氏后羿原居地在少昊之墟，即今山东曲阜一带，后迁到今山东德州市附近。寒浞的寒氏，在今山东潍坊市，至今犹置寒亭区。又如夏之同姓斟灌氏地望即在今山东寿光、潍坊一带，而夏另一同姓斟寻氏原在今巩义一带，后迁到潍坊。可见夏的势力范围已达青州。这里有山东龙山文化和岳石文化遗存。

"海岱及淮惟徐州。"东北至黄海及泰山，南达淮水，其中间地域称徐州。当今苏北、皖北、鲁南之间。淮水因淮夷而得名，淮夷原住在潍水，后南迁至现在的淮水流域，并把其名带过去。而徐州之名亦因徐人居处而得称，徐人是淮夷一支，是皋陶氏的后代。禹导淮，同时娶涂山女，即徐人之女，夏与徐淮夷联姻，夏人势力到达淮河流域。鲧殛羽山的传说，此羽山在今江苏赣榆县西南。后桀奔南巢，地望应在今安徽巢县。这两个传说都与徐州有关，可见夏国势力到达徐州，也非古人的凭空想象。

江淮地区受夏文化影响已得到考古发掘的证据。"在安徽江淮地区，现已发现若干具有二里头文化特征的遗物，譬如，潜山薛家岗遗址 H25 中出土的圆腹罐、浅盘豆、陶爵、陶鬶，肥东吴大墩遗址出土的圆腹罐、深腹盆，霍邱小堌堆遗址出土的瓮形鼎等，与中原地区二里头文化的同类陶器近似。另外，江淮地区还发现过雷同于二里头文化的铜器，如肥西出土的铜铃和铜斝[①]。"与文献记载的上述史实相印证。

---

① 中国社会科学院考古研究所编著：《中国考古学·夏商卷》，第 132 页，北京：中国社会科学出版社，2003 年。

"淮、海惟扬州。"淮河与黄海之间，即当今苏南、皖南和赣东地区。岛夷居此，系东夷一支。这里也受到二里头文化影响，有考古发掘为证。"在东南沿海地区的上海、浙江一带，如上海马桥遗址第4层出土的盆、瓿、三足皿、管流鬶、器盖等，被认为是来自二里头文化的元素。浙江江山县肩头弄遗址出土的浅盘豆、三足皿、管流鬶，长兴县上莘桥遗址出土的瓿等，也都可以在二里头文化中找到很相似的陶器①。"《史记·越王勾践世家》记："越王勾践，其先禹之苗裔，而夏后帝少康之庶子也。封于会稽，以奉守禹之祀。文身断发，披草莱而邑焉。"太史公记载了这件传说，当有一定历史背景，或许是徐淮夷从西周以来不断南下，把这一传说带了过来，加入越王勾践的先祖世系。考古发掘证实，早在夏代，中原二里头文化影响已波及长江以南。

"荆及衡阳惟荆州。"荆，荆山，今湖北南漳县西南。衡阳，今湖南衡山之南。其地域在今赣西、鄂北、湘南范围。上面提到禹伐三苗，其影响波及汉水和长江中游，是否抵达湘南，无证可考。考古发掘提出如下研究报告："在江汉和峡江地区发现的二里头文化因素，可举如下例证：湖北宜昌白庙遗址出土的圆腹罐、瓿，宜昌中堡岛出土的圆腹罐、深腹罐，宜都红花套、毛溪套、向家沱出土的陶盉，秭归朝天嘴出土的陶盉、鬶、盆、圆腹罐、器盖，江陵荆南寺出土的圆腹罐、刻槽盆、甗、鼎、鬶、鬲等②。"可见夏文化影响波及江汉地区。

---

① 中国社会科学院考古研究所编著：《中国考古学·夏商卷》，第134页，北京：中国社会科学出版社，2003年。

② 同上书，第132—134页。

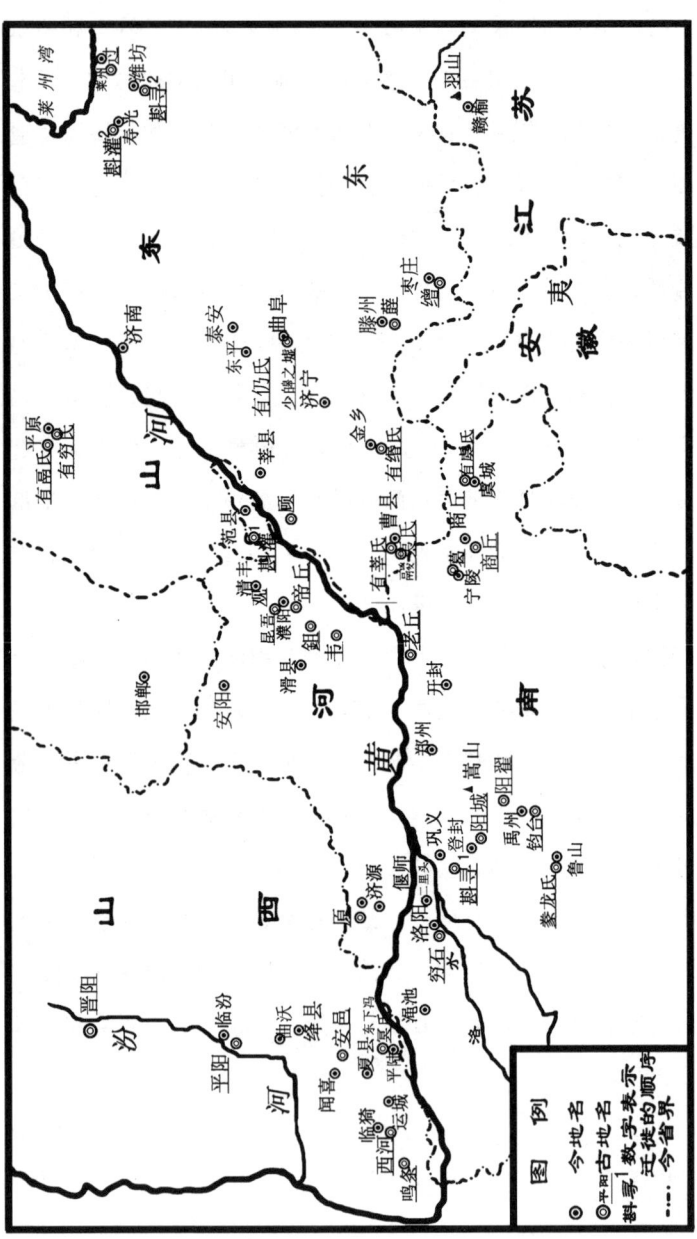

夏代中心区域图

"荆河惟豫州。"荆，荆山，今湖北南漳县西南。河，黄河。荆山与黄河之间为豫州，今河南与湖北北部地域。"伊、洛、瀍、涧既入于河"，夏的统治中心正在这四水之间。伊水源出今河南栾川县，东北流经嵩县、伊川、洛阳，至偃师入于洛。洛，指南洛水，洛水源出今陕西洛南县，东流入河南卢氏、洛宁，东北流经宜阳、偃师，至巩县入河。瀍，即瀍水，源出今河南孟津县，南流入洛阳市区注入洛。涧，即涧水，出河南渑池县，东流经新安，至洛阳市区入洛水。是伊、洛、瀍、涧四水皆在今之豫西。夏的统治中心正在伊洛之间。《国语·周语上》："昔伊、洛竭而夏亡。"古人把伊、洛水看成是夏朝的生命线。在考古文化探索中，这里发现河南龙山文化和二里头文化。

"华阳、黑水惟梁州。"华阳，即华山之阳。黑水，有怒江、金沙江等说，以金沙江说为是。当陕南、成都平原、云贵北部地域。当时，中原文化影响当然达不到云贵，但对成都平原的影响已逐渐显露出来苗头。考古学家认为："在成都平原，三星堆遗址出土的陶盉和玉璋、玉、圭、玉戈，其文化源头都能追寻到二里头文化中去。三星堆还出土两件铜牌，其中一件镶嵌着绿松石，其造型、风格、图案等都与二里头遗址出土的青铜牌饰十分相像①。"

"黑水西河惟雍州。"黑水，众说纷纭，当指河西走廊一带水系，现已不存。西河，指冀州西方之黄河。其间范围包括今陕西、甘青一带。考古学家认为："在甘青高原的齐家文化中，也可见到一些二里头文化因素：如甘肃天水出土的象鼻陶盉、甘肃临夏出土

---

① 中国社会科学院考古研究所编著：《中国考古学·夏商卷》，第 134 页，北京：中国社会科学出版社，2003 年。

的陶盉等，都与二里头文化的同类器物近似①。"这表明二里头文化的影响力已到达甘青东部地带。

综上所述，《禹贡》"九州"，既有夏代古老的、真实的记忆留传，又有三代地域史实的记录，这其中必然包括战国时代的扩充和想像。研究上古历史，对留传下来的像《禹贡》那样的资料，既不要全盘否定，也不要尽信。

二　王畿和中心统治区域

无论从文献上或考古发掘资料来看，夏朝无疑有两块相连的统治中心，只不过其间有黄河之隔。

先看豫西地区：

从文献上看，夏人的发祥地是在伊洛水之间。有《逸周书·度邑》记："自伊汭延于洛汭，居阳无固，其有夏之居。"（类似文句又见于《史记·周本纪》）《国语·周语上》曰："昔伊洛竭而夏亡。"可见伊洛两水是夏朝的生命线，是夏朝统治的核心地区、王畿所在。

夏朝的统治范围，《战国策·魏策》作如下记述："夫夏桀之国，左天门之阴，而右天谿之阳，庐泽在其北，伊洛出其南。"大体上描述了夏桀时的四至范围。《史记·孙子吴起列传》用汉代地名注释《魏策》说："夏桀之居，左河济，右泰华，伊阙在其南，羊肠在其北。"就是说西至华山，东至河济（黄河、济水交汇处，

---

① 中国社会科学院考古研究所编著：《中国考古学·夏商卷》，第 135 页。

今郑州西荥阳市境内），北至太行或太原（羊肠，一说太原晋阳北，一说上党壶关县），按谭其骧主编《中国历史地图集》第一册35—36图所标，应在今河南省林州市红旗渠附近（地图出版社，1982年），南至伊阙（今洛阳南龙门）。可见其中心正在豫西、晋南地区。

文献上有夏都阳城、禹都阳城的记载。《古本竹书纪年》："禹居阳城。"《世本》："夏禹都阳城，避商均也。"《孟子·万章上》："禹避舜之子于阳城。"赵岐注："阳城，箕山之阴，皆嵩山下深谷之中以藏处也。"《史记·夏本纪》："禹避舜之子商均于阳城。"《集解》："禹居阳城，今颍川阳城是也。"《汉书·地理志》："颍川、南阳，本夏禹之国。"在该志颍川郡下注："应劭曰：'夏禹都也。'臣瓒曰：'《世本》禹都阳城，汲郡古文亦云居之，不居阳翟也。'师古曰：'阳翟本禹所受封耳。应瓒之说皆非。'《水经》：'颍水出颍川阳城县西北少室山东南，径阳城西……东南流入颍水。颍水径其县故城南。昔舜禅禹，禹避商均，伯益避启，并于此也，亦周公以土圭测日景处……县南对箕山。'"杨守敬《水经注疏》按："汉县属颍川郡，后汉属河南尹，魏晋因，后废。后魏复置，为阳城郡治，在今登封县东南三十五里。"杨守敬又按："《九域志》：'登封有箕山，山在今登封县东南三十里。'"又《括地志》："阳城在箕山北十三里。"另据《史记·郑世家》和《韩世家》记载，韩文侯二年（公元前385年），"韩伐郑，取阳城"，知郑国有阳城。据上可知，传统的主流意见认为阳城在嵩山附近，属汉代的颍川阳城，在今河南登封市嵩山附近。20世纪70年代在传为阳城故地的河南登封告成镇发现一座战国至汉代的古城址，出土的陶器上有

"阳城"戳记①。

关于阳城的地望，除颍川阳城说外，还有陈留浚仪（今河南开封市境）说（见于《帝王世纪·夏第二》）、"泽之阳城"（今山西晋城县境）说（《路史·后纪》卷十三及《注》主此说）等。此两说未得学者们附和。

乳钉纹青铜斝
（偃师二里头遗址出土）

文献上还有禹都阳翟说。如：《汉书·地理志》颍川郡阳翟条下自注："阳翟，夏禹国。"应劭曰："夏禹都也。"师古曰："阳翟本禹所受封耳。"《续汉书·郡国志》颍川郡阳翟条云："禹所都。"

《水经·颍水》："又东南阳翟县北。"郦道元注："《春秋左传》曰夏启有钧台之飨，是也。杜预曰：'河南阳翟县南有钧台。'……颍水自褐东径阳翟县故城北，夏禹始封于此，为夏国……徐广曰：'河南阳城阳翟，则夏地也。'"杨守敬按："《集解》徐广曰：'夏居河南，初在阳城，后居阳翟。'"又：杨守敬考证阳翟，今禹州治。此书引《左传·昭公四年》全文如下："启有钧台之享。"杜预注："河南阳翟县南有钧台陂，盖启享诸侯于此。"

---

① 河南省文物研究所、中国历史博物馆考古部：《登封王城岗与阳城》，第247—255页，北京：文物出版社，1992年。

《帝王世纪》："禹受封为夏伯，在《禹贡》豫州外方南，角亢氏之分，寿星之次，于秦汉属颍川，本韩地，今河南阳翟是也。"

以上文献表明汉代学者有认为阳翟是禹之都，或认为是禹受封之地，也有认为"初在阳城，后居阳翟"，夏启仍居此，且在这里享会诸侯。我们认为：阳翟距阳城不过几十里，都处于颍水上游、嵩山一带，正是鲧、禹、启率领夏人活动的中心地带。古人居无定处，经常迁都，这两地都曾为禹、启都城，实有可能。

关于斟寻的地望。《古本竹书纪年》："太康居斟寻"，"羿亦居之"，"桀又居之"。《史记·夏本纪》："太康居斟寻，羿亦居之，桀又居之。"《正义》引臣瓒说："斟寻在河南"，此河南系指汉河南郡，其治所在今河南洛阳。邹衡先生考定为河南巩县西南（今巩义市）[1]，巩义市洛水下游地区曾为斟寻氏故地，至于斟寻说在山东，那是后世斟寻氏举族东迁把地名带过去的。现巩义市发现稍柴遗址，属于夏代二里头文化，这是值得注意的线索[2]。

晋西南也是夏人的统治核心地区之一。晋西南与豫西一样，许多地名常常与夏人的活动有关。早在西周初年那里就有"夏虚（墟）"之称。《左传·定公四年》："分唐叔……，命以《唐诰》，而封于夏虚，启以夏政，疆以戎索。"显然晋的始封地当在"夏虚"之地。"夏虚"何在？过去有晋中太原说，如：《左传·定公四年》杜预注："夏虚，大夏，今太原晋阳也。"此说得不到考古资料证实

① 邹衡：《夏商周考古论文集·夏文化分布区域内有关夏人传说的地望考》，第226—227页，北京：文物出版社，1980年。
② 河南省文物研究所：《河南巩县稍柴遗址发掘报告》，《华夏考古》，1993年第2期。

而基本上被排斥。

从文献资料和考古资料结合考察，"夏虚"当在晋西南一带。据文献记载"夏虚"，又有"大夏"之名。《左传·昭公元年》："（尧）迁实沉于大夏。"服虔曰："大夏在汾、浍之间。"顾炎武《日知录》卷三十一《唐》条，力排晋中太原说，主服虔说，认为："则所谓大夏者，正今晋、绛、吉、隰之间。"

另据《史记·吴太伯世家》云："是时周武王克殷，求太伯、仲雍之后，得周章。周章已君吴，因而封之。乃封周章弟虞仲于周之北故夏虚，是为虞仲，列为诸侯。"《集解》引徐广曰，该地在"河东大阳县"，即今山西平陆县。《索隐》："夏都安邑，虞仲都大阳之虞城，在安邑南，故曰夏虚。"今晋西南临汾、运城地区应是夏墟之故地，也即大夏之地。尔后，徐旭生《1959年夏豫西调查"夏墟"的初步报告》作如下解释："虽晋水不在此地，而今临汾，因在平水之阳，旧名平阳。平水，据《水经注》汾水条下所载，也有晋水的名称（但郦道元不信其为正确），所以我们觉得《左传》所指的夏虚当在山西西南部，不在中部，当无疑问①。"

邹衡和李伯谦认为位于山西翼城和曲沃二县交界处的天马——曲村遗址，应是晋国始封地所在②，当然也就是"夏虚"之故地。

在晋西南，有关夏都的传说影响久远，最早见于《世本》。《史记·封禅书·正义》引《世本》云："夏禹都阳城，避商均也。又都平阳，或在安邑，或在晋阳。"《史记·夏本纪·集解》引皇甫谧

---

① 《考古》，1959年第11期。
② 邹衡：《论早期晋都》，载《文物》，1994年第1期。李伯谦：《晋国始封地考略》，载《中国文物报》，1993年12月12日，第3版。

曰："（禹）都平阳，或在安邑，或在晋阳。"《水经·涑水注》："安邑，禹都也。"

首先，学术界比较关注晋阳说。晋阳是指太原地区，这里没有发现夏文化遗存，考古界对晋中地区发现的太谷遗址第四期遗存和忻州游邀遗址晚期遗存的认识尚未取得比较一致的看法，因此，夏都晋阳说是难以成立的。其次，平阳说。平阳即临汾，这里发现著名的陶寺遗址，经过多年发掘研究，学者们认为这里可能是帝尧时代遗址，其晚期可能是夏人的遗存。安邑故城应在今夏县，这里发现了著名的东下冯遗址，研究者认为是二里头文化东下冯类型[①]。此外，还有桀都安邑说。此说不见于先秦文献，仅见于孔安国传，未必可信。平阳、安邑都是夏人活动的中心区域，说它们曾为王畿所在，尚无确凿证据。

西河是与夏代地理有关的地名。夏启、胤甲与西河有关系。《古本竹书纪年》载"（启）二十五年，征西河。"又载："胤甲即位，居西河。"西河，今地望多歧义。据徐中舒师说在晋南，更有学者实指在今晋南运城盆地的临猗附近，也有学者提出在豫西和陕西东部一带。或有卫地说。西河，尚难实指，大概在晋西南运城地区还是可信的。

夏代晚期夏王后皋依然居伊洛地区，他死后就葬在洛阳平原。《左传·僖公三十二年》云："殽有二陵焉：其南陵，夏后皋之墓也；其北陵，文王之所辟（避）风雨也。"殽，即殽山，在今洛阳西北，有南陵、北陵。南陵，即西崤山，在今河南渑池附近。

---

① 中国社会科学院考古研究所、中国历史博物馆、山西省考古研究所等：《夏县东下冯》，北京：文物出版社，1988年。

以上我们讨论了夏代王畿和中心统治区域。可知夏代王都多次迁徙。豫西的阳城、阳翟、斟寻、原皆曾作为夏代王都而见诸史载，且通过考古发掘而显露其端倪。另外，豫东的商丘、帝丘、老邱也曾作为过夏都。至于晋中、晋南的晋阳、平阳、安邑、西河等是否作为王都存在过，目前争议颇大，且考古支持力度不大。豫西、晋西南，应是夏朝的统治中心区域，学术界对此是毫无疑问的。

三 夏 文 化 圈

夏朝以豫西和晋西南为中心，向四周扩大影响，且通过它的邦盟，传播了夏文化的元素。从传世文献和考古资料两方面都能寻觅其夏文化播散的蛛丝马迹。

首先，看对西方的影响。上面已提到的夏启伐有扈氏的甘之战。对有扈氏和甘的地望，学术界意见不一。

关于有扈氏，《世本》云："有扈，姒姓"，"姒姓，夏禹之后"。《史记》三家注作如下诠释：《集解》："《地理志》曰扶风鄠县是扈国。"《索隐》："《地理志》曰扶风县鄠是扈国。"《正义》："《括地志》云雍州南鄠县，本夏之扈国也。《地理志》云鄠县，古扈国，有户亭。《训纂》云户、扈、鄠三字，一也，古今字不同耳。"如然，则有扈氏故地应在今西安西南的户县。甘之战的甘地，或称甘水、甘亭，亦应在今陕西户县附近。甘之战发生的原因，大概由于夏建国后，夏后氏向西拓展，正遇上有扈氏向东发展，有扈氏对夏启继位不服，遂发生军事冲突。在关中东部客省庄二期文化有可能是夏初地方文化——有扈氏文化①。

然有些学者作如下推断：扈，商卜辞作"雇"，春秋时"诸侯盟于扈"之扈，其地望在今郑州北黄河北岸的原武一带②。这一看法是基于夏势力西不出潼关的认识才得出来的。

与西界有关的地点还有对西河的考证。《古本竹书纪年》："启征西河。"又载："胤甲即位，居西河。"胤甲又名帝廑。《今本竹书纪年》："（启）十一年，放王季子武观于西河。十五年，武观以西河叛。彭伯寿帅师征西河，武观来归。"

综合诸说，对西河地望的认识比较模糊，大致形成如下几种意见：

1. 晋南说③。内又分运城盆地和山西西境说④。关于运城盆地，有指临猗⑤或永济、蒲州等具体地点⑥。

2. 从龙门到陕西合阳、华阴，达黄河之西说。《礼记·檀弓》郑玄注："西河，龙门至华阴之地。"《史记·魏世家·正义》云："自华州北至同州，并魏河西之地。"郭沫若认为："西河在黄河之西，与秦接壤⑦。"

---

① 张天恩、刘军社：《关于客省庄二期文化几个问题的探讨》，《考古与文物》，1995年第2期。

② 顾颉刚、刘起钎：《〈尚书·甘誓〉校释译论》，《中国史研究》，1979年第1期。

③ 徐中舒：《先秦史论稿》，第31页，成都：巴蜀书社，1992年。

④ 《史记·仲尼弟子列传·正义》云："西河郡，今汾州也。"《索隐》亦曰："西河在河东郡之西界，盖近龙门。"顾颉刚据此认为西河在今山西省的西境，见《中国古代地理名著选读》，第一辑，《禹贡》全文注释，北京：科学出版社，1959年。

⑤ 杨国勇主编：《华夏文明研究——山西上古史新探》，第114页，北京：中国社会科学出版社，2002年。

⑥ 徐旭生：《1959年夏豫西调查"夏墟"的初步报告》，《考古》，1989年第11期。

⑦ 郭沫若：《青铜时代》，第215页，北京：科学出版社，1959年。

3. 跨黄河东西两岸，从洛阳至华阴①。

4. 卫地说。《史记·孔子世家·索隐》："西河在卫地"，今豫北东部。童书业赞同此说②。

通过列举以上诸说，可以认为夏的势力范围已跨过黄河抵达陕东。

以上我们曾经介绍了二里头文化对成都平原三星堆文化以及对甘青高原齐家文化的影响，可以从器物的造型、风格、图案等得到印证。

此外，传世文献也留下了夏人与西方联系的传说，如禹生于四川石纽、长于西羌的传说。扬雄《蜀王本纪》云："禹本汶山郡广柔县人也，生于石纽。"其地望在今四川北川县。陆贾《新语·术事》："大禹出于西羌。"司马迁《六国年表序》："故禹兴于西羌。"《后汉书·戴良传》："大禹出西羌。"《帝王世纪》："禹生于石纽，长于西羌，夷人。"

据李学勤推测，该传说产生的历史背景有三种可能：1."禹生石纽"是羌人到来前蜀人的传说。2."禹生石纽"是羌人带来的传说。3."禹生石纽"是夏人自己的传说。这三种可能性，第一种可能性最大，羌人来到川北以前，原土著居民蜀人和夏人已有联系，在商灭夏时，夏人流散到川北，把自己的传说带过去，遂有禹生于石纽，长于西羌的传说，此传说很可能来自先秦时代③。

① 范文澜：《中国通史简编》，第一册，第102页，北京：人民出版社，1955年。
② 童书业：《春秋左传研究》，第21页，上海：上海人民出版社，1980年。
③ 李学勤：《禹生石纽说的历史背景》，四川省大禹研究会编：《大禹及夏文化研究》，第200—205页，成都：巴蜀书社，1993年。

又有学者做出这样解释：夏的盟邦一支涂山氏（徐人、涂人），在春秋以后迁到四川盆地，由此演绎出有关"禹娶涂山氏于江州""禹生石纽"等多种遗迹和传说①。《华阳国志·巴志》："禹娶于涂山……今江州涂山是也，帝禹之庙铭存焉。"又《水经·江水注一》亦引常璩等人的文句："江之北岸，有涂山，南有夏禹庙、涂君祠，庙铭存焉。常璩、庾仲雍并言禹娶于此。"这或许是夏灭亡后，夏人一支溯江而上后带去的传说。

夏朝势力始终呈现出向东方发展的态势。既表现为王都向东方迁徙的趋向，又与一些盟邦发生联系，更与东夷诸国展开了经久不息的战事，故使夏朝统治拓展到东方，并把夏文化的影响播散到山东半岛。先看夏朝王都向东方迁移的情况。

青铜盉
（偃师二里头遗址出土）

商丘，是帝相的都城。《古本竹书纪年》："帝相即位，处商丘。"《帝王世纪》："帝相一名相安，自太康以来，夏政凌迟，为羿所逼，乃徙商丘。"今河南商丘坞墙曾发现了夏文化遗址②。

又有帝相居帝丘说。帝丘即今河南濮阳。《左传·僖公三十一

① 杨铭：《重庆禹文化及其由来》，《蚌埠涂山与华夏文明》，第224—231页，合肥：黄山书社，2002年。

② 见于《河南文博通讯》，1978年第3期，第11页。

年》载："卫迁于帝丘……卫成公梦康叔曰：'相夺予享。'"杜预注："相，夏后启之孙，居帝丘。"又《帝王世纪》："夏相徙帝丘。"此说以为颛顼、帝相、昆吾皆居濮阳。到目前为止，濮阳一带尚未发现夏文化遗址。

《古本竹书纪年》："相居斟灌。"斟灌既是地名又是族氏名，其故地初在今河南、山东交界处。《水经·巨洋注》引薛瓒《汉书集注》云："按《汲郡古文》：'相居斟灌'，东郡灌县是也。"今河南清丰、范县和山东莘县之间。而后斟灌氏举族东徙到今山东寿光市一带。《汉书·地理志》北海郡寿光条颜注引应劭曰："古斟（斟）灌，禹后，今灌亭是。"《左传·襄公四年》斟灌条杜预注："乐安寿光县东南有灌亭。"《括地志》曰："斟灌故城在青州寿光县东五十四里。"以上文献记载表明，夏王相的势力呈东移趋向。

原，曾是夏朝的王城。《古本竹书纪年》："帝宁居原。"帝宁或作予、杼（仔）。《今本竹书纪年》云："少康十八年迁于原"，不可信。原，其地望在今河南济源市西北原村。考古发掘在济源市西北约 2 000 米处发现了庙街遗址，东西长 1 000 米，南北宽 750 米，总面积 75 万平方米，文化层厚 3 米左右。遗址内有龙山晚期遗存，也有二里头文化遗存和东周文化遗存①。

老邱，也曾是夏朝的王城。《古本竹书纪年》："（帝宁）自（原）迁于老丘。"其地望在今开封境内。有如下文献为证：《左传·定公十五年》杜预注："老丘，宋邑。"顾栋高《春秋大事表·春秋列国都邑表卷七之二宋》："老丘，《左传·定公十五年》杜注，

---

① 杨肇清：《原城考》，选自《河南文物考古论集》，第 226 页，郑州：河南人民出版社，1996 年。

老丘，宋邑。今开封府陈留县东北四十五里有老丘城。"《嘉庆重修一统志》：开封府《古迹》引《寰宇记》云："（老丘城）在陈留县北四十五里。"今开封市境内商丘以西。目前这里尚无考古发掘资料证实。

夏朝在向东拓展的过程中，必然与东夷各族联系过密，且经常发生一些冲突。

最初大禹治水，进行"禹疏九河"的工程，即疏通了黄河下游，使大河之水归顺大海，治水所经皆东夷人居地，必然受到东夷人的支持。在治水过程中，"禹娶涂山女"，涂山女，东夷皋陶族。涂山，今蚌埠怀远。夏人的势力达淮河流域。

夏朝建国后，伯益干启位，后羿、寒浞代夏，他们都是东夷首领，对夏朝构成威胁，且一度取代了夏代政权。少康之后，东方诸夷或被征发，或宾服于夏。文献记载如下：

《古本竹书纪年》："（后相）元年，征淮夷、畎夷。二年，征风夷及黄夷。七年，于夷来宾。"

《古本竹书纪年》："少康即位，方夷来宾。"

《后汉书·东夷列传》："自少康以后，世服王化，遂宾于王门，献其乐舞。"

《古本竹书纪年》："柏杼子（即帝杼）征于东海及三寿（王寿），得一狐九尾。"

《古本竹书纪年》："后芬（帝芬、帝槐）即位，三年，九夷来御。"

《古本竹书纪年》："后荒（后芒）即位，元年，以玄圭宾于河，命九东狩于海，获大鸟。"王国维考证："九"字下或夺"夷"字，疑谓后芬时来御之"九夷"。

《古本竹书纪年》："后泄二十一年，命畎夷、白夷、赤夷、玄夷、风夷、阳夷。"《通鉴外纪》引"帝泄二十一年，加畎夷等爵命"。

《古本竹书纪年》："不降即位，六年，伐九苑。""九苑"，族属不详。

《古本竹书纪年》："后发即位，元年，诸夷宾于王门，再保庸会上于池，诸夷入舞。"《太平御览》七百八十引均无"再保庸"以下七字。如是，"诸夷宾于王门，诸夷入舞"连读可通。这表明夏王后发时，国力有短暂恢复，诸夷又来夏朝拜，并献夷舞致贺。

夏代东方，主要指现在的山东和江苏北部、安徽北部一带。这里居住着"九夷"族。"九夷"之称，还见之于《论语·子罕》："子欲居九夷。"《后汉书·东夷列传》记："夷有九种：曰畎夷、于夷、方夷、黄夷、白夷、赤夷、玄夷、风夷、阳夷。"可见当时夏代东方的夷人族群众多，未形成统一邦国，九是众多之义，非九支实指。夷前冠名，有些指穿戴色彩，如赤、白、玄、黄；有些指居处水名，如淮夷；有些指图腾信仰，如风夷，即凤夷，对凤鸟的崇拜，等等。

山东新石器时代文化序列，考古学界早已确认了大汶口文化和龙山文化，但对夏代的夷人文化尚未认识。1960 年发掘了平度东岳石遗址（现属青岛市），发现了一种与典型龙山文化风格不同的遗存。1979 年发掘了牟平照格庄遗址（属烟台市），发现了同东岳石遗址完全相同而内容丰富得多的遗存，因其特征同龙山文化差距甚大，而另立文化系统，考古界把它称之为岳石文化。岳石文化分布范围，以胶东发现为多，山东其他地方和苏北也有分布（如烟台、芝罘、乳山、海阳、栖霞、长岛、潍县、诸城、寿光、临沂、莒县、临淄、泗水尹家城、兖州、滕县前掌大、菏泽以及江苏赣榆等地）。从文化内容来看，岳石文化掌握了青铜技术（有青铜锥、镞、小刀等出土）。岳石文化的陶器基本上是继承当地龙山文化的陶器而发展起来的。从器形、陶质、纹饰等方面来看既有本身的特征，又与龙山文化和二里头文化都有差别。另外，占卜风俗又有了发展。从相对年代来看，岳石文化晚于龙山文化，早于早商文化二里岗期上层，与二里头文化和先商文化几乎同时。考古学家对牟平照格庄遗址选择的 5 个木炭标本测定并经达曼表校正所获得的年代是公元前 1890—前 1670 年之间，或公元前 19—前 17 世纪，正好落在夏纪年的范围之内（夏代纪年前 21—前 16 世纪）。据此，考古界认为岳石文化应是夏代的东夷文化。

夏代的东方，既有许多东夷族群，又有夏同姓邦盟（姒姓）和异姓邦盟。

有穷氏后羿，东夷首领，初兴于少昊之墟（"有穷""穷桑""空桑"），后迁到德州附近（平原鬲县故城），接着西渐于钽地（今河南滑县一带），最后迁到穷石（穷谷），今洛阳南，一度代夏。寒浞代夏，寒氏，今山东潍坊市附近，至今犹置寒亭区。

斟灌氏和斟寻氏。斟灌氏，《史记·夏本纪·太史公曰》称为禹后，"用国为姓"。秦嘉谟辑补《世本》："戈氏，分封用国为氏，斟戈即斟灌氏。"《史记·夏本纪》索隐云：斟戈氏，按《左传》《世本》皆云斟灌氏。斟灌氏先在今河南清丰、范县和山东莘县之间，后迁到山东寿光一带。

斟寻氏，《史记·夏本纪·太史公曰》称为禹后，"用国为姓"。上文已述及，其地原在河南巩县西南（今巩义市），后举族东迁到今山东潍坊市一带。

过与戈。寒浞之子浇与豷，浇在过，豷在戈。"少康灭浇于过，后杼灭豷于戈。"过在山东东莱掖县，北有过乡，今胶东莱州市境。戈在宋郑之间，今豫东境。

后缗氏。夏王相的妻子后缗氏，原是夏的同盟国，与夏有联姻关系。其地望在今山东济宁市西南金乡县。《元和郡县图志》《读史方舆纪要》都列在兖州府金乡县条下。《左传·昭公四年》："桀为仍之会，有缗叛之。"杜预注云："仍、缗，皆国名。"《左传·昭公十一年》："桀克有缗，以丧其国。"可见，同盟国有缗的反叛，对导致夏亡起了很大的作用。

有仍氏。《左传·哀公元年》记：寒浞灭杀夏王相后，相妻"后缗方娠，逃出自窦（小洞），归于有仍，生少康焉，为仍牧正"。后缗的娘家是有仍氏，《史记·吴太伯世家·集解》引贾逵曰："有仍，国名，后缗之家。"夏少康长大后当了有仍氏"牧正"。《吴太伯世家·索隐》："东平有任（城）县，盖古仍国。"地望在今山东泰安市东平县。

有虞氏和纶。寒浞篡位后，想灭绝夏王后代，寒浞之子浇欲杀掉少康，少康"逃奔有虞，为之庖正"，并娶有虞氏二女为妻，在纶地设城邑。有虞氏和纶的地望都在今豫东商丘市虞城县境。

有鬲氏。《左传·襄公四年》记：寒浞代羿后，夏遗臣靡逃奔到有鬲氏处，少康和有鬲氏联合行动，灭杀寒浞而少康复国。《左传·襄公四年》杜预注："有鬲，国名，今平原鬲县。"《路史·国名纪》卷二："德州西北有故鬲城。"今山东德州市东南。又：《路史·国名纪》卷二引《郡国县道纪》曰："古鬲国，偃姓，皋陶后。"

薛，任姓，夏之封国。《左传·定公元年》："薛之皇祖奚仲居薛，以为夏车正。奚仲迁于邳，仲虺居薛，以为汤左相。"《史记·陈杞世家》："滕、薛、驺，夏、殷、周之间封也。"《索隐》云："薛，奚仲之后，任姓，盖夏、殷所封。"《汉书·地理志》鲁国薛县条记："夏车正奚仲所国，后迁于邳，汤相仲虺居之。"其地望在今山东滕州市南薛城境内。《国语·晋语四》记黄帝十二姓，其中有任姓。薛，任姓，当是黄帝后裔，其皇祖奚仲曾任"夏车正"官职。

从以上列举的文献资料来看，夏代的东方，小国林立，既有东夷族属，又有夏之盟邦，其声教所及，遍盖山东半岛。

下面再分析夏朝势力和夏文化的南渐情况。

文献记载，夏人与南方的关系也非常密切，其中有几则传说影响最为深远。一则关于"禹娶涂山女，禹会诸侯于涂山"的传说，上面已有论述。涂山，当为蚌埠怀远，不在会稽（今绍兴）。二则"禹致群神于会稽""禹葬会稽山"诸说。上面引证董楚平的考证，此会稽，当在今山东。三则，据《越绝书》《吴越春秋》《史记·越王勾践世家》记载越始祖的传说，因禹巡行天下，死于会稽，夏少康恐禹在会稽的祭礼绝了，于是封庶子无余于越，典守祭禹的礼节。这一传说是不足为据的。大概是西周以来夏人后裔徐人把这段传说带过去的。四则，"桀奔南巢"的传说。这一传说来自先秦时代，如《古本竹书纪年》："汤遂灭夏，桀逃南巢氏。"《国语·鲁语

上》："桀奔南巢。"韦昭注："南巢，扬州地，巢伯之国，今庐江居
巢是也。"以后的诸文献同样节录了这一传说。《帝王世纪》：桀
"奔于南巢之山而死"。《说苑·权谋》："迁桀南巢氏焉。"《史记·
夏本纪·正义》引《淮南子》云："汤败桀于历山，与妹喜同舟浮
江，奔南巢之山而死。"（当据《淮南子·本经训》并杂引他书之
辞）《括地志》记南巢即今安徽巢湖。早在夏禹时，导淮，其势力
就来到江淮地区，因此，桀败亡，逃奔南巢，回归到安徽巢湖一
带，应是有一定历史背景的。

学者们还力图从考古资料中钩沉夏文化南渐的迹象。如罗琨先
生的《二里头文化南渐与伐三苗史迹索隐》[①]，文中指出中原二里
头文化南渐道路大致有两条路线：一支是东南方向，沿汝水、颍
河、沙河及其支流双泊河沿岸直入淮河。其中郾城郝家台遗址，文
化堆积可分八期，一至五期为龙山文化，六至八期为二里头文化一
至三期。可见夏族先民的足迹南下到信阳地区，东南沿淮河支流则
达淮水。另一支则是从南襄隘道进入南阳盆地，如今在淅川下王岗
遗址已发现二里头文化早期和二里头三期文化遗存。南阳地区是二
里头文化南渐的首冲。二里头文化影响则主要是从南阳盆地经汉
水、江汉平原到长江边，并上溯至三峡。文中认为："在二里头文
化南渐的道路上，从武当山和大洪山之间的汉水谷地出南阳盆地，
达长江，经江陵、枝江、宜都、宜昌、秭归沿长江上溯的路线，是
比较清楚的"，罗先生进一步认为这可能与尧舜禹伐三苗的史迹
有关。

---

① 本文收入中国先秦史学会等编：《夏文化研究论集》，第197—204页，北京：中
华书局，1996年。

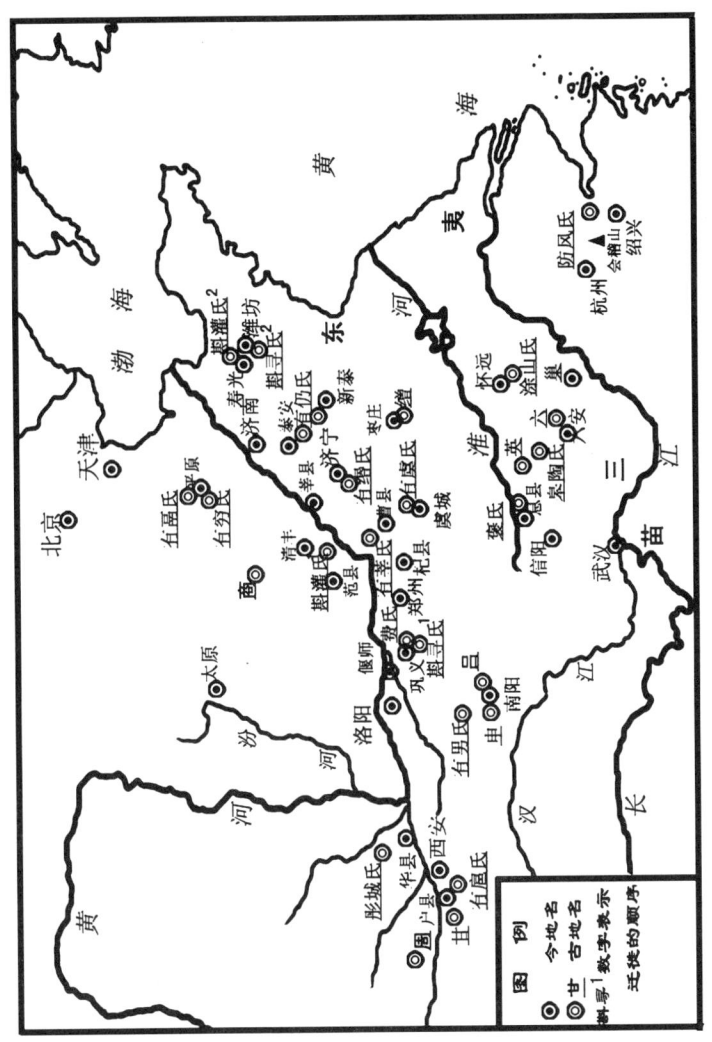

夏代诸邦分布图

二里头文化影响到江淮乃至于江南地区，上面已经述及，《中国考古学·夏商卷》（中国社会科学出版社，2003年）有专节论述，在此不再赘述。

最后，再分析夏人北上和夏文化北播的情况①。二里头文化北上，第一步到晋西南，这里也是夏朝发祥地之一，留有大夏、夏墟名称。据刘起釪考证，古书所记仅晋西南就有大夏、夏墟之名7处之多②。徐中舒师洞悉茫茫古史，振聋发聩地指出，商灭夏造成夏民族大迁徙。他认为"夏商之际，夏民族一部分北迁为匈奴，一部分则南迁于江南为越"，"北迁的夏族，其后裔居于中国北边的就是秦汉时代的匈奴"③。《史记·匈奴列传》曰："匈奴，其先祖夏后之苗裔也。"《索隐》：桀子"避居北野"。这一传说大概也并非都是向壁虚造。

从考古资料来看，二里头文化北上的趋势亦有明显的线索可寻。早有定论的夏县东下冯遗址就有二里头文化东下冯类型遗存。襄汾陶寺遗址晚期也属二里头文化性质。此外，考古工作者陆续发现了太谷白燕遗址第四期遗存、太原附近的东太堡、狄村、光社、许坦等遗址以及忻州游邀遗址晚期遗存等。它们既有二里头文化的因素，同时又具有自身特点。"在山西太原狄村、东太堡出土陶器中的爵、鼎、豆、盆等，与二里头文化同类陶器无明显区别④。"可

---

① 陈立柱：《夏文化北播及其与匈奴关系的初步考察》，《历史研究》，1997年第4期。

② 刘起釪：《由夏族原居地纵论夏文化始于晋南》，收入《古史续辨》，第142—145页，北京：中国社会科学出版社，1991年。

③ 徐中舒：《夏史初曙》，《中国史研究》，1979年第3期。

④ 中国社会科学院考古研究所编著：《中国考古学·夏商卷》，第134页，中国社会科学出版社，2003年。山西省考古研究所：《山西考古四十年》，第116页，太原：山西人民出版社，1994年。

见夏文化已演进到晋中地区。令人瞩目的是二里头文化约在公元前2000—公元前1500年北上影响到燕山以北地带，如在内蒙古敖汉旗大甸子遗址的夏家店下层文化墓葬中，出土了陶爵、陶鬶24件，其形状与偃师二里头遗址及洛阳东马沟遗址出土的二里头文化同类器物相似。另外大甸子出土的玉圭等玉礼器，也与二里头遗址出土同类玉器相似。研究者还注意到大甸子遗址中造型富有土著文化特征的彩绘陶器上的饕餮纹，则与二里头文化陶器、青铜牌饰及漆器上的饕餮纹十分相像。夏家店下层文化已是比较成熟的青铜文化，有较多的青铜兵器和少量青铜容器，并有石磬出土，有祭坛遗址，表明其受到中原礼乐文明的影响。据此，学者们推测：在夏商之际，夏人在商人强大军事压力下确有一支移民向北迁徙，把中原文化融入夏家店下层文化中去①。

四　方　国　林　立②

夏代，乃至商灭夏、周灭商后，都是方国林立的社会。由于夏商周三代占有核心王国即"天下共主"的地位，按早期文明社会的特点，王朝内部结构是根据其族类，结成了邦盟关系。因此，直到周代，王国内部仍然存在着许多小邦，其中有些小邦的历史可以上溯到夏代，甚至更远古的传说时代。

---

① 杜金鹏：《试论夏家店下层文化中的二里头文化因素》，《华夏考古》，1995年第3期。中国社会科学院考古所编著：《中国考古学·夏商卷》，第134—135页，中国社会科学出版社，2003年。詹子庆：《中原王朝势力消长对西辽河流域古文化的影响》，收入《北方民族文化新论》，第68—76页，哈尔滨：哈尔滨出版社，2001年。

② 参阅：周苏平：《夏代族邦考》，《中国史研究》，1993年第4期。

《史记·夏本纪》太史公曰："禹为姒姓，其后分封，用国为姓，故有夏后氏、有扈氏、有男氏、斟寻氏、彤城氏、褒氏、费氏、杞氏、缯氏、辛氏、冥氏、斟戈氏。"东汉王符《潜夫论·五德志》："姒姓分氏，夏后、有扈、有南、斟寻、泊浧、辛、褒、费、戈、冥、缯，皆禹后也。"清人汪继培笺注云："泊浧不见于史，盖即彤城之误。"

据此，按顺序分述如下：

夏后氏、有扈氏，上文已论述。

有男氏，姒姓，"其后分封，用国为姓"。或称有南氏，古时男、南同音通用。《左传·昭公十三年》云："郑伯，男也。"《国语·周语中》："郑伯，南也。"秦嘉谟辑补："案南与男古音同，故《世本》或作南，或作男，《史记》亦作男也。"有男氏，可能以居南地而得名。《逸周书·史记解》有"有南氏"。《诗·出车》："王命南仲。"《吕氏春秋·音初》所谓"禹自涂山巡省南土"，皆以"南"为地名。《水经注·江水二》："按韩婴叙《诗》云：'其地在南郡、南阳之间。'"即今南阳和汉水以北地区。

斟寻氏，上文有论述。

彤城氏，姒姓，"其后分封，用国为姓"。《史记·夏本纪·索隐》云："周有彤伯，盖彤城氏之后。"《尚书·顾命》："乃同召……彤伯……"孔颖达《正义》引王肃云："彤，姒姓之国。"《史记·秦本纪·集解》骃案："《地理志》京兆有郑县。"《史记·商君列传·正义》："华州郑县也。"《资治通鉴》周纪二："秦、魏遇于彤"，胡三省注："彤，周彤伯所封之国，……其地当在汉京兆郑县界。"原周彤伯所封之国，后改封为郑桓公友乃名郑。钱穆《史记地名考·

卷十四韩地名》案："今陕西华县北。"

褒氏，姒姓，"其后分封，用国为姓"。《史记·周本纪》："昔自夏后氏之衰也，有二神龙止于夏帝庭而言曰：'余，褒之二君。'"这一神话或能说明褒之立国当在夏代。《索隐》："褒，国名，夏同姓，姓姒氏。"《正义》引《括地志》云："褒国故城在梁州褒城县东二百步，古褒国也。"即今陕西汉中北褒城。另一说为：罗泌《路史·国名记》引郑樵说以为在"蔡之褒信"，即今河南信阳市息县北褒信集。

费氏，《世本》费作弗，姒姓，"其后分封，用国为姓"。《左传·成公十三年》记载，晋侯使吕相绝秦，吕相云："……伐我保城，殄灭我费滑……"杜注："费滑，滑国都于费，今缑氏县。"《水经注卷十五·洛水》："（洛水）又东，休水自南注之。……休水又径延寿城南，缑氏县治，故滑费，春秋滑国所都也。"《春秋大事表·春秋列国爵姓及存灭表卷五》提到，滑国"国于费，今河南河南府偃师县南二十里缑氏故城是"。经考古调查发现在今河南偃师市南缑氏镇东南约 20 里发现了春秋滑城遗址①。

杞氏，姒姓，"其后分封，用国为姓"。杞的来源很早，据文献记载，成汤灭夏，汤封夏之后，就有了杞国。但"殷时或封或绝"②，没有留下更多的史迹。殷墟卜辞有"杞"和"杞侯"条文，其地望大概在古汴州雍丘，今河南杞县一带，不过，今杞县未发现杞国遗存。有些学者认为商末杞人已举族迁往东方牟娄之地（今山

---

① 中国科学院考古研究所洛阳发掘队：《河南偃师"滑城"考古调查简报》，《考古》，1964 年第 1 期。

② 《史记·陈杞世家》。

东诸城一带），那里多有姒姓小国①。现藏于台北故宫博物院的杞妇卣，根据此卣的形制与花纹判断，其年代当在商末。此卣盖器对铭，一行四字："亚醜（待考）、杞妇。"器主系亚醜族氏之女而嫁于杞者。过去在山东益都苏埠屯大墓里，曾出土过商代亚醜族氏的青铜器。商末杞与益都的族氏通婚，其地理位置也不能太远②。这大概也是商末杞人可能迁到山东的一条佐证。

西周初，周武王大分封。"求禹之后，得东楼公，封之于杞，以奉夏后氏祀"③，"至周封于杞也"④。周武王派人从东土得禹后东楼公，复封于杞以奉夏祀，此杞地望仍在今河南杞县。

大概在西周晚期到春秋初年，传至武公，杞国又迁居山东。《左传·襄公二十九年》引叔侯曰："杞，夏余也，而即东夷。"《汉书·地理志上》曰：杞"徙鲁东北"，未实指具体地点。杞国迁山东后，按文献搜寻，多次迁徙，学者们各抒己见，对杜预的"三迁"说（即杞从原都今河南杞县迁淳于、继迁缘陵、再迁淳于）提出修正与补充，立有二迁、三迁、四迁和五迁说。淳于，今山东安丘东北 30 里。缘陵，今山东昌乐县东南 70 里。更有个别学者提出两个杞国说（即一为商杞，立国于新泰一带，战国时亡于楚；另一为周杞，初封于河南杞县，后东迁于缘陵，最后为齐所灭）。各说虽不统一，但多数学者认为最晚自春秋时起，杞国就迁都于今山东新泰，其间虽有迁徙，但直到楚灭杞时，仍都于新泰。早在清末光

---

① 王献唐：《山东古国考》，齐鲁书社，1983 年。
② 李学勤：《中国古代文明十讲》，第 207 页，上海：复旦大学出版社，2003 年。
③ 《史记·陈杞世家》。
④ 《史记·周本纪》。

绪年间，新泰出土一批杞国铜器，其中 10 件铜器铭文记载均为杞伯每匕为其妻邾曹所作之器（邾即邾国，曹姓，地在今山东邹县一带）。后在武汉收购的杞伯簋、滕县出土的杞伯鼎，上面记有类似铭文。杞伯每匕，据郭沫若先生考证，就是《史记·陈杞世家》中杞国的国君谋娶公，确当周厉王时，即公元前 857 年至前 842 年之间。新泰市有丰富的杞文化遗存，杞国长期迁都于此，是有文献和考古依据的。

"杞，夏余也"，因此，杞国在先秦史上有着特殊的地位。虽然"杞小微，其事不足称述"，但司马迁还是为这个小国立了《陈杞世家》，以显其特殊的历史地位。孔子曰："夏礼吾能言之，杞不足征也①。"孔子对夏杞之间的渊源关系十分清楚。杞国虽小微，但如从商立国算起，到了春秋、战国之交，楚惠王四十四年（前 445 年）被楚所灭，断断续续有 1 000 余年。《陈杞世家》列杞十九代世系，如加《春秋》经传二代（杞惠公、杞成公，不见于《陈杞世家》），才有二十一代，显然中间有脱漏，今天要恢复杞国历史的全貌是有相当难度的②。

缯氏，缯与鄫通用。姒姓，"其后分封，用国为姓"。另外，还有姬姓曾侯（鄫），其地望在豫南、鄂北之间，不在本文论列范围。《国语·周语中》："杞缯由大姒。"韦昭注："杞、缯二国姒姓，夏禹之后，大姒之家也。大姒，文王之妃，武王之母也。"看来作为姒姓的杞、缯与姬周一直有联姻关系。《周语下》则云"有夏虽衰，杞、鄫犹在"。周末周幽王宠褒姒，废申后，去太子。申侯怒，与

---

① 《论语·八佾》。
② 参阅：王尹成主编：《杞文化与新泰》，北京：中国文联出版社，2000 年。

缯、西夷犬戎攻幽王。周与缯的联盟地位始终保持着。《世本》云："曾氏，夏少康封其少子曲烈于鄫。"是说曾氏系夏禹后裔。《春秋·僖公十四年》（前 656 年）夏六月："使鄫子来朝。"杜预注："鄫国，今琅琊鄫县。"刘文淇《疏证》引《地理志》："东海郡缯故国，禹后。"又引沈钦韩云《一统志》："鄫县故城在峄县东八十里。"《国语集解·周语中》徐元诰案："缯，今山东峄县东有鄫城。"即今山东枣庄市峄城区。鄫国于襄公六年（前 567 年）灭于莒。昭公四年（前 538 年）其地入于鲁，后又属齐。

辛氏，姒姓，"其后分封，用国为姓"。又称有莘氏，亦作姺。因立国于辛地而称辛氏。有莘氏早在夏建国前就与夏有了联姻关系。相传禹是鲧与有莘氏之女所生之子。据《大戴礼记·帝系》云："鲧娶于有莘氏之子，谓之女志氏，产文命"，"鲧产文命，是为禹"。而另一说《史记·索隐》云："案《世本》：'鲧娶有辛氏女，谓之女志，是生高密。'宋衷云：'高密，禹所封国。'"《玉篇》引《世本》云："鲧生高密是为禹也。"而秦嘉谟辑《世本》则云："夏启封支子于莘，莘辛声相近，遂为辛氏。"总之，辛氏与夏后氏有着亲缘关系。后来商人和周人同有莘氏的密切联系也时见于文献记载。相传商初成汤名相伊尹就出自有莘氏。《孟子·万章上》："伊尹耕于有莘之野。"《水经·伊水注》："涓水又东南注于伊水。昔有莘氏女采桑于伊尹，得婴儿于空桑中，言其母孕于伊水之滨……殷以为尹，曰伊尹也。"又《史记·周本纪》载：商纣王"囚西伯于羑里，闳夭之徒患之，乃求有莘氏美女"献之纣王，纣王"乃赦西伯"。另外，文献记载：周文王取有莘之女而生武王。《诗·大雅·大明》云："有命自天，命此文王，于周于京。缵女维莘，长子维行，笃生武王。"周有名曰辛甲、辛有大夫。莘之地望有多处，大致在今河南开封东部一带。据杨伯峻《春秋·左传注》考证，《左传》中出现的莘地有如下多处：1. 桓公十六年之莘是卫地，为卫齐两国边界，在今山东莘县北。2. 庄公十年之莘是蔡地，今河南汝南县境。3. 庄公三十二年之莘是虢地，今三门峡市西。4. 僖公二十八年之有莘之墟，即古莘国，以地理考之，此莘当是桓公十六年之莘，为从卫至齐之要道。古莘国之废墟，据《春秋舆图》，有莘氏之虚在今山东省曹县西北。5. 成公二年之莘则为齐地，具体地点不确。

冥氏，姒姓，"其后分封，用国为姓"。因立国于冥地而得名，又称郏。秦嘉谟辑《世本》："冥氏，分封用国为氏。"秦嘉谟案："《路史·后纪》卷十四注引《春秋公子谱》：'郏出姒氏'，则冥即郏也。《左传·僖公二年》：'冀为不道，入自颠轮，伐郏三门'，当即其旧地也。"《左传·僖公二年》杜预注："郏，虞邑。河东大阳县东北有颠轮坂。"《括地志》："故郏城在陕州河北县东十里，虞邑也。"河北大阳、陕州河北，即今山西平陆县东北，夏代冥氏当居此地。

斟戈氏，姒姓，秦嘉谟辑补《世本》："戈氏，分封用国为氏，斟戈即斟灌氏。"《史记·夏本纪·索隐》："斟戈氏，按《左传》《系本》（《世本》）皆云斟灌氏。"上文已论述，斟灌氏先居今河南清丰、范县和山东莘县之间，后迁到今山东寿光一带。

以上是叙述夏之姒姓盟邦，下面分述其他姓氏的盟邦。《国语·郑语》记："祝融八姓。"其中与夏国有关的盟邦就有：己姓昆吾和顾，彭姓豕韦，还有被夏灭掉的董姓鬷夷、豢龙。兹分述如下：

《商颂·长发》记成汤灭夏："九有有截，韦顾既伐，昆吾夏桀。"商灭夏的过程，先歼灭夏的同盟韦、顾、昆吾，最后破灭夏桀王朝。

韦，又称豕韦，彭姓。殷商时豕韦仍很强盛，有"商伯"之称。《左传·襄公二十四年》："在商为豕韦氏。"杜预注："豕韦，国名，东郡白马县东南有韦城，故地在今河南滑县，县东南五十里有韦乡。"

顾，昆吾分支，己姓。《世本·氏姓篇》："顾氏，出自己姓。顾伯，夏商侯国也。"《左传·哀公二十一年》杜注："顾，齐地。"《元和郡县图志》卷十一濮州范县条："故顾城在县东二十八里，夏之顾国也。"据《读史方舆纪要》："顾即《诗·商颂》'韦顾既伐'之顾国，在今河南范县旧治东南五十里，齐地。"另有顾扈同名说，此说不可取。

昆吾，己姓，夏伯诸侯，是祝融之后的强大部落。据文献记载，昆吾早在夏初启时就存在。《墨子·耕柱》："昔者夏启开（启）使蜚廉折金于山川，而陶铸之于昆吾。"可见昆吾长于制陶术。商灭夏前先把昆吾灭了。昆吾地望见于史志者有多处。《左传·昭公十二年》记楚灵王曰："昔我皇祖伯父昆吾，旧许是宅。"旧许即许国故都，在今河南许昌。又：《左传·哀公十七年》载卫国"昆吾之观""昆吾之墟"。《世本》曰："昆吾者，卫是也。"《史记·楚世家·索隐》"按：今濮阳城中有昆吾台"。《史记·楚世家·正义》引《括地志》云："濮阳县，古昆吾国也。昆吾故城在县西三十里，台在县西百步，即昆吾墟也。"今在河南濮阳东25里。清陈奂《诗毛氏传疏》主张昆吾先居许昌，后迁濮阳，说明古国迁徙不定的实际情况。

豢夷氏、豢龙氏，《郑语》曰："董姓：豢夷、豢龙，则夏灭之矣。"为"祝融八姓"之后。《左传·昭公二十九年》载：晋国的蔡墨谈到关于豢龙和豢夷的传说："昔有飂叔安，有裔子曰董父，实甚好龙，能求其耆（嗜）欲以饮食之，龙多归之，乃扰畜龙以服事帝舜。帝赐之姓曰董，氏曰豢龙，封诸鬷川，豢夷氏其后也。"上述引文可见，飂叔安之后，董姓国先有豢龙，后有豢夷。两者有亲族关系，早在尧舜时代就存在，后归附于夏，直到夏桀时尚有臣名关龙逢。《潜夫论·志氏姓》作豢龙逢。豢龙氏地望不详。豢夷，《殷本纪》："汤遂伐三鬷。"《集解》引孔安国曰："三鬷，国名。"《正义》引《括地志》云："曹州济阴县即古定陶也，东有三鬷亭是也。"当在今山东曹县西南。

与夏国有邦盟关系的还有嬴姓诸国、偃姓诸国和姜姓诸国。

伯益（伯翳）和皋陶同为少昊氏后裔。伯益，嬴姓，为舜驯服鸟兽，曾佐禹治水有功。禹死授政于益，但启"攻益而自取"。伯益后裔主要西迁于秦，秦先祖曾为夏末御官，后"去夏归国，为汤御，以败桀于鸣条"[1]。同时夏商时期在山东、河南留下一些嬴姓封国。如：葛（今河南商丘宁陵北）、费（嬴姓，非姒姓费，今山东鱼台东南）、黄（今河南潢川西）、江（今河南正阳西南）、廉（今晋南）、谭（今山东章丘）等。

现举葛为例：《孟子·梁惠王下》："汤一征，自葛始。"（《孟

_____

① 《史记·秦本纪》。

联珠纹青铜斝
（偃师二里头遗址出土）

子·滕文公下》《史记·殷本纪》有类似记载）秦嘉谟辑本《世本·氏姓篇》："葛氏，夏殷时葛伯，嬴姓之国也，其后为葛氏。""葛伯氏，夏时诸侯，为殷所灭，以葛伯为氏。"葛的地望，据《史记·殷本纪·集解》引《地理志》云："葛，今梁国宁陵之葛乡。"即今河南商丘市宁陵县北。

皋陶氏，偃姓（偃嬴一音之转，相通）。以皋陶贤，禹先举皋陶，因皋陶卒，未得禅。皋陶葬于六，禹"封皋陶之后于英、六"。今六在安徽六安，英在六安西。江淮之间、巢湖以西的大片地区是偃姓聚居之地。《史记·夏本纪》又云皋陶之后"或在许"，今河南许昌抑或是偃姓受封之地。

还有吕氏、申氏，姜姓国。据《史记·齐太公世家》记："（齐太公望）其先祖尝为四岳，佐禹平水土甚有功。虞夏之际封于吕，或封于申，姓姜氏。夏商之时，申、吕或封枝庶子孙，或为庶人，尚其后苗裔也。"可见姜姓的吕、申，皆曾为夏的邦盟。吕的地望，《齐太公世家·集解》："徐广曰：'吕在南阳宛县西。'"申的地望，《齐太公世家·索隐》："《地理志》申在南阳宛县，申伯国也。吕亦在宛县之西也。"吕、申皆在今河南南阳市境。

与夏代有关的盟邦还有：

观，《左传·昭公元年》："夏有观扈。"此观，亦夏时故国。《汉书·地理志》东郡观县条应劭注："夏有观扈，世祖更名卫国，以封周后。"《后汉书·郡国志》东郡卫公国条下曰："本观故国，姚姓。"乃帝舜有虞氏后裔。今之地望在河南濮阳清丰县境南。

有施氏，据《国语·晋语一》："昔夏桀伐有施，有施人以妹喜女焉，妹喜有宠，于是乎与伊尹比而亡夏。"韦昭注："有施，喜姓之国。"喜姓，是黄帝后裔。《国语·晋语四》记：黄帝十二姓，其中有僖姓。有施氏系黄帝后裔。《左传·定公四年》记周初大分封，分康叔建卫，授殷民七族，其中有有施氏，其地望不清。

夏商周三族几乎是同时在中华大地上兴起的部族。夏族在豫西、晋南最早崛起，进入文明社会，建立了第一个王国。与此同时，在偏东方向有商族兴起，在偏西方向有周族崛起。他们先后建立了夏商周三代王朝。张光直先生论述得好，他认为："夏商周都是自黄帝下来一直平行存在的三个集团"，"夏商周三代的关系，不仅是前仆后继的朝代继承关系，而且一直是同时的列国之间的关系"[①]。这一论述把我国古代早期国家实际存在的邦国林立状况，分析得十分透彻。

商族，始祖契，到成汤灭夏前，历经十四世。这一段历史大致与夏族并列兴起。当时商族活动的地域，《殷本纪》云"自契至汤

[①] 张光直：《中国青铜时代》，第68、70页，北京：生活·读书·新知三联书店，1999年。

八迁"，有蕃、砥石、商（丘）、"东都"、殷、亳等。诸家对上述地名考证说法不一，但大致活动范围离不开今豫东、鲁西南和豫北、冀南地区。关于商族的兴起，学者们提出如下几种看法：1. 东方说。首倡者是王国维先生。他的观点见之于名篇《殷周制度论》（载于《观堂集林》第二册，卷十，第451—452页，中华书局，1984年）。2. 西方说。《史记·殷本纪·集解》云："郑玄曰：'商国在太华之阳。'皇甫谧曰：'今上洛商是也。'"即今陕西商洛。3. 东北说。此说见之于傅斯年的《夷夏东西说》（载于《庆祝蔡元培先生六十五岁论文集》，1935年）。后金景芳先生提出北方说，他认为商族居地砥石即今内蒙古赤峰市克什克腾旗的白岔山[①]。4. 南方说。最早提出此说的是卫聚贤[②]。

以上诸说难以成立的重要原因是得不到考古资料的支持。夏商周考古工作重点之一就是探索先商文化和商族渊源。特别经过20多年的考古实践，考古学家们把寻找先商文化的重点放在豫东、鲁西南和豫北、冀南地区，并初步认定以"漳河类型为中心的河北磁县下七垣文化的主体就是先商文化"[③]。这一看法得到许多学者的认同。

周族也是与夏族并存的古老集团。关于周族始祖、族系和活动地域等问题，学术界分歧甚多。这里仅就与夏史有关的问题，分述如下：据文献记载，从其始祖后稷起，周族与夏族的联系就很密

---

① 金景芳：《中国奴隶社会史》，第51—52页，上海：上海人民出版社，1983年。
② 卫聚贤：《殷人自江浙迁徙河南》，载《江苏研究》，第三卷，第五、六期，1933年。
③ 中国社会科学院考古研究所：《中国考古学·夏商卷》，第144页，北京：中国社会科学出版社，2003年。

切。《国语·周语上》："昔我先王世后稷，以服事虞、夏。及夏之衰也，弃稷弗务，我先王不窋用失其官，而自窜于戎狄之间。"后稷曾任虞舜和夏代农官。不窋是夏末商初人，也曾任夏之农官，后来夏末社会动乱，失去农官职务，而投奔到与戎狄杂处的游牧地区。前辈学者研究多认为从后稷到不窋中间缺代失载，其间正处于有夏一代的时间。

周族的起源地，按古书传统记载，即《诗·大雅·生民》的"有邰家室"的邰地，这是后稷所封的"古邰国"，其地望大概在今陕西武功县和杨凌区一带的漆水下游。但从 1931 年钱穆先生提出周族起源于山西晋南说以来，随后吕思勉、陈梦家、徐中舒、王玉哲、邹衡、刘起釪等学者从不同角度丰富了这一观点。不过，这类工作仅从文献上求证是难以突破的，学术界将更多求诸于先周考古文化的寻觅和发掘。不窋所居奔于戎狄之间，具体地点据《史记·周本纪·正义》引《括地志》云："不窋故城在庆州弘化县南三里。即不窋在戎狄所居之城也。"应在唐代的庆州弘化县，即今甘肃庆阳，地处泾水上游，但是庆阳一带尚未发现先周文化遗存，还不能确定不窋就是奔到庆阳一带。据尹盛平先生新著《西周史征》认为：《诗·大雅·绵》中的"自土沮漆"所云，是指后稷氏族，其初始地当是"漆水的上游杜水流域"，"当是关中西部陇县、千阳、麟游一带的杜地"[①]。而且这里初步发现了早周文化之前的先周文化线索。因此，夏朝时，周族大致隅于关中西部、陇东一带，这可能是较为符合实际的看法。

---

① 尹盛平：《西周史征》，第 30—31 页，西安：陕西师范大学出版社，2004 年。

　　早在夏之前的传说时代就存在着"万邦""万国"林立的格局。但到了夏代开始，以王朝为核心相对集中的权力开始初步形成，王朝内和周边许多邦国，或被吞并，或受王朝管辖，或成其邦盟，但它们还不失其相对的独立性。这大概是从"王国"时代未进入"帝国"时代前其政治体制所具有的共同特点。

第八章　华夏文明之光

夏代的物质生产水平和状况主要反映在考古发掘资料和传说文献上，学术界公认二里头文化则是反映夏代物质生产的可靠依据①。

为此先概述二里头文化的基本情况。二里头文化于 20 世纪 70 年代被正式定名，是源于 1959 年发掘的偃师二里头遗址。该遗址位于偃师西南约 9 千米，南临洛河故道，北部为今洛河所切断，以二里头村为中心，总面积 5—6 平方千米（或说 9 平方千米），已发掘面积约 3 万平方米，在此发掘出宫殿、宗庙礼仪性建筑、祭祀性建筑、中小型各类房屋建筑、夯土基址、窖穴、灰坑、水井、墓葬群以及青铜冶铸作坊、制骨作坊、陶窑，以及出土大量陶器，一批铜器、精美玉器等。

东下冯遗址位于夏县东下冯村青龙河畔，面积约 25 万平方米。该遗址的发掘工作始于 1974 年。遗址可分为六期，其中一——四期

---

① 本章引用的考古资料多参阅中国社会科学院考古研究所：《中国考古学·夏商卷》，中国社会科学出版社，2003 年。中国社会科学院考古研究所、中国历史博物馆、山西省考古研究所：《夏县东下冯》，北京：文物出版社，1988 年。

属二里头文化东下冯类型遗存。已发掘出房屋（窑洞式、半地穴式
和地面建筑）、灰坑、墓葬、水井、"回"字形围沟、陶窑以及出土
大量陶器（估计有 700—800 件）、青铜器和铜炼渣、铸铜用的石
范等。

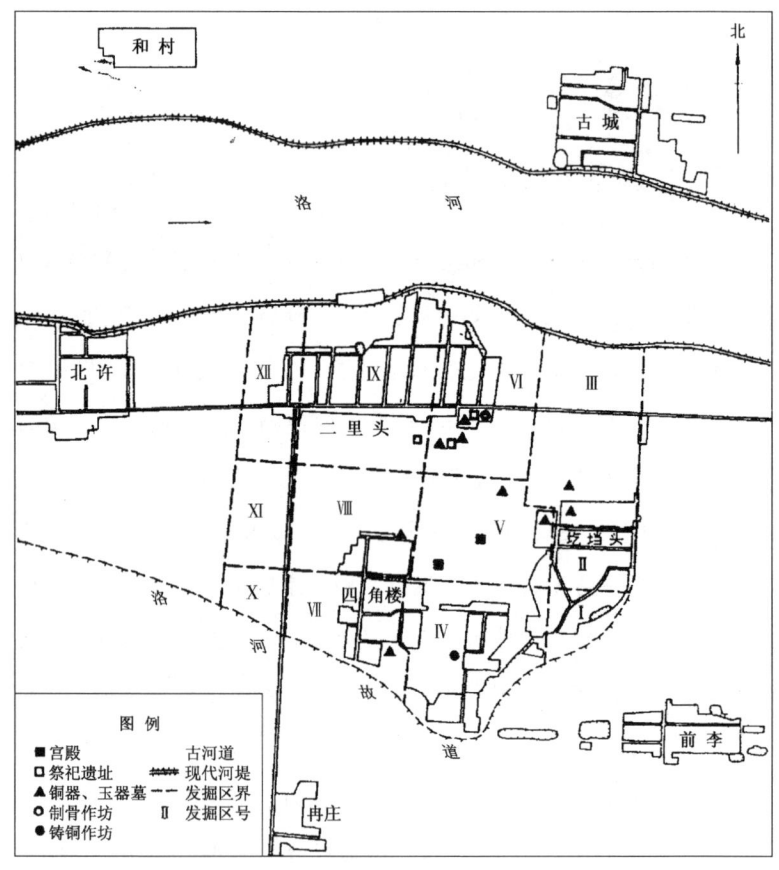

二里头遗址主要遗迹分布图①

① 录自中国社会科学院考古研究所：《中国考古学·夏商卷》，第 62 页，北京：中
国社会科学出版社，2003 年。

　　经勘查发掘掌握，二里头文化的分布中心在豫中、河南西部的郑州、洛阳地区和晋西南的运城及临汾地区，主要分为二里头类型和东下冯类型。二里头类型的影响范围向西突入陕西关中东部、丹江上游的商州地区，南及豫鄂交界地带，东达豫东平原，方圆千余里的地域内，都有二里头文化的遗址和遗迹。东下冯类型的分布范围主要是在运城地区和临汾地区，在上党地区也有所发现，至于晋中地区是否属于夏纪年范围内的文化性质，还有待于继续研究。

<table>
<tr><td>绿松石镶嵌兽面纹牌饰
（偃师二里头遗址出土）</td><td>绿松石镶嵌兽面纹牌饰
（偃师二里头遗址出土）</td></tr>
</table>

　　河南省境内已发现的二里头文化遗址，比较著名的有登封、玉村、王城岗、郑州洛达庙、偃师二里头、灰嘴、陕县七里铺、渑池鹿寺和郑窑、洛阳矬李及东干沟、巩义稍柴、临汝煤山、新密新砦、济源庙街等。山西境内经发掘的二里头文化遗址主要是夏县东下冯、垣曲古城南关（垣曲商城）。此外，还有永济东马铺头、翼

城感军、襄汾大柴、垣曲小赵等。

二里头文化延续时间较长，可分为一、二、三、四期。从其地层叠压关系和器形变化来看，上溯由河南龙山文化演进而来，下延发展为郑州二里冈文化，前后文化联系紧密，反映了中原历史文化发展的脉络。

一 农 业 文 明

我国原始农业起源很早。正如严文明先生所指出的："到新石器时代中期则已发现了较发达的农业遗存，而且形成了南北两大农业经济文化区，即华北的旱地农业经济文化区和华中、华南的水田农业经济文化区。以此推测，新石器时代早期也应有农业和养畜业的萌芽[①]。"到新石器晚期，在中原地区农业则有了较快的发展。夏代的农业生产就是在先民们创造的农业生产传统基础上而发展起来的。首先，应了解二里头文化居民们的生存环境。夏朝的中心辖区是以嵩山为中心的伊、洛、汝、颍四水流域的河谷地区，二里头遗址都分布在这一地区。夏朝另一中心地带则跨过黄河到达运城盆地和临汾盆地，东下冯类型遗址则分布在汾河下游涑、浍二水的河谷地带。黄土冲积层遍布河谷之间，有些地方厚达 10 米以上，土壤疏松肥沃，利于开垦，气候温湿，雨量充沛，植被茂盛，森林覆盖率高，野兽出没，古代中原有象活动，故河南称"豫"。

古代黄河中游地区气候要比今日温暖湿润。竺可桢研究表明，

---

① 严文明：《史前考古论集》，第 351 页，北京：科学出版社，1998 年。

在近 5 000 年中的最初 2 000 年，即从仰韶文化到安阳殷墟，大部分时间的年平均气温高于现在 2 ℃左右，一月份温度比现在高 3—5 ℃①。

古豫州地区矿物资源丰富，有玉石、铜矿等。晋南更有盐池之利，中条山脉和其东侧的太行山脉内同样蕴藏着矿物资源。这些地理因素都是经济发展的必备条件。

河洛地区，"河山拱戴，形势中于天下"，南临古洛河及伊河而望嵩岳、太室、少室山。北依邙山而背黄河，东有成皋之险，西有崤函之固，故这里素有中土、土中、地中之称。

我们可以认为河洛之间、晋南地区正是古代居民最适宜的居住地之一。

从已发掘的二里头遗址中曾出土了炭化的大米粒和炭化谷子（粟），另外，采集到一口陶尊，在其腹部刻画着一穗有 6 个带芒稻粒和两层稻叶的水稻图像，证明当时人们对水稻已不生疏。

山西东下冯遗址几个灰坑发现大量炭化粟粒，其中一个灰坑，炭化粟粒堆积层厚 40—73 厘米。研究者推测这个灰坑可能是一座贮存粮食的窖穴。窖穴周围有"火烧坑壁以利防潮，两端竖槽用以透气通风。柱状生土小平台，应该是支撑铺垫的设施"②。生产粮食和贮存粮食成为当时人们生产和生活的重要手段。

二里头遗址所发现的农业工具仍以石器为主，有开荒用的石斧、起土用的石铲、除草收割用的穿孔石刀和石镰。另有骨铲、蚌

---

① 竺可桢：《中国近五千年来气候变迁的初步研究》，《考古学报》，1972 年第 1 期。
② 中国社会科学院考古研究所、中国历史博物馆、山西省考古研究：《夏县东下冯》，第 106—107 页，北京：文物出版社，1988 年。

铲、蚌镰，还有陶刀。在房基、灰坑和墓葬的壁土上发现木末的印痕。东下冯遗址中，也是以石农具为主，有石斧、石锛、石铲、石镰，蚌、骨器也很多，如蚌铲等。目前为止，尚未能确认青铜农具的使用。不过在松软的黄土堆积层上开垦种地，先民们使用石、蚌、骨器还是得心应手的。从末痕的发现和铲形器的出土，可以看出夏代的农业已摆脱了原始状况，已进入末耜阶段，使农产品的收获大有提高，正好与"禹、稷躬稼而有天下"①、"咎繇（皋陶）作末耜"② 的传说相吻合。

　　酒的发明和饮酒之风的盛行也能证明粮食生产的发展。酒的原料来自粮食，只因粮食有剩才用来酿酒。二里头遗址发现的酒器种类繁多，有储酒器、盛酒器、饮酒器等。如：尊、罍、鬶、盉、爵、觚、斝等。陶酒器量多，其中盉、鬶、爵都很精美，而铜盉、铜爵颇引人注目，还有漆觚也很别致。从酒器的大量出土，可以反映出当时饮酒之风的盛行，从一个侧面证明农业生产的发展。

　　关于夏人造酒和饮酒的情况，文献资料上也有所反映。如：《世本》载："仪狄始作酒醪，辨五味。"（《初学记》卷二十六引）"少康作秫酒。"（《北堂书钞·酒食部》引）《说文·酉部·酒》："古者仪狄作酒醪。禹尝之而美，遂疏仪狄，杜康作秫酒。"《战国策·魏策二》："昔者，帝（尧）女令仪狄作酒而美，进之禹，禹饮而甘之，遂疏仪狄，绝旨酒，曰：'后世必有以酒亡其国者。'"《尚书·大传》："夏人饮酒，醉者持不醉者，不醉者持醉者相和而歌。"这些传说说明夏代造酒盛行，与大量夏代酒器出土，得以互相印证。

---

　　① 《论语·宪问》。
　　② 《太平御览》引《世本》。

水井的发现，表明人们可以不依赖江河而散居到各地生活。早在龙山文化时期多处遗址发掘到了水井，如襄汾陶寺、洛阳矬李、汤阴白营以及河北邯郸涧沟龙山文化遗址发现了水井多眼。《世本》记：尧臣"伯益作井"传说，当与考古发现相印证。

二里头遗址同样发现了水井。水井口平面多呈长方形，东西向，南北两壁都发现有上下脚窝，由于地下水位较高，都未挖到底部，不知深度。

东下冯遗址第三期发现水井2眼，第四期发现水井1眼。见于发掘报告的，编号为J501的，"井为长方形，南北长2.5米，东西宽0.9—1.1米，现深3.9米"。编号为J1的，"井长方形，南北长1.25米，东西宽0.9米。自口向下挖至5.5米处，井泉涌出，未继续清理，深度不明"[1]。挖井为了生活饮水，也可以用来灌溉附近的农田。

在农业发展基础上，家畜饲养业也较发达，同时，辅之以渔猎经济，从二里头遗址的发掘情况看，畜牧、渔猎经济都是二里头遗址人们的重要生活来源。

在二里头遗址发现的兽骨，以牛最多，其次有猪、羊、狗、鹿等，完整的狗、猪、羊的骨架屡见不鲜。还发现一些牛、猪、羊、狗、象等形状的陶塑。专家们对那些兽骨鉴定难以确定哪些是家畜、哪些是野生。东下冯遗址报告认为"家畜中，以猪为最多，牛羊次之，狗最少"[2]。

二里头文化遗址发现不少铜镞和骨镞，形式多种多样。它们既

① 中国社会科学院考古研究所、中国历史博物馆、山西省考古研究所：《夏县东下冯》，第61、107页，北京：文物出版社，1988年。
② 中国社会科学院考古研究所、中国历史博物馆、山西省考古研究所：《夏县东下冯》，第208—209页，北京：文物出版社，1988年。

可能是兵器，也可用于狩猎，其性质不易确定。铜镞是一次性消耗品，它的出现反映青铜制造业的发展水平。东下冯遗址发现骨镞占绝对多数，石镞较少，铜镞和蚌镞只有 10 余件①。它们同样既可能是兵器，也可能是狩猎工具。

渔猎经济也是二里头遗址居民生活的重要来源。这里出土的渔具有骨鱼钩、蚌鱼钩、骨鱼镖、骨网坠、铜鱼钩等，而且在出土的陶器和骨片上，屡屡发现有刻画鱼纹的图案。夏代的弓箭很有名。周初大分封，分鲁公伯禽就有"封父之繁弱"，古注云繁弱乃"夏后氏良弓之名"②。

二　青　铜　文　明

我国先民对金属的认识是比较早的，仰韶文化时期已出现了铜片和小件铜器，但都属于黄铜。到了龙山时期，发现的铜器或冶铜、铸铜遗物更多，但主要限于小件工具和饰品。到龙山时代晚期才出现复合范铸的铜铃、銎斧等。

二里头遗址出土的青铜器种类很多。据资料统计有：

容器：爵 13 件、斝 3 件、盉 1 件、鼎 1 件；

兵器：钺 1 件、戈 2 件、刀 36 件、镞 16 枚；

乐器：铃 5 件；

装饰品：兽面纹版饰 3 件、圆形牌饰 3 件、泡 1 件；

---

① 中国社会科学院考古研究所、中国历史博物馆、山西省考古研究所：《夏县东下冯》，第 208—209 页，北京：文物出版社，1988 年。

② 洪亮吉：《春秋左传诂·定公四年》。

工具：锥5件、凿7件、锛2件、锯1件、纺轮1件；

渔具：鱼钩3件。

还发现镞范，可能使用了铜镞。共18个种类104件。

在其他遗址也发现少量二里头文化青铜器，主要是工具、兵器等20余件。其中夏县东下冯遗址出土的青铜制品有镞8件、凿2件、刀1件、残器3件（似为爵、刀残件)①。

以上青铜器的出土，反映了夏代的青铜器种类繁多，制作精良，达到一定的冶铸水平。如以上列举的青铜容器，其中一些可能为青铜礼器，如鼎、爵、斝、盉、铃等，其造型和质地虽没有商代铜器精美，比较单薄和粗糙，但已开辟了我国青铜冶铸业的先河。再如青铜镞和铜镞范的出现，说明当时已能成批生产中、小型工具。再如二里头遗址出土一件镶嵌200多片绿松石的兽面纹的铜牌饰，它不仅反映了当时的制铜技术水平，更反映当时已掌握了比较复杂的镶嵌技术。

已发掘的二里头遗址青铜冶铸作坊，位于遗址的东南部，据初步钻探和发掘，估计作坊区的面积约近万平方米。经清理有3座浇铸场已呈现于世。在冶铜作坊，发现相关遗物有陶范、石范（仅有一件）、坩埚残片、铜渣、铜矿石（孔雀石）等。东下冯遗址也发现多块铜炼渣和多件铸铜石范。铜矿石可能出自中条山。

最能代表二里头文化青铜冶铸水平的是这里出土的青铜礼器，如铜爵、铜斝、铜盉等，都需要多块内、外范拼合浇灌铸造，它开创了商周青铜冶铸技术的先河。所铸青铜器，主要是铜锡合金，也

① 以上资料出自：中国社会科学院考古研究所：《中国考古学·夏商卷》，第109—110页，北京：中国社会科学出版社，2003年。

有铜铅合金以及铜锡铅合金。经电子探针定量分析，其中一件铜爵的含铜量为92％、含锡量为7％。另一件铜爵，经化学分析，含铜量为91.89％、含锡量为2.62％、含铅量2.34％，锡铅合计不足5％。尽管如此，它们已是青铜。夏人已掌握了青铜冶铸技术。后来，《考工记》记载的各类青铜器的制作根据它们的功能各异，而采用不同的铜锡（包括铅）的比例，可以认为，这一科学知识的由来，是从夏人开始萌生，后经商周青铜制作实践而逐渐积累丰富起来的。我们对夏人青铜器制作的开创之功应给予肯定，虽然夏代的青铜器比较单薄、粗糙且花纹简单，带有一定的原始性，但毕竟已跨进了青铜时代。

我们称夏代跨进了青铜时代，不仅有以上那些考古资料证据，还有文献上的传说依据。如：《左传·宣公三年》云："昔夏之方有德也，远方图物，贡金九牧，铸鼎象物，百物而为之备，使民知神奸。"《墨子·耕柱》："昔者夏后开（启）使蜚廉折金于山川，而陶铸之于昆吾。"《管子·山权数》："禹以历山之金铸币。"《越绝书》卷十三记风胡子对曰："时各有使然。轩辕、神农、赫胥之时，以石为兵……至黄帝之时，以玉为兵……禹穴之时，以铜为兵，以凿伊阙、通龙门，决江导河，东注于东海。……当此之时，作铁兵，咸服三军。"不同时代使用不同质料的兵器。毫无疑问，文献记载夏初使用青铜器，与二里头文化遗址出土青铜器正好吻合。

三　玉石制造及其他

玉石骨制作业：

我国玉器制作有悠久的传统。早在新石器时代中、晚期就出土了许多玉器。其中红山文化、山东龙山文化、良渚文化遗址出土了大量的玉器，品种繁多，制作精美。

二里头文化继承了这一优良的制玉传统，在其遗址中出土了许多玉制品，如玉刀、璋、钺、戚、圭、戈等，有的玉器上面刻饰几何形花纹。这些大型玉器，其中有的是玉礼器，也有的用作装饰品。出土的镶嵌绿松石的铜牌饰，使用了绿松石的镶嵌技术，叫人赞不绝口。

2002年在二里头遗址的一座墓葬中（3号基址3号墓），发现了绿松石龙形器，该器放置于墓主人骨架之上，龙头朝西北，尾向东南，很可能是被斜放于墓主右臂之上而呈拥揽状。全器由2 000余片各种形状的绿松石片组合而成，每片绿松石的大小仅有0.2—0.9厘米，厚度仅0.1厘米左右。绿松石龙为巨头，蜷尾，龙身起伏错落有致，色彩绚丽。距绿松石龙尾端3.6厘米处发现1件绿松石条形饰，与龙体近于垂直。由龙首至条形饰总长70.2厘米，其构思之巧妙、用工之精细、令人惊愕①。《左传·定公四年》云周初大分封，分鲁公伯禽，其中赏赐品就有"夏后氏之璜"，这是夏代传世下来的珍宝，可见夏代制玉工艺是相当高超的。

当时农业工具仍然以石器为主，石器加工技术有了进一步提高。二里头遗址常见石器有扁平石铲、凹刃石镰及穿孔石刀等。

东下冯遗址出土农业工具有石斧、石锛、石铲、石镰、石磨棒，手工业工具有石凿、石纺轮等。狩猎工具有石镞、石球等。

---

① 转引自：中国社会科学院考古研究所二里头工作队：《河南偃师市二里头遗址中心区的考古新发现》，《考古》，2005年第7期。

除石器制作业外，骨、蚌、角器制作业也比较发达。

二里头遗址出土的骨、蚌器，农具有骨铲、蚌铲、蚌镰，工具有骨锥、凿、锛、刀，渔具有骨钩、镖，兵器有骨镞，生活用具有骨匕、叉、簪、针等。其中象牙簪的出土代表了当时骨制工艺的高超水平。

二里头遗址发现了几处丢弃废骨料的"骨料坑"，学者们推测在"骨料坑"附近可能就有制骨作坊。

在制骨技术上，从加工过的骨料留下的割痕来判断，当时人们可能使用了青铜锯来割削骨料，二里头遗址还发现了一件铜锯也能证明当时确实使用了这一技术。此外，当时人们还使用了砺石磨、抛光技术，才使所制作的骨角器起到了光滑的效果。

制陶业：

制陶术，更是我国先民的传统工艺。早在前仰韶时期人们就掌握了制陶技术。到了夏代，制陶技术更有较大的进步。夏的同盟昆吾善于作陶，史载"昆吾作陶"[1]。二里头遗址出土的陶器、陶片是大量的。正如郑光先生所云："二里头遗址文化遗物中最大宗者当数陶器。本遗址包含有大量的陶片，现已发掘的陶片堆积如山，仅复原陶器就达数千件，其数量品类之多是同时代任何遗址所不能比拟的。其制作之精，也是罕有其匹的。当进入本队陶器仓库时，会令人眼花缭乱，有应接不暇之感，这也反映本遗址的特殊性质[2]。"

二里头文化陶器以夹砂灰陶为主，泥质灰陶次之，有部分黑

---

[1] 《吕氏春秋·君守》，又见于《世本》等。

[2] 郑光：《二里头遗址的发掘——中国考古学上的一个里程碑》，选自《夏文化研究论集》，第 69 页，北京：中华书局，1996 年。

陶、白陶和少量褐陶、红陶。器物种类繁多，有深腹罐、圆腹罐、鼎、鬲、甑、甗、鬶、盉、爵、豆、盘、盆、小口尊、大口尊等30余种，还发现较长的陶水管，直径达三四十厘米，长达半米以上。精美的陶器，如鬶、盉、爵可能不是日用品，而是礼器。制作方法有泥条盘筑法，也有轮制法，后期当以轮制法为主。陶器上饰以篮纹、绳纹、方格纹、弦纹、模印纹、附加堆纹，还有线刻龙、蛇等动物花纹。在大口尊上有刻画符号。

二里头遗址尚未发现比较集中的陶窑群，而是陶窑散见于遗址的多个地点。东下冯遗址发现了5座陶窑，由窑室、窑箅和火膛等组成。窑室以圆形为主，也有方形的。从窑址情况看，制陶业可能已从农业中分离出来，有了专业的陶工和专业的制陶作坊。

纺织业：

早在新石器时代，我国就有了纺织业，包括麻织业和丝织业。在良渚文化吴兴钱山漾遗址中发现了丝带、丝线和绢片，是我国已发现的最早的蚕丝织品。

从二里头文化多方面证实夏人已掌握了纺织技术和使用纺织品。因为当时用铜器和玉器作为随葬品入葬时，往往有用纺织品包裹的习惯，因此这些器物出土时，往往附着纺织品残片，或带有纺织品脱落后遗留下的痕迹，如铜铃、铜牌和玉圭、玉戈、玉刀等出土时都发现存在这种情况。

据研究者分析，附着在这些器物上的纺织品，纺织纤维较粗的可能为麻布，组织纤维较细的可能是丝织品。

二里头文化遗址出土了不少纺轮，以陶纺轮为主，也有蚌纺轮、铜纺轮和玉纺轮。不过，铜纺轮和玉纺轮是少数。

《帝王世纪·夏第二》记："妹喜好闻裂缯之声，桀为发裂缯，以顺适其意。"缯是丝织品。传说和考古出土实物得到互相印证。

漆器制造业：

我国早在距今五六千年前的河姆渡遗址就出土了漆器。后来新石器后期的龙山文化、南方的良渚文化、北方的陶寺文化均有漆器出土。

二里头遗址墓葬出土漆器已发现数十件之多，以觚最多，还有匣、豆、盒、钵、匕、勺、瓢状器、漆鼓和漆棺等。漆器上绘有清晰精美的花纹，有的绘上饕餮纹。此外，考古工作者还发现在一些乐器、葬具的表面上经过髹漆处理的痕迹。

双轮车的制作和交通：

薛国的始祖奚仲曾任"夏车正"①。薛人善于造车，夏朝任用其始祖担当车服管理的官吏。1994 年，在二里头遗址Ⅻ区北部（今洛河滩内）发现了一段二里头文化三期的双轮车的辙印，辙印上口宽约 40 厘米，深约 15 厘米，轨距（以两辙中线之间距计）约 1.2 米，辙沟内灰褐色土极为坚硬。车辙的发现，证明二里头文化时期确实已经有了双轮车。这与偃师商城东北隅发现的商代早期车辙大致相当，可见它们之间有着传承关系②。徐中舒先生云：商先公王亥作服牛，即用牛拉两轮大车③。看来商人使用牛拉两轮大车，可能是从夏人那儿学习来的。

---

① 《左传·定公元年》。
② 中国社会科学院考古研究所：《中国考古学·夏商卷》，第 122—123 页，北京：中国社会科学出版社，2003 年。
③ 徐中舒：《先秦史论稿》，第 55 页，成都：巴蜀书社，1992 年。

房屋建筑业：

房屋建筑技术的突出成就主要表现于宫殿（宗庙）基址的披露。在二里头文化第三期已发掘出 1、2 号宫殿（宗庙）基址，其规模宏大空前，结构严谨，开创了三代都城宫殿（宗庙）建筑的一种重要模式。

已发掘的宫殿（宗庙）基址是建在二里头遗址中心区的夯土台基之上。1 号宫殿基址位于遗址的中部，平面略呈方形，东西长约 108 米，南北宽 100 米，面积 1 万余平方米。基本上是坐北朝南。殿堂位于台基中部偏北，东西长约 36 米，南北长 25 米，夯土厚约 3.1 米。基座底部铺垫三层鹅卵石。殿堂四周有排列整齐的柱洞或柱础石（含大柱洞和小柱洞），支撑殿堂的屋顶出檐。这是一座面阔八间、进深三间、四坡出檐式的建筑。殿堂前为庭院，面积约 5 000 平方米。殿堂和庭院被一道围墙圈起来。沿着围墙还有一圈廊庑约 150 余间。南面有大门，东北角有便门。整个建筑的布局由堂、庑、门、庭四部分组成。这个宫殿建于二里头文化第三期，毁于第四期。

已发掘的 2 号宫殿（宗庙）基址位于 1 号宫殿基址东北约 150 米，平面为长方形，南北长 73 米，东西宽 58 米，面积约 4 200 平方米。其形制结构大体与 1 号宫殿相近。作为立体建筑的殿堂，下有基座，上为四阿式屋顶的宫室和回廊，由主殿、庭院、廊庑、大门和大墓等建筑组成。建于二里头文化第三期，历经二里头文化第四期，一直延续到二里冈早商文化时期。与 1 号宫殿相比，2 号宫殿规模小一半。另外，宫殿北面有一座大墓，墓内殉一狗，裹在红漆木匣内。研究者认为这座大墓，"则可能是迁骨葬，或只是一座'衣冠冢'，墓中所葬是当时统治者的始祖或高祖（遗骸或其象征

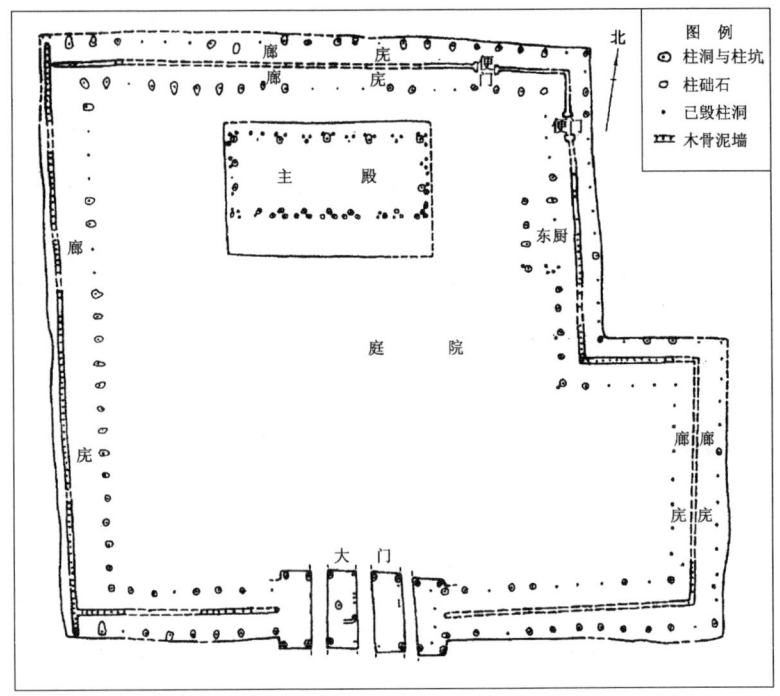

二里头遗址 1 号宫殿基址平面图[1]

物），这似乎正好说明， 2 号宫殿是祭祀祖先的庙堂"[2]。也有学者
认为"可能与'夏社'有关"[3]。也有学者认为以上 1、2 号宫殿就
是夏人祭祀场所，即文献上讲的"夏后氏世室"[4]。因下面有专门
论证，兹不赘述。二里头遗址三期 1、2 号宫殿基址的发现，使学
者们更加坚信，这里无疑具有王都气派，同时也反映出夏代的建筑

---

① 《中国考古学·夏商卷》，第 66 页，北京：中国社会科学出版社，2003 年。

② 中国社会科学院考古研究所：《中国考古学·夏商卷》，第 129 页，北京：中国社
会科学出版社，2003 年。

③ 赵芝荃：《论二里头遗址为夏代晚期都邑》，《华夏考古》，1987 年第 2 期。

④ 杨鸿勋：《初论二里头宫室的复原问题——兼议"夏后氏世室"形制》，《建筑考
古学论文集》，北京：文物出版社，1987 年。

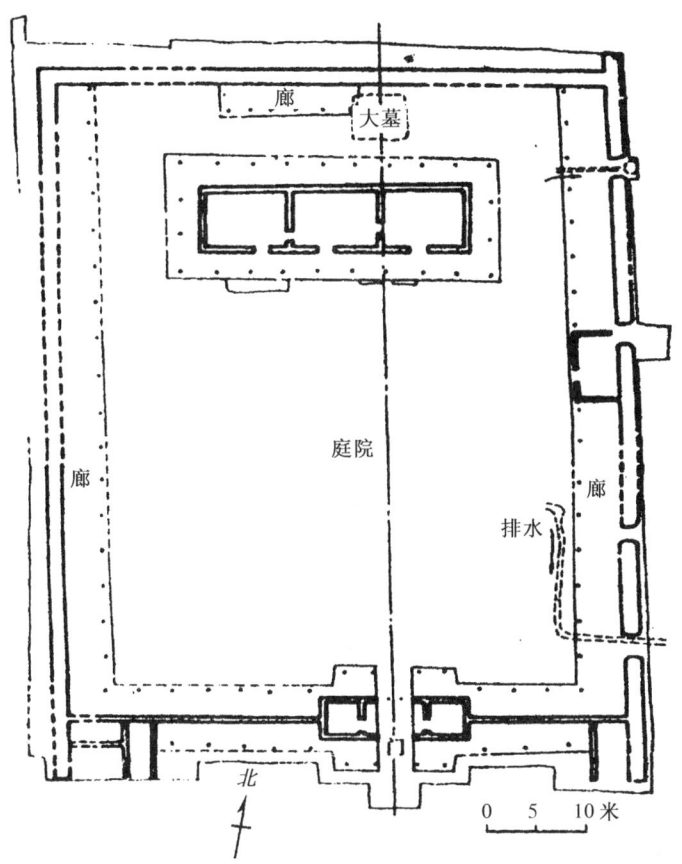

二里头遗址 2 号宫殿基址图①

技术，包括规模、形制、结构、用材、工艺等方面都达到一定水平。

　　另外，传世文献也能反映出夏代建筑宫殿的水平。史载：尧使"禹作宫室"②，不过，夏禹时代宫室、穿着、饮食都还简朴，正如

----

　　①　录自《夏商周断代工程 1996—2000 年阶段成果报告》，第 76 页，北京：世界图书出版公司，2000 年。

　　②　秦嘉谟辑补本：《世本八种》，第 361 页，北京：商务印书馆，1957 年。

孔子赞美的那样："禹，吾无间然矣。菲饮食而致孝乎鬼神，恶衣服而致美乎黻冕，卑宫室而尽力乎沟洫。禹，吾无间然①。"而到夏桀时，追求享乐而建筑起豪华的宫室。史载：夏桀之时"筑倾宫，饰瑶台"②，"为琼室瑶台，金柱三千"③。二里头遗址发现巍峨壮观的宫殿基址正反映这种情况。

人类的居住条件随着历史的进步而逐渐得到改善。史载："昔者先王未有宫室，冬则居营窟，夏则居橧巢④。"又："上古穴居而野处，后世圣人易之以宫室，上栋下宇，以待风雨⑤。"夏代民居根据地势和生活习俗而形成三种类型：

1. 半地穴式房屋。在偃师二里头、晋南东下冯遗址都有发现，一般都是单间，屋内有灶坑，比较原始。

2. 窑洞式居址。主要发现在晋南，面积一般在 4 平方米左右。小者 4—5 平方米，大者 10 余平方米，可容 2—3 人，或 4—5 人左右。

3. 地面建的单间和多间房屋，有长方形三小间组成的连间排房。已公布统计（1959—1990 年）揭露中小型各类房屋建筑 50 余座，地基多夯打，上面抹有草拌泥，墙的内侧也抹有草拌泥，与地面相连，使墙体牢固、光滑。

贝的发现及其意义：

部族社会后期就产生商品交换，但当时仅是物物交换。传说在

---

① 《论语·泰伯》。
② 《古本竹书纪年》。
③ 《帝王世纪·夏第二》。
④ 《礼记·礼运》。
⑤ 《易·系辞》。

神农氏时代"日中为市，致天下之民，聚天下之货，交易而退，各得其所"①，叙述了当时商品交换的一般情况。

因生产发展和商品交换的需要，夏代必然产生了货币。二里头遗址多次发现海贝、骨贝、石贝、蚌贝。在一墓葬出土海贝12枚。这些贝，有些是装饰品，也有些可能就是货币，具有一般等价物的功能。汉代人认为夏代是有货币的。《史记·平准书》记太史公曰："虞夏之币，金为三品……"又《盐铁论·错币》记："夏后以玄贝，周人以紫石，后世或金钱刀布。"海贝在中原出土，表明夏王朝与远方的沿海居民存在着某种联系。

通过以上论述，我们认为夏代的生产力水平有了突破性发展。从手工业产品的精良及其工艺水平来看，这些制品是不具备娴熟技巧的非专业工匠所不能完成的。因此，我们认为夏代社会已有了明确分工，有了专业作坊和专业工匠，这是社会进步的重要标志。

四　夏人的精神世界

1. 刻画符号和夏代文字问题

文字（这里指汉字）起源长期争论不休，夏代文字问题更是尚未解决的学术公案，甚至有些学者特别是海外学者拿夏代文字至今没有被确认而否定夏朝历史的存在。

关于文字的起源，古人有"结绳记事"说和"契木为文"说（《周易·系辞》），还有仓颉造字说（《荀子》《吕氏春秋》《韩非

---

① 《易·系辞》。

子》《世本》等书都有记载）。前一种说法仅是指一种表意方式，并不是讲文字起源。后一种传说为英雄史观，不足为凭。正如于省吾先生所论述的那样："传说时代利用结绳和木契来帮助某些事物的记忆。但是，这和用文字纪事以突破时间和空间的限制是判然有别的①。"

目前探讨汉字起源问题时，许多学者认为考古发现的陶文，即刻画在陶器上的符号和图画可能就是文字的萌芽，因为它的图形和符号，能表达一种信息，是跨越时空、传承文化的载体。从新石器时代前期开始，我国考古工作者主要在陶器上（有少数在其他质料上）发现了许多刻画符号，如：

河南舞阳贾湖遗址出土的裴李岗文化龟甲上，发现有锲刻的"符号"，像甲骨文的"目"字、"户"字②。

仰韶文化的半坡类型遗址和姜寨类型遗址等地出土的陶器上的符号，资料丰富，半坡符号有100多种。青海乐都柳湾的马家窑文化马厂类型在陶壶或陶瓮的下腹部，画有各种各样的符号，有130种以上。

章丘城子崖龙山文化遗址的陶片上早就发现一些符号，当时未曾引起注意。

大汶口文化陶器符号为文字起源提供了明显信息，尤以大汶口文化晚期的莒县陵阳河遗址发现的陶尊上的"符号"，其中有4种符号特别引人注意，李学勤先生释之为"斤""戌""炅""炅山"（炅，《说文》，音 jiǒng，义为日光）。这一发现成为学界讨论文字

<hr>

① 于省吾：《甲骨文字释林》，第197页，北京：中华书局，1979年。
② 河南省文物考古研究所：《舞阳贾湖》，第458页，北京：科学出版社，1999年。

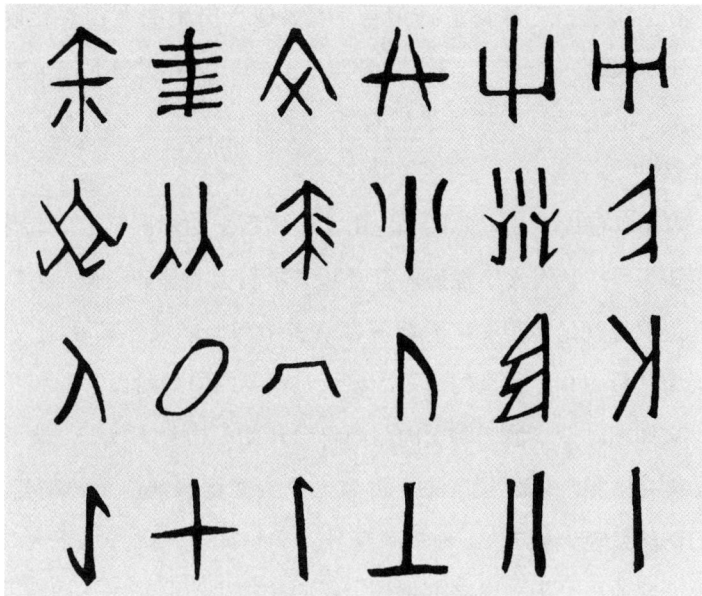

二里头文化陶器上的刻画符号

(出自《文物中国史·夏商周时代》，第 26 页，山西教育出版社，2003 年)

起源和文明起源的热点问题。

良渚文化玉器符号已发现 11 种，其中 5 种和大汶口文化陶器符号相同或近似。

在山东邹平丁公遗址出土的山东龙山文化的陶片上，发现了排列有序的 11 个文字。

在山西陶寺遗址中出土的一件陶寺文化晚期陶扁壶上，有一个毛笔朱书的"文"字，从字体结构上看与甲骨文几无差别。

在江苏高邮龙虬庄也发现了龙山时代的陶文①。

---

① 龙虬庄遗址考古队：《龙虬庄》，第 204 页，北京：科学出版社，1999 年。

在河南登封王城岗遗址编号 H473 地点出土的龙山文化晚期陶片上，发现一个刻字，有学者释读为"共"，并说这是"夏代初期的文字，它是我国在夏代已有了文字并已经进入文明时代的有力证据"①。

对于仰韶时期半坡彩陶和龙山文化黑陶上的刻画符号，郭沫若先生认为是"具有文字性质的符号"，"彩陶上的那些刻画记号，可以肯定地说就是中国文字的起源，或者中国原始文字的孑遗"。他还认为"彩陶和黑陶上的刻画应该就是汉字的原始阶段"②。

从仰韶时期半坡彩陶上的刻画符号开始，中经大汶口、龙山时期文化一脉相承地延续下来，再到二里头文化遗址出土的陶器上，我们仍然发现大概有 24 种刻画符号。这些符号一般只见于大口尊和卷沿盆的口沿上。学者们推测，这些"符号"分别表述数字（1、2、3 等）、植物（木、禾、竹等）、器物（矢）以及自然景象，还有类似"目"的字形。学者们据此推断："根据目前的资料，我们认为二里头文化已经有了一批表意的语言符号，可称为文字③。"

夏代有没有文字，学术界有不同意见。早在 20 世纪 30 年代，唐兰先生即提出我国在夏代初年就有文字。他认为"我们的上古史，目前虽尚模糊不明，但有许多理由，可以说从孔子诞生前 1 500 年左右——即夏初起，已有了历史的记载。这种记载当然是

---

① 李先登：《试论中国文字的起源》，《天津师范大学学报（哲学社会科学学报）》，1985 年第 4 期；《关于中国古代文明起源的若干问题》，《天津师范大学学报（哲学社会科学学报）》，1988 年第 4 期。

② 郭沫若：《古代文字之辩证的发展》，《考古》，1972 年第 3 期。

③ 中国社会科学院考古研究所：《中国考古学·夏商卷》，第 124 页，北京：中国社会科学出版社，2003 年。

文字十分完备后才产生的"①。后来，李先登先生先后著文提出夏代确有文字的证据②。

但是，有些学者对夏代有无文字则持怀疑态度③。徐中舒、唐嘉弘先生也持此观点。他们认为："夏代是否出现了文字或原始的汉字？据现有的出土遗存和文字发生发展的历史，我们的回答是否定的。"二里头"遗址中出土大口陶尊的口沿上刻有 20 余个符号或图像"，"这些陶器上的符号，亦不能认为就是正式的文字，基本上还是一些记事符号"，"二里头文化中并无这类文字出现，也是夏代没有文字的默证"。至今尚未发现如殷墟甲骨文那样的"六书"具备的成熟文字，认为当时记事的方法"除结绳、刻木而外，还流行图像符号"④。

从上面的争论来看，其实大家都承认二里头文化遗址陶器上确有刻画符号。关键是如何认识这些"刻画符号"的性质？它们与仰韶、龙山文化陶器上的符号有什么区别？又与商代甲骨文有什么联系？正因为研究者们对文字学的若干理论问题（如文字构成的基本要素以及文字的起源、形成和成熟期等）有不同理解才产生出以上的分歧。

从一脉相承的陶文画划符号来看，二里头遗址的一些刻画符号与甲骨文字形相似，其表意特征愈益明显，说夏代可能有文字，应

---

① 唐兰：《古文字学导论》（增订本），第 80—81 页，济南：齐鲁书社，1981 年。
② 李先登：《试论中国文字的起源》，《天津师大学报（哲学社会科学学报）》，1985 年第 4 期等文。
③ 王玉哲：《夏文化研究中的几个问题》，《夏史论丛》，第 16—17 页，济南：齐鲁书社，1985 年。
④ 徐中舒、唐嘉弘：《关于夏代文字的问题》，《夏史论丛》，第 127—128 页，济南：齐鲁书社，1985 年。

是事在情理之中。

二里头文化至今尚未见可以确认的成篇文字，很可能受文字载体质料和埋藏环境所限，若当年的成篇文字写在竹、木、帛类材料上，便很难保存下来。正如张政烺先生所说："商王武丁时的甲骨文已有'册'字，作''、''、''，像竹简用绳编起来的样子"，"周代金文中也有'册'和从'册'之字"，"《尚书·周书·多士》'惟殷先人，有册有典'，反映了殷周简书的史实。如果从文献资料看，连夏代似乎也有典册，这有待于将来地下考古的发现。有人根据《多士》的'惟'字，以为只有殷代有典册，夏代没有，这种考证方法是有问题。""可惜简册不似甲骨，在黄河流域它不易保存下来。现在只能见到战国和秦汉的简册，这就是中国最早的书①。"后来，李学勤先生同样论述道："可以设想，当时用其他材料来占卜，或者占卜后把卜辞记在竹木质的典册上，那么卜辞便不会保存下来。我们知道商代是有竹木简的，但简的实物迄今未能发现。夏代的情形也许正是这样，尽管有文字，却没有多少能传留至今。我们不能把希望单纯寄托在文字的发现上②。"言之确凿。

我们知道商代甲骨文是一种比较成熟的汉字，目前所知已有4 000多个字，且具备六书结构。在此之前，汉字一定有一个很长的从起源到形成的漫长发展过程，夏代文字正处于这个形成期环节。正如陈梦家先生提出："卜辞中的殷代文字，是流传下来最古的文字。在它以前的文字是有的，但还没有发现像卜辞那样完善

---

① 张政烺：《中国古代的书籍》，《张政烺文史论集》，第 522 页，中华书局，2004 年。
② 中国先秦史学会、洛阳市第二文物工作队编：《夏文化研究论集》序，北京：中华书局，1996 年。

的。武丁卜辞中的文字代表了定型了的汉字的初期，并不是中国（严格的应该说汉族）最古的文字，在它以前，应该至少还有 500 年发展的历史，也就是说大约在纪元前 20 世纪已经开始或已经有了文字[①]。"显然先生估计夏代有了文字。

从传世文献中，屡有夏代文献的记载。其名称有《夏书》《夏礼》《夏时》《夏令》《禹之总德》《仲虺之告》等。仅以先秦文献引用《夏书》为例，《左传》引用 15 次、《国语》3 次、《吕氏春秋》1 次。

先看《左传》中引用《夏书》的 15 次，其中晋大夫引述 5 次：

赵衰曰："……《夏书》曰：'赋纳以言，明试以功，车服以庸。'"（《左传·僖公二十七年》）

郤缺曰："……《夏书》曰：'戒之用休，董之用威，劝之以《九歌》，勿使坏。'……"（《左传·文公七年》）

魏绛曰："……《夏训》（杜预注：《夏训》《夏书》。）有之曰：'有穷后羿……'"（《左传·襄公四年》）

（师旷）对（晋悼公）曰："……故《夏书》曰：'遒人以木铎徇于路，官师相规，工执艺事以谏。'"（《左传·襄公十四年》）

叔向曰："……《夏书》曰：'昏、墨、贼，杀'，皋陶之刑也。"（《左传·昭公十四年》）

其次，鲁人引述 3 次（其中鲁国君 1 次）：

（鲁庄）公曰："……《夏书》曰：'皋陶迈种德，德，乃降。'……"（《左传·庄公八年》）

---

① 陈梦家：《殷虚卜辞综述》，第 644 页，北京：中华书局，1956 年。

臧武仲曰："……《夏书》曰：'念兹在兹，释兹在兹，名言兹在兹，允出兹在兹，惟帝念功。'"（《左传·襄公二十一年》）

鲁大史曰："……故《夏书》曰：'辰不集于房，瞽奏鼓，啬夫驰，庶人走。'"（《左传·昭公十七年》）

再次，周王室卿士引述：

单子语诸大夫曰："……《夏书》曰：'怨岂在明？不见是图。'"（《左传·成公十六年》）

蔡国大夫引述：

（声子）对（楚令尹子木）曰："……故《夏书》曰：'与其杀不辜，宁失不经。'"（《左传·襄公二十六年》）

以下是《左传》作者引述孔子和"君子曰"中评论史事和人物的例子。仲尼曰："……《夏书》曰：'念兹在兹。'"（《左传·襄公二十三年》）

孔子曰："《夏书》曰：'惟彼陶唐，帅彼天常，有此冀方。今失其行，乱其纪纲，乃灭而亡。'又曰：'允出兹在兹。'"（《左传·哀公六年》）

另外 3 次都是"君子曰"中引用《夏书》：

君子曰："……《夏书》曰：'地平天成。'……"（《左传·僖公二十四年》）

君子谓："……《夏书》曰：'成允成功。'"（《左传·襄公五年》）

君子曰："……《夏书》曰：'官占，惟能蔽志，昆命于元龟。'"（《左传·哀公十八年》）

又：《国语》引述《夏书》3 次：

《国语·周语上》："《夏书》有之曰：'众非元后，何戴？后非众，无与守邦。'"

《国语·周语下》："《夏书》有之曰：'关石、和钧，王府则有。'"

《国语·晋语九》："《夏书》有之曰：'一人三失，怨岂在明？不见是图。'"

《夏书》之名称及引文在先秦文献中屡次出现，这表明夏代不仅有了文字，而且可能有典册，这一推测应是符合逻辑发展的。

2. 学校教育

教育起源很早，氏族社会就有了教育后代的任务。到了夏代，设置了专门培养贵族子弟的学校。正如《孟子·滕文公上》曰："夏曰校，殷曰序，周曰庠，学则三代考之，皆所以明人伦也。"又据《礼记·明堂位》载："序，夏后氏之序也。"《礼记·王制》、《内则》则认为夏序有东序与西序之分，等等。名称互异，其功能大致有三：一习武艺，"序者，射也"，即进行军事训练。二习技艺，"校者，教也"，即宗教或生产技能的传授。三习道德，"庠者，养也"，即进行养老敬老教育，通晓"明人伦"之道①。据《礼记·王制》郑玄注和《汉书·儒林传》称，这些学校的性质，可能既有乡学，又有国学，难以分辨。总之，夏代学制对后世影响很大，商周学制都是从夏代那儿继承发展而来。

3. 天文历法

"三代以上，人人皆知天文"②，可见古代人们很重视天文知

① 以上引文皆见《孟子·滕文公上》。
② 顾炎武著，黄汝成等释：《日知录集释》卷三十"天文"条，上海：上海古籍出版社，1985 年。

识。我国先民们为了生产和生活的需要，观测天象，具备了当时比较先进的天文知识。早在尧舜时代，就任命羲氏与和氏两个氏族首领负责历象日月星辰，制定历法，具体情况反映在《尚书·尧典》中。因为夏代农业比以前发展，所以夏人的天文历法知识比唐虞时代人们有所增长，制定了比较先进的历法，对后世产生了深刻影响。

《左传·昭公十七年》记梓慎曰："……火出，于夏为三月，于商为四月，于周为五月。夏数得天……"此语证明夏历与商周历法确实不同，今人通称农历为夏历，则夏历以寅月（即后世所称的农历正月）为岁首的说法是有一定历史依据的。

我国先秦文献就有关于《夏令》和《夏时》的记载。如《国语·周语中》记："《夏令》曰：'九月除道，十月成梁。'"《论语·卫灵公》记孔子在回答颜渊问为邦之道时，首先提出要"行夏之时"。再有《礼记·礼运》记孔子曰："我欲观夏道，是故之杞，而不足征也，吾得《夏时》焉。"《夏时》就是夏代的历书。司马迁认为："孔子正夏时，学者多传《夏小正》云①。"后来郑玄注《礼运》云："得夏四时之书也，其存者有《夏小正》。"据此可见从周末到汉代学者们都认为《夏小正》与夏代历法是有联系的。

《夏小正》文句古奥，不易读懂。从内容上反映当时天文官根据黄昏时观察到的若干恒星（参、大火等）的见、伏或南中天的时日，以及北斗斗柄的指向，作为一年中某月起始的标准点，再根据"历数日月星辰"的运行规律，参照气象、物候等情况来制定年历，

---

① 《史记·夏本纪》。

"敬授民时"，把它颁告于民众。这就是颁朔制的由来。《大戴礼记·用兵》曰：夏桀、商纣"不告朔于诸侯"。更证明这个制度在夏商时代一直实行，只有到王朝灭亡才废止它。现存《礼记·月令》和《吕氏春秋·十二纪》中的颁朔制正是从夏商颁朔制发展而来。

有的学者认为《夏小正》中的历法是"集物候历、观象授时法和初始历法于一身，相传它曾是夏代行用的历日制度"[①]。这是符合历史实际的。

4. 占卜之风和宗教祭祀

原始社会巫术盛行，到原始社会后期，社会分化出一批专职的巫师——巫觋。他们充当人类最早的精神领袖。龙山文化遗址多次发现卜骨，可见当时已流行占卜，这是巫师们施行巫术之器物。

夏代承袭了占卜这个传统，统治者以占卜为手段，神化自己的权威。《左传·哀公十八年》引《夏书》曰："官占，惟能蔽志，昆命于元龟"，表明当时继续使用龟甲占卜。《国语·郑语》记："《训语》有之曰：'夏之衰也，褒人之神化为二龙，以同于王庭，而言曰：余，褒之二君也。'夏后卜杀之与去之与止之，莫吉。卜请其漦而藏之，吉。……"又《尚书·禹贡》云："九江纳赐大龟。"以上文献资料证明夏代用龟甲占卜同样很盛行。

不过，二里头遗址目前只发现占卜用的兽骨，以猪、羊骨为多，牛骨较少，一般未整治，有灼无钻。曾发现过龟甲，但不是卜甲，可能是与宗教信仰有关的神灵之物。

---

① 阴法鲁、许树安主编：《中国古代文化史（第三册）》，第102页，北京：北京大学出版社，1991年。

　　夏商周三代形成一脉相承的占筮之法。夏代的名称叫《连山易》。《周礼·春官宗伯·大卜》:"掌三《易》之法:一曰《连山》,二曰《归藏》,三曰《周易》。其经卦皆八,其别皆六十有四。"又:《春官宗伯·筮人》:"筮人掌三《易》,以辨九筮之名:一曰《连山》,二曰《归藏》,三曰《周易》。"《周易正义》引郑玄《易赞》及《易论》云:"夏曰《连山》,殷曰《归藏》,周曰《周易》。"《连山》《归藏》二书久佚,不见于著录,今有辑佚本,惟不可信。三者皆用蓍占卦,经卦皆用八卦,重卦都是六十四卦,主要区别是卦名不同,是不同历史背景下产生的性质相同的卜筮之书。

　　研究《易》学的学者们都非常关注《连山》《归藏》的发现。尤以国学大师张政烺先生、金景芳先生提出的见解最引人注目。张先生著文专论《连山》试探[①],文中据文献证实,《连山》又名《烈山》,即神农氏,或名魁隗氏。又据安阳四盘磨卜骨发现的八卦符号七下有"曰魁"二字、八下有"曰隗"二字,魁和隗是卦名,"魁隗"二字连读当是魁隗氏,是连山氏的别称。"因此我疑心这两卦是《连山易》书的篇首[②]。"此外,张先生还推测周原卜甲、张京坡卜骨等上的奇异符号皆与四盘磨卜骨相合,都可能是《魁隗易》,即《连山易》。

　　金景芳先生则从《周易·艮卦》和《说卦传》发现了《连山》《归藏》的遗说。金老云:"我认为从'天地定位'到'坤以藏之',是《归藏》的遗说。'坤以藏之'的'藏'字,与下文'万物之所归也'的'归'字,透露出'归藏'一名的痕迹,所以说这一段是

---

①　《张政烺文史论集·试释周初青铜器铭文中的易卦》,北京:中华书局,2004 年。
②　《张政烺文史论集·帛书〈六十四卦〉跋》,北京:中华书局,2004 年。

《归藏》遗文。从'帝出乎震'到'然后能变化，既成万物也'，我认为是《连山》遗说。这段话强调'艮'，说'艮'是'万物之所成终而所成始'，而《连山》首艮，因此可以断定是《连山》遗说①。"这是金先生积数十年研究《易》学而发表的深思熟虑的见解。

夏代处于文明社会建立之初，因此夏人的宗教信仰带有许多原始宗教的遗痕。而且在相当长的时间内，原始社会盛行的巫术在夏代仍然在人们的社会生活中占有重要的地位，而且施行巫术成为国家行为，甚至夏王禹和启，他们既是国王，又是巫师之长。夏王为了神化自己的权威，竭力表现自己尊天命、敬鬼神的品格，正如文献中所云："子曰：禹无间然矣，菲饮食而致孝乎鬼神②。""夏道尊命，事鬼敬神而远之③。"而他们则把自己打扮成神人之间的使者，借以达到神化政权的目的。

巫师在施行巫术时往往以歌舞相伴，达到沟通神人境界，来祈神降福。传说禹创造一种巫术步法——"禹步"，这大概是模拟某种神灵的动作。《尸子·君治》提到这种步法："禹于是疏河决江，十年未阚其家，手不爪，胫不毛，生偏枯之疾，步不相过，人曰禹步。"其实这是巫术步法，《尸子》解释不得要领，后来被道家利用，而见载于道藏文献④。出土的《秦简·日书》甲、乙种都记录

---

① 《金景芳晚年自选集》，第20—21页，吉林大学出版社，2000年。
② 《论语·泰伯》。
③ 《礼记·表记》。
④ 《洞神八帝元变经·禹步致灵》："禹步者，盖是夏禹所为术，召役神灵之行步，以为万术之根源，玄机之要。昔大禹治水……届南海之滨，见鸟禁咒，能令大石翻动。此鸟禁时，常作是步。禹道模写其行，令之人术。自兹以还，术无不验。因禹制作，故曰禹步。"

了一种远行除咎时所使用的"禹步"。可见，"禹步"在先秦时代是很流行的巫术步法①。

禹征三苗的战役，上面已有述及，我们从引用《墨子·非攻》的资料来看，传说出征前禹亲自去宗庙——玄宫祭祀祖先高阳颛顼氏，并施行巫术，接受了"天之瑞令"，夏禹在得到神的庇护下，天崩地塌，雷电交加，禹师气势大振，急射杀了有苗之长，苗师大乱，从此一蹶不振。

巫师们做出自己能升天的状态，可以与神灵沟通。《楚辞·天问》："启棘宾商，《九辩》《九歌》。"《山海经·大荒西经》："夏后开（启）上三嫔于天，得《九辩》与《九歌》以下。"《山海经·海外西经》："大乐之野，夏后启于此舞《九代》。"张光直先生认为《九代》《九辩》都是巫舞，夏后启无疑为巫，且善歌乐②。所论至确。

上面提到夏人造酒，出土了一些酒器，据张光直先生论："酒也是一方面供祖先神祇享用，一方面也可能是供巫师饮用以帮助巫师达到通神的精神状态③。"这些资料都可以从侧面帮助我们了解夏代的宗教意识。

原始社会人们认为万物有灵，因此产生多种信仰。夏朝建立后，仍然保留这种多神崇拜，特别对"神性"动物的崇拜。二里头遗址发现过陶塑蟾蜍、陶龟以及陶鸮等形象。蟾蜍代表月神、龟是

---

① 参阅：蔡先金：《西周巫术演化形态研究》，吉林大学博士学位论文油印本。
② 张光直：《商代的巫与巫术》，《中国青铜时代》，第278页，北京：生活·读书·新知三联书店，1999年。
③ 《商代的巫与巫术》，第277页。

灵宝、鸮（猫头鹰）是神鸟，这些陶塑可能与夏人的信仰有关。值得注意的是二里头遗址出土陶塑龙头，并在出土的两件陶器肩腹部发现了雕塑小龙形象，还在陶器上发现了刻画着龙的图像或饰上龙纹、蛇纹和鱼纹等图案。近期在二里头文化二期贵族墓葬中发现了绿松石龙形器，更能证明夏人继承了华夏先民们的崇龙礼俗。另外二里头遗址出土陶器上饰有饕餮纹，与郑州二里冈期青铜器上的饕餮纹相似，这是巫师们的幻想杰作，用来作为神秘、恐怖和威胁的象征。此外，史前社会流行的山神崇拜也成为夏人的祭祀对象，正如《国语·周语上》所记："昔夏之兴也，融降于崇山。"崇山，即今登封嵩山。嵩山是夏族的山神，周人认为夏人因受山神的庇佑而崛起。

夏朝建立后，随着人世间国王的出现，至高无上的天神崇拜即上帝神崇拜也就应运而生。如《尚书·甘誓》记载夏后启攻伐有扈氏的誓词称："有扈氏威侮五行，怠弃三正，天用剿绝其命。今予惟恭行天之罚。"夏启崇拜天神，凭借天神的力量来惩罚有扈氏。晁福林先生释《天问》"启棘宾商，《九辩》《九歌》"，认为此名与祭天帝有关，释"启棘宾商"之"商"为"帝"之伪。所谓"启棘宾商"即指夏后启屡次到上帝那里，并且从上帝那里得到了《九辩》和《九歌》，《九辩》和《九歌》应该是夏代祭祀天神的乐歌①。

夏人在郊祀天神的同时，要以祖先神配祭。《国语·鲁语上》记："夏后氏禘黄帝而祖颛顼，郊鲧而宗禹。"《礼记·祭法》云："有虞氏禘黄帝而郊喾，祖颛顼而宗尧；夏后氏亦禘黄帝而郊鲧，

---

① 晁福林：《先秦民俗史》，第258—259页，上海：上海人民出版社，2001年。

264

祖颛顼而宗禹；殷人禘喾而郊冥，祖契而宗汤；周人禘喾而郊稷，祖文王而宗武王。"这表明从虞舜开始，到夏商周三代，人们都惟天神之命，同时配祭祖先神。《国语·鲁语上》："杼能帅禹者也，故夏后氏报焉。"杼，夏王。报，祭名。因杼能修禹道，在他死后，被后人尊以"报"祭。二里头遗址发现过石祖，显然这是祖先崇拜的象征。

夏人既崇拜天神，还崇拜社神。《尚书·甘誓》记："用命赏于祖，弗用命戮于社。"可见社神的地位也很崇高。鲁哀公问社于宰我，宰我对曰："夏后氏之松"，说的是用松木做成夏社神主①。大概在夏禹时就修了社祀，《史记·封禅书》云："自禹兴而修社祀。"一直到成汤灭夏，夏社还存在。《史记·殷本纪》云："汤既胜夏，欲迁其社，不可，作《夏社》②。"据此，赵芝荃认为二里头文化 2 号宫殿遗址可能与"夏社"有关③。这就是说夏朝从始至终都有社神崇拜。此外，夏人在孟冬（十月）季节还要祭祀农业神，名之曰"嘉平"。后来这个传统延续下来，又称"蜡祭""腊祭"。

《周礼·考工记·匠人》记录了"夏后氏世室""殷人重屋"和"周人明堂"三种建筑物。其性质和功能大致相仿，只不过"夏后氏世室"，功能比较单纯，主要是祭祖场所，具有宗庙性质；而到"殷人重屋""周人明堂"，除祭祖外，还有祭天、布政、朝觐等功能。有学者推测二里头遗址 2 号宫殿，既有主殿、廊庑，但与 1 号宫殿不同处是大殿背后有一座大墓，大墓可能是先祖的"衣冠冢"

① 《论语·八佾》。
② 此句又见于《尚书序》。
③ 赵芝荃：《论二里头遗址为夏代晚期都邑》，《华夏考古》，1987 年第 2 期。

或先祖的象征墓。因此，2号殿是祭祀先王的宗庙，也就是"夏后氏世室"①。

二里头遗址发现多处与祭祀有关的建筑基址，可能是文献所载的坛、墠类建筑。此类建筑遗存主要分布在宗庙、宫殿区的北面至西北一带。所谓"坛"，即"封土曰坛"，是人工建筑的"凸出地表呈圆形的土台或堆石为坛"；所谓"墠"，即"除地曰墠"，是说人工建造的低于地表半地穴式呈长方形的场地叫"墠"②。在多数"墠"类建筑的活动面上，还发现排列比较整齐的墓葬，其中有常见随葬铜器、玉器、漆器和精美陶器的"朱砂墓"。"坛""墠"类建筑与中型墓葬连在一起，更证明这里是祭祀鬼神的场所③。

祭祀活动常伴有乐舞。二里头遗址出土乐器有陶鼓模型、漆鼓、陶铃、铜铃、陶埙和石磬等。

《楚辞·天问》《离骚》和《山海经》都记载启祭祀天神，从天神那儿得到《九歌》《九辩》等乐曲，以乐舞相伴。《论语·卫灵公》："乐则《韶》舞。"《古本竹书纪年》记启："舞《九韶》。"《离骚》曰："奏《九歌》而舞《韶》兮。"都是用《韶》乐伴舞。《韶》乐相传为舜乐，不仅夏启时很流行，甚至到孔子生活的时代，孔子到了齐国也还能听到这美妙的《韶》乐④。又据《庄子·天下》载，

---

① 杨鸿勋：《初论二里头宫室的复原问题——兼论"夏后氏世室"形制》，《建筑考古学论文集》，北京：文物出版社，1987年。
② 墠，是经过清理的平坦的祭祀场地。《诗·郑风》有《东门之墠》篇。《礼记·祭法》记："是故王立七庙，一坛一墠。"郑玄注："封土曰坛，除地曰墠。"
③ 参阅：中国社会科学院考古研究所：《中国考古学·夏商卷》，第129页，北京：中国社会科学出版社，2003年。
④ 《论语·述而》："子在齐闻《韶》，三月不知肉味，曰：'不图为乐之至于斯也。'"

禹有《大夏》乐章①。在祭祀活动中造成神秘、肃穆的气氛，以达到人神相交的目的。

夏代文明是中华文明的一支根系，是三代文明的第一面大旗，它对后世社会的影响非常深远。作为华夏儿女，我们对夏代文明都抱有一腔寻根之情。但由于时代久远、资料缺失以及考古工作的局限，今天我们对夏史的了解还处于若明若晦的境地，要走近它是那么不易。但我们坚信，只要依靠考古学家、历史学家坚韧不拔地去努力探索、再探索，一部具有开创性的夏史将会以全新的姿态出现。

---

① 《庄子·天下》："黄帝有《咸池》，尧有《大章》，舜有《大韶》，禹有《大夏》，汤有《大濩》，文王有《辟雍》之乐，武王、周公作《武》。"《周礼·春官宗伯·大司乐》有类似记载。

参考文献

一、马克思主义经典著作

恩格斯：《家庭、私有制和国家的起源》，人民出版社，1972 年。

马克思：《摩尔根〈古代社会〉一书摘要》，人民出版社，1965 年。

二、历史文献

〔清〕阮元校刻：《十三经注疏》，中华书局，1980 年。

《四书五经》，中华书局，1989 年。

〔清〕孙星衍：《尚书今古文注疏》，中华书局，1988 年。

杨筠如：《尚书覈诂》，陕西人民出版社，1959 年。

曾运乾：《尚书正读》，中华书局，1964 年。

周秉钧：《尚书易解》，岳麓书社，1984 年。

金景芳、吕绍纲：《〈尚书·虞夏书〉新解》，辽宁古籍出版社，1996 年。

顾颉刚、刘起釪：《尚书校释译论》，中华书局，2005 年。

〔清〕方玉润：《诗经原始》，中华书局，1987 年。

〔清〕马瑞辰：《毛诗传笺通释》，中华书局，1989 年。

〔晋〕杜预：《春秋经传集解》，上海古籍出版社，1978 年。

〔清〕洪亮吉：《春秋左传诂》，中华书局，1987 年。

〔清〕刘文淇：《春秋左氏传旧注疏证》，科学出版社，1959 年。

吴静安：《春秋左氏传旧注疏证续》，东北师范大学出版社，2005 年。

〔清〕顾栋高：《春秋大事表》，中华书局，1993 年。

杨伯峻：《春秋左传注》，中华书局，1981 年。

〔清〕孙诒让：《周礼正义》，中华书局，1987 年。

〔清〕孙希旦：《礼记正义》，中华书局，1997 年。

〔清〕王聘珍：《大戴礼记解诂》，中华书局，1983 年。

〔清〕徐元浩：《国语集解》，中华书局，2002 年。

《战国策》，上海古籍出版社，1985 年。

黄怀信、张懋镕、田旭东撰，李学勤审定：《逸周书汇校集注》，上海古籍出版社，1995 年。

方诗铭、王修龄：《古本竹书纪年辑证》（修订本），上海古籍出版社，2005 年。

〔汉〕宋衷注，〔清〕秦嘉谟等辑：《世本八种》，商务印书馆，1957 年。

徐宗元：《帝王世纪辑存》，中华书局，1964 年。

袁珂：《山海经校注》，上海古籍出版社，1980 年。

《诸子集成》，中华书局，1954 年。

程树德：《论语集释》，中华书局，1999 年。

〔汉〕刘向：《说苑》，上海古籍出版社，1990 年。

〔汉〕司马迁：《史记》（附三家注），中华书局，1959 年。

〔日〕泷川资言：《史记会注考证》，上海古籍出版社，1986 年。

〔汉〕班固：《汉书》，中华书局，1962 年。

〔清〕王先谦：《汉书补注》，中华书局，1983 年。

〔北魏〕郦道元注〔民国〕

杨守敬、熊会贞疏，段熙仲点校，陈桥驿复校《水经注疏》，江苏古籍出版社，1989 年。

〔清〕马骕：《绎史》，中华书局，2002 年。

〔清〕顾炎武著，黄汝成集释：《日知录集释》，上海古籍出版社，1985 年。

〔清〕崔述撰著，顾颉刚编订：《崔东壁遗书》，上海古籍出版社，1983 年。

三、专著

王国维：《观堂集林》，中华书局，1959 年。

王国维：《古史新证》，清华大学出版社，1994 年。

郭沫若：《中国古代社会研究》，科学出版社，1960 年。

顾颉刚等：《古史辨》，上海古籍出版社，1982 年。

《顾颉刚古史论文集》第一册、第二册，中华书局，1988 年。

《中国上古史研究讲义》，中华书局，1988 年。

钱穆：《史记地名考》（上、下册），商务印书馆，2001 年。

丁山：《中国古代宗教与神话》，龙门联合书局，1961 年。

丁山：《古代神话与民族》，商务印书馆，2005 年。

童书业：《春秋左传研究》，上海人民出版社，1980 年。

徐中舒：《徐中舒历史论文选辑》，中华书局，1998 年。

徐中舒：《先秦史论稿》，巴蜀书社，1992 年。

金景芳：《中国奴隶社会史》，上海人民出版社，1983 年。

金景芳：《金景芳古史论集》，吉林大学出版社，1991 年。

赵光贤：《古史考辨》，北京师范大学出版社，1987 年。

徐旭生：《中国古史的传说时代》，广西师范大学出版社，2003 年。

王玉哲：《中华远古史》，上海人民出版社，2000 年。

刘起釪：《古史续辨》，中国社会科学出版社，1991 年。

张光直：《中国青铜时代》，生活·读书·新知三联书店，1999 年。

李学勤：《走出疑古时代》，辽宁大学出版社，1994 年。

李学勤：《失落的文明》，上海文艺出版社，1997 年。

李学勤：《中国古代文明十讲》，复旦大学出版社，2003 年。

李学勤：《李学勤集》，黑龙江教育出版社，1989 年。

李学勤：《缀古集》，上海古籍出版社，1998 年。

李学勤主编：《中国古代文明与国家形成研究》，云南人民出版社，1997 年。

孟世凯：《夏商史话》，中国青年出版社，1986 年。

孙淼：《夏商史稿》，文物出版社，1987 年。

郑杰祥：《夏史初探》，中州古籍出版社，1988 年。

郑杰祥：《新石器文化与夏代文明》，江苏教育出版社，2005 年。

白寿彝总主编，徐喜辰、斯维至、杨钊主编：《中国通史·第三卷上古时代（上册）》，上海人民出版社，1994 年。

李民：《尚书与古史研究》，河南人民出版社，1981 年。

李民：《夏商史探索》，河南人民出版社，1985 年。

谢维扬：《中国早期国家》，浙江人民出版社，1995 年。

梁颖、李庭华：《中国早期国家形成的道路与形态研究》，广西师范大学出版社，1998 年。

高光晶：《中国国家起源及形成》，湖南人民出版社，1998 年。

杨国勇主编：《华夏文明研究——山西上古史新探》，中国社会科学出版社，2002 年。

张广志、李学功：《三代社会形态——中国无奴隶社会发展阶段研究》，陕西师范大学出版社，2001 年。

晁福林：《先秦社会形态研究》，北京师范大学出版社，2003 年。

晁福林：《先秦民俗史》，上海人民出版社，2001 年。

陈成国：《先秦礼制研究》，湖南教育出版社，1991 年。

陈恩林：《先秦军事制度研究》，吉林文史出版社，1991 年。

宋镇豪：《夏商社会生活史》，中国社会科学出版社，1994 年。

白钢主编，王宇信、杨升南著：《中国政治制度通史》（第二卷先秦），人民出版社，1996 年。

周书灿：《中国早期国家结构研究》，人民出版社，2002 年。

陈剩勇：《中国第一王朝的崛起——中华文明和中国起源之谜破译》，湖南出版社，1994 年。

姚政：《先秦文化研究》，巴蜀书社，2004 年。

李仲立：《先秦历史文化探微》，甘肃人民出版社，2006 年。

〔德〕罗曼·赫尔佐克：《古代的国家——起源和统治形式》，北京大学出版社，1998 年。

四、考古学

夏商周断代工程专家组：《夏商周断代工程 1996—2000 年阶段

成果报告》（简本），世界图书出版公司，2000 年。

夏鼐：《中国文明的起源》，文物出版社，1985 年。

苏秉琦：《中国文明起源新探》，生活·读书·新知三联书店，1999 年。

邹衡：《夏商周考古学论文集》，文物出版社，1980 年。

邹衡：《夏商周考古学论文集（续）》，科学出版社，1998 年。

严文明：《史前考古学论集》，科学出版社，1998 年。

严文明：《农业发生与文明起源》，科学出版社，2000 年。

中国社会科学院考古研究所：《新中国的考古发现和研究》，文物出版社，1984 年。

文物出版社编：《新中国考古五十年》，文物出版社，1999 年。

中国社会科学院考古研究所、中国历史博物馆、山西省考古研究所：《夏县东下冯》，文物出版社，1988 年。

河南省文物研究所、中国历史博物馆考古部：《登封王城岗与阳城》，文物出版社，1992 年。

中国社会科学院考古研究所：《偃师二里头》，中国大百科全书出版社，1999 年。

中国社会科学院考古研究所：《中国考古学·夏商卷》，中国社会科学出版社，2003 年。

中国国家博物馆编：《文物中国史（2）夏商周时代》，山西教育出版社，2003 年。

杜金鹏、许宏主编：《偃师二里头遗址研究》，科学出版社，2005 年。

《上海博物馆藏战国楚竹书（二）》，上海古籍出版社，2002年。

张之恒、周裕兴：《夏商周考古》，南京大学出版社，1995年。

张立东、任飞：《手铲释天书——与夏文化探索者的对话》，大象出版社，2001年。

董琦：《虞夏时期的中原》，科学出版社，2000年。

赵春青：《郑洛地区新石器时代聚落的演变》，北京大学出版社，2001年。

钱耀鹏：《中国史前城址文明起源研究》，西北大学出版社，2001年。

张国硕：《夏商时代都城制度研究》，河南人民出版社，2001年。

杜金鹏：《偃师商城初探》，中国社会科学出版社，2003年。

田广林：《中国东北西辽河地区的文明起源》，中华书局，2004年。

五、论文集

中国先秦史学会编：《夏史论丛》，齐鲁书社，1985年。

河南省考古学会、河南省博物馆编：《夏文化论文选集》（选编者：郑杰祥），中州古籍出版社，1985年。

洛阳市第二文物工作队编：《河洛文明论文集》，中州古籍出版社，1993年。

四川省大禹研究会编：《大禹及夏文化研究》，巴蜀书社，1993年。

胡厚宣主编：《夏商文明研究》，中州古籍出版社，1995年。

中国先秦史学会、洛阳市第二文物工作队编：《夏文化研究论集》，中华书局，1996年。

王尹成主编：《杞文化与新泰》，中国文联出版社，2000 年。

李景江主编：《蚌埠涂山与华夏文明》，黄山书社，2002 年。

郑杰祥编：《夏文化论集》（上、下册），文物出版社，2002 年。

文集编委会主编：《追寻中华古代文明的踪迹——李学勤先生学术活动五十年纪念文集》，复旦大学出版社，2002 年。

附　表

夏　朝　年　表

朝　代	王	年代（公元前）	年　数
夏	禹	2070—1600	
	启		
	太康		
	仲康		
	相		
	少康		
	予		
	槐		
	芒		
	泄		
	不降		
	扃		

276

（续 表）

朝 代	王	年代（公元前）	年 数
夏	廑	2070—1600	
	孔甲		
	皋		
	发		
	癸		

二里头遗址分期与常规^{14}C测年数据

分 期	单 位	样 品	实验室编号	^{14}C年代（BP）	拟合后日历年代（BC）
一 期	97VT3H58	兽 骨	XSZ104	3445±37	1880—1840(0.41) 1810—1800(0.09) 1780—1730(0.49)
	97VT2(11)	木 炭	ZK5206	3406±33	1740—1640
二 期	97VT4H54	木 炭	ZK5227	3327±34	1680—1600
	97VT4⑦b	兽 骨	XSZ098	3327±32	1685—1650(0.43) 1640—1600(0.57)
	97VT4H46	木 炭	ZK5226	3407±36	1740—1640
	97VT1H48	兽 骨	ZK5244	3348±36	1685—1615
	97VT6H53	木 炭	ZK5236	3294±35	1680—1670(0.18) 1660—1650(0.06) 1635—1590(0.75)
	97VT4G6	兽 骨	ZK5253	3341±39	1685—1610
	97VT3⑦	兽 骨	ZK5257	3313±37	1685—1650(0.37) 1640—1600(0.63)
	97VT4⑥a	木 炭	ZK5228	3318±34	1685—1600
	97VT2⑨a	木 炭	ZK5209	3374±34	1740—1710(0.16) 1690—1620(0.84)

（续　表）

分　期	单　位	样　品	实验室编号	¹⁴C 年代（BP）	拟合后日历年代（BC）
三　期	97VT617a	兽　骨	ZK5249	3347±36	1610—1555
	97VT1⑨	木　炭	ZK5200	3343±35	1610—1555
	97VT612b	兽　骨	ZK5247	3272±39	1598—1564
四　期	97VT3G4	兽　骨	ZK5255	3355±40	1560—1529
	97VT4⑤a	木　炭	ZK5229	3304±36	1561—1525
	97VT6	木　炭	ZK5242a	3270±32	1564—1521
	97VT6	木　炭	ZK5242b	3350±33	1560—1529

资料来源:夏商周断代工程专家组:《夏商周断代工程1996—2000年阶段成果报告(简本)》,第76—77页,世界图书出版公司,2000年。

夏世系表①

禹⁽¹⁾— 启⁽²⁾—太康⁽³⁾

中康⁽⁴⁾—相⁽⁵⁾—少康⁽⁶⁾—予⁽⁷⁾（杼）—

槐⁽⁸⁾（芬）—芒⁽⁹⁾（荒）—泄⁽¹⁰⁾—不降⁽¹¹⁾—孔甲⁽¹⁴⁾—

扃⁽¹²⁾— 厪⁽¹³⁾（胤甲）

皋⁽¹⁵⁾（昊）— 发⁽¹⁶⁾（敬）—履癸⁽¹⁷⁾（桀）

---

① 本表依据《史记·夏本纪》制定，括号内的夏王称号出自《今本竹书纪年》等书。